Waxmann Verlag GmbH
Steinfurter Straße 555, 48159 Münster
info@waxmann.com

S M
B Museum Europäischer Kulturen
Staatliche Museen
zu Berlin

Schriftenreihe
Museum Europäischer Kulturen
Band 5

Die **Gesellschaft für Ethnographie e. V.** (GfE) wurde 1990 als übergreifende Plattform für die ethnologischen Fachdisziplinen Volkskunde und Völkerkunde sowie ihre genuinen Praxisfelder gegründet. An den vielfachen Schnittstellen von Wissenschaft und Museumsarbeit leistet sie einen wichtigen Beitrag zur Weiterentwicklung der Ethnografie in Lehre, Forschung und Öffentlichkeit – konkret in Form von Tagungen und Fachbegegnungen sowie als Mitherausgeberin der ethnografischen Fachzeitschrift *Berliner Blätter* (www.gfe-online.org).

Die Sprache der Dinge –
kulturwissenschaftliche Perspektiven
auf die materielle Kultur

Herausgegeben im Auftrag der
Gesellschaft für Ethnographie e.V. von

Elisabeth Tietmeyer
Claudia Hirschberger
Karoline Noack
Jane Redlin

Waxmann 2010
Münster / New York / München / Berlin

Bibliografische Informationen der Deutschen Nationalbibliothek
Die Deutsche Nationalbibliothek verzeichnet diese Publikation in
der Deutschen Nationalbibliografie; detaillierte bibliografische
Daten sind im Internet über http://dnb.d-nb.de abrufbar.

Gefördert durch

S M
B Museum Europäischer Kulturen
  Staatliche Museen
  zu Berlin

Verein der Freunde
des Museums
Europäischer Kulturen e.V.

und

Institut für Europäische Ethnologie
der Humboldt-Universität zu Berlin

ISBN 978-3-8309-2333-6

© Waxmann Verlag GmbH, 2010
Postfach 8603, 48046 Münster
Waxmann Publishing Co.
P.O. Box 1318, New York, NY 10028, USA

www.waxmann.com
order@waxmann.com

Umschlaggestaltung: Christian Averbeck, Münster
Satz: Stoddart Satz- und Layoutservice, Münster
Druck: Hubert & Co., Göttingen

Gedruckt auf alterungsbeständigem Papier,
säurefrei gemäß ISO 9706

Inhalt

Vorwort

Die materielle Kultur – erste ‚Metakategorie‘ seit Beginn der völkerkundlich-volkskundlichen Forschung und lange Zeit Domäne der Museen – erfährt seit einigen Jahren in den deutschen Kulturwissenschaften als Reaktion auf die entsprechende Entwicklung in der angelsächsischen Ländern eine Renaissance und Bedeutungswende. Nachdem sie seit den 1970er Jahren vor allem im Zusammenhang sozialer und kultureller Prozesse betrachtet wurde, rückten die ‚Dinge an sich‘ zunächst aus dem wissenschaftlichen Blickfeld. Vor dem Hintergrund sich zeitgleich global wie auch lokal orientierender Gesellschaften werden heute jedoch neue Fragen an die materielle Kultur gestellt: Dinge werden als Handlungsträger und Akteure neu entdeckt. Das Potenzial der Dinge als Vermittler und Übersetzer zwischen ‚fremden‘ und ‚eigenen‘ Räumen, materiellen und immateriellen Welten sowie sozialen und physischen Bereichen gerät vor diesem Hintergrund erneut in den Fokus der und Kulturwissenschaften. Dinge werden (wieder) als Produzenten von Bedeutungen, von sozialen Beziehungen und Praktiken, von Identitäten, Wertvorstellungen und Erinnerungen betrachtet, die mit einer zunehmenden Multifunktionalität und Polysemie das Feld eindeutiger Zuordnungen verlassen haben. Damit sind neue Herausforderungen auch für die Museen verbunden, sich mit ihren Sammlungen – Kondensate ethnologischer Theorien vor allem des 19. Jahrhunderts – auseinanderzusetzen.

Der Wandel der Dinge selbst bringt für die materielle Kulturforschung auch neue Felder hervor: In vielen Bereichen der Informations- und Kommunikationstechnologie etwa ist es angesichts komplexer Mensch-Maschinen-Interaktion und dem Verschmelzen realer und virtueller Welten zunehmend schwerer zu definieren, wie hier materielle Kultur zu greifen ist. Aber auch im Hinblick auf andere Forschungsfelder bildet für eine neue Betrachtung der Dinge die Suche nach neuen Konzepten einen Schwerpunkt, mit denen eine symbolische Dinglichkeit und eine ‚Materialität des Immateriellen‘ in sich neu organisierenden Arbeits- und Alltagswelten beschrieben und gedeutet werden kann. Urbane Szenen und Communities sind hier ebenso Beispiele wie Rezeptionsweisen in der Kunst.

In dem vorliegenden Band reflektieren Autor/inn/en aus unterschiedlichen Disziplinen in ihren Artikeln Auffassungen zur materiellen Kultur, die an Universitäten, Museen und anderen Forschungsstätten sowie an Orten der Praxis zirkulieren. Im Mittelpunkt stehen dabei die Wirkmächtigkeit der Dinge, ihre Kultur generierende Funktion, ihre Wege in verschiedenen zeitlichen, räumlichen und kulturellen Bezügen sowie ihre Rekontextualisierungen in Museen und anderen Ordnungssystemen. Damit verbunden sind Fragen nach der Authentizität materieller Kultur vor dem Hintergrund sich ständig verändernder Konsumkulturen, der Redefinitionen, Umdeutungs- und Aneignungsprozesse von Dingen, Symbolen, Repräsentationen und Praktiken, auch im Kontext der Globalisierung.

Alle Aufsätze basieren auf der Tagung „Die Sprache der Dinge – kulturwissenschaftliche Perspektiven auf die materielle Kultur", die am 21. und 22. November 2008 von der Gesellschaft für Ethnographie e.V. in Zusammenarbeit mit dem Institut für Europäische Ethnologie der Humboldt-Universität zu Berlin und dem Museum Europäischer Kulturen – Staatliche Museen zu Berlin organisiert wurde.

Für ihr Engagement bei der Vorbereitung der Tagung sei Thomas Wesolowski und Anne Kulbatzki sowie zahlreichen Helferinnen und Helfern gedankt. Finanziell unterstützt wurde die Tagung sowie diese Publikation maßgeblich vom Verein der Freunde des Museums Europäischer Kulturen e.V. – besonderer Dank geht an ihn.

Wir hoffen, dass dieser Band mit seiner interdisziplinären Sicht auf die Dinge neue Impulse für Forschung und Lehre zur materiellen Kultur gibt und einen Beitrag zum *material turn* auch in den deutschsprachigen Kulturwissenschaften leisten wird.

Die Herausgeberinnen   Berlin, im April 2010

Hans Peter Hahn

Von der Ethnografie des Wohnzimmers –
zur „Topografie des Zufalls"

„Wenn ich […] meinen Blick auf den Dingen in meinem Zimmer ruhen lasse, dann entdecke ich mehr als nur Farben und Umrisse gewisser Gegenstände. Ich nehme dabei etwas wahr, das sich nicht greifen und beschreiben läßt, das mehr ist als eine wissenschaftlich ermittelbare oder in Geldwert abschätzbare Wirklichkeit. […] Wenn ich vom Grund meines Daseins spreche, dann meine ich eine Wirklichkeit, in der ich beheimatet bin. Diese ist nicht der Raum, in dem ich zu sagen habe, sondern in dem die Dinge mir etwas zu sagen haben."[1]

Einleitung

Was ist ein Gegenstand ethnografischer Betrachtungen? Zweifellos gibt es darauf eine sehr allgemeine Antwort: Ethnografie befasst sich mit all dem, was den Alltag ausmacht. Diese Aussage wäre zu präzisieren durch die Aufzählung einer Reihe von Feldern, die zum Grundbestand des Faches gehören. Diese ‚etablierten' Domänen stehen unterhalb der Ebene der „sozialen und kulturellen Gestaltung des Alltags" und sind als Themen unseres Faches längst kanonisiert. Hier geht es um Themen wie „Religion", „Verwandtschaft" „Politik" und „Wirtschaft".[2]

Was ist mit ‚materieller Kultur'? Die überwältigende Bedeutung materieller Zeugnisse in der Gründungsphase der Ethnologie ist allgemein bekannt. Vielleicht hat der wissenschaftliche Blick auf die Dinge als Zeugnisse kultureller Diversität sogar so etwas wie ‚Geburtshilfe' für die Entstehung des Faches geleistet.[3] Dennoch ist es eher eine wechselvolle Geschichte: Zu bestimmten Zeiten hätte man ‚materielle Kultur' hinzugerechnet, in anderen wissenschaftsgeschichtlichen Epochen hätte man sie jedoch kaum als wichtiges Feld angesehen.[4] Ungeachtet des in den letzten 20 Jahren zunehmenden Interesses an dem Thema bleibt der aktuelle Status materieller Kultur in der Ethnologie unsicher.[5] Ein Anliegen dieses Beitrags ist es deshalb, Gründe für die Unsicherheit im Umgang mit materieller Kultur zu klären. Insbesondere ist zu diskutieren, in welchem Umfang falsche Evidenzen möglicherweise zum fragwürdigen Status der materiellen Kultur beigetragen haben. Eine Lösung dieses Dilemmas liegt darin, über den Gebrauch und die Generierung von Methoden zum Studium materieller Kultur kritisch zu reflektieren. Wie zu erläutern sein wird, kann dieses Nachdenken über Methoden auch Wege zu neuen methodologische Einsichten für das Fach insgesamt aufzeigen.

Überlegungen zur Frage, welche methodische Rahmung ein Thema zu einem zentralen ethnologischen Wissensfeld macht, sollen den Ausgangspunkt dieses Beitrags bilden. Danach wird das eigentliche Thema, die „Ethnografie des Wohnzimmers" behandelt. Hier ist besonders kritisch zu prüfen, welche Methoden zur Dokumentation und Analyse des gut bekannten ‚Sachensembles Wohnzimmer' genutzt wurden, und es soll gezeigt werden, wie fragwürdig manche gängigen Interpretationsmuster sind. Die wissenschaftlich weithin anerkannten Interpretationen für solche Ensembles scheinen vielfach im Widerspruch zur unmittelbaren Beobachtung zu stehen. Die offensichtlichen Defizite der gängigen Methoden zwingen den Ethnografen, sich über den Gegenstand seiner Betrachtung von Neuem klar zu werden.

Ohne ein explizites wissenschaftliches Interesse zu äußern, hat Daniel Spoerri, auf den sich der darauf folgende Teil des Textes stützt, eine überraschende Antwort zur Überwindung dieser Defizite gefunden. Spoerri, der einem seiner Kunstwerke den hier in der Überschrift auch verwendeten Titel „Topografie des Zufalls" gegeben hat, entwarf mit seinem Schaffen eine eigene kreative Methode zur Erschließung der dinglichen Umwelt, die hier kurz vorgestellt werden soll. Daher wird die Frage zu stellen sein, warum Spoerris künstlerischer Zugang einigen Erkenntnisproblemen materieller Kultur besser gerecht wird als viele wissenschaftliche Interpretationen. Den Abschluss des Beitrags bildet die Erörterung der Frage, was aus wissenschaftlicher Perspektive von diesem künstlerischen Zugang zu übernehmen wäre.

Zunächst ist jedoch die Frage zu diskutieren, warum für manche Domänen der Ethnologie eine eindeutige Zuordnung zum Fach möglich ist, für andere diese hingegen unklar bleibt. Wie Thomas H. Eriksen es treffend formuliert, betrifft ethnologisches Wissen niemals nur die Kultur dieser oder jener Region, sondern ist zugleich auch Wissen über die Bedingungen des Menschlichen, über die *conditio humana*.[6] Ethnologen haben sich immer mit diesem doppelten Aspekt des Fachs befasst und – wenigstens implizit – gespürt, dass es sich bei ihren Themen um Fragen aller menschlichen Gesellschaften handelt, die sie als Wissenschaftler selbst in ihrem ‚außerwissenschaftlichen' Alltag auch betrifft. Das gilt ohne Einschränkungen für die eingangs genannten Felder Religion, Verwandtschaft und Wirtschaft. Das sind Bereiche des Alltags, die in allen Gesellschaften in irgendeiner Form gestaltet werden: keine menschliche Gemeinschaft ohne Religion und Verwandtschaft, keine Gesellschaft ohne eine Ordnung des wirtschaftlichen Handelns. So verglich Bronislaw Malinowski die überraschenden Eigenschaften der Wertgegenstände im Kula-Tauschring mit den Merkmalen der Kronjuwelen in Großbritannien, und Marcel Mauss identifizierte die Gabe als eine totale soziale Institution in Melanesien wie in Frankreich[7]. Schließlich sah James Frazer die Gesetze der Kontaktmagie in außereuropäischen, antiken und auch in zeitgenössischen westlichen Gesellschaften.[8]

Für diese klassischen Autoren und ihre Texte lässt sich eine häufig verwendete rhetorische Figur beschreiben: Westliche Gesellschaften waren zwar nicht der eigentliche Gegenstand der jeweiligen Untersuchung, aber der Rückgriff auf die diesbezüglichen Kompetenzen der Leser ist offensichtlich. Auch ohne die Verhältnisse europäischer Gesellschaften näher zu schildern, wurde in aller Eindringlichkeit deutlich gemacht, dass es hier um kulturelle Erscheinungen geht, die in der einen oder anderen Form überall auftreten.[9]

Aber auch wenn Ethnolog/inn/en auf explizite Vergleiche mit der eigenen Gesellschaft verzichteten: Die Möglichkeit, zum Beispiel westliche Verwandtschaftssysteme in eine weltweit gültige Terminologie der Verwandtschaftsverhältnisse mit einzubeziehen[10], oder die in der Regel als Provokation empfundene, ethnologisch aber durchaus naheliegende Interpretation des ‚Endokannibalismus‘ im Christentum[11] führen allen Beteiligten die Relevanz unseres Faches in der eigenen Gesellschaft unmittelbar vor Augen.

Und was bedeutet dies für materielle Kultur? Möglicherweise ist ein Grund für den Niedergang dieses Bereichs die Unsicherheit darüber, ob es sich bei den dokumentierten ethnografischen Objekten um etwas handelt, das mit den Sachgütern der Zivilisation vergleichbar sei. Eine grundlegende Methode der Untersuchung materieller Kultur in der Ethnologie ist die genaue Beschreibung von fremdartigen, exotischen Dingen. Vergleiche wurden in der Regel auf regionaler Ebene praktiziert, oder, wenn sie darüber hinausgingen, auf der Ebene formal sehr ähnlicher Objekte.[12] Fragen, die Ethnolog/inn/en an materielle Kultur stellen, und die damit den Forschungsbereich methodologisch definieren[13], sind in einer irritierenden Weise anders als Fragen, die Ethnolog/inn/en an die von ihnen selbst gebrauchten Dinge stellen würden. Dem Arbeitsbereich „materielle Kultur“ mangelt etwas, das an dieser Stelle provisorisch als „Überschuss interpretatorischen Vertrauens“ bezeichnet werden soll. Gewiss sind Ethnolog/inn/en immer von einer lokalen materiellen Kultur umgeben, so wie sie in westlichen Verwandtschaftsordnungen leben und mit westlichen religiösen Ausdrucksformen konfrontiert werden. Im Unterschied zu den letztgenannten Bereichen der eigenen Lebenserfahrung spielt die materielle Kultur der Wissenschaftler/innen, ihre Ausstattung mit Schreib- und Meßgeräten, Büchern, Tischen und Stühlen – und auch ihr Wohnzimmer – überhaupt keine Rolle in ihren Texten und in dem erwarteten Hintergrundwissen ihrer Leser/innen. Mithin ist das Wohnzimmer nicht nur ein spannendes und lehrreiches Beispiel, sondern es zielt als Objekt der Studie in eine leere Mitte der Zugänge zur materiellen Kultur, die konstitutiv für den bis in die Gegenwart unsicheren Status dieser Domäne insgesamt ist.

Auf der Suche nach den Gründen für das auffällige ‚Übersehen‘ der Alltagsgegenstände in der Ethnologie ist insbesondere auf eine immanente Strategie wissenschaftlicher Selbstvergewisserung hinzuweisen. Diese historisch nachweisbare Strategie beruht darauf, dass Wissenschaftler/innen sich für Ideen und Abbilder interessieren, aber die materiale Dimension nicht als Teil des relevanten Wahrnehmungshorizonts auffassen.[14] Als grundlegende Denkfigur gilt dies für alle Wissenschaften und muss als elementare Strategie aller im 19. Jahrhundert entstandenen Disziplinen verstanden werden; allein für die Ethnologie potenziert sich das Problem, steckt doch nicht nur das Leben der Wissenschaftler/innen, sondern auch der Gegenstand der Untersuchung so tief im Alltäglichen, Konkreten und Materiellen, dass es für die fällige ‚Vergeistigung‘ besonderer Anstrengungen bedurfte.

Die Vergeistigung der Ethnologie gelang ziemlich gründlich, und zwar, indem man von den in den ethnografischen Museen angehäuften Dingen nur noch die Form zum relevanten Kriterium erhob und nach komplexen Formmerkmalen suchte. Zugleich wurden alle anderen Eigenschaften und Kontexte der Dinge schlicht für bedeutungslos erklärt. Dieses Verfahren war erfolgreich: Es mündete in die kulturhistorische Methode, die sich weitgehend auf eine „Anatomie der Formen“[15] von materieller Kultur stützte. Das erwies sich für die Ethnologie als gültige Eintrittskarte in die Welt der Wissenschaft. Zugleich entkleidete dieser Prozess die angehenden Ethnolog/inn/en jeden Anspruchs auf eine Einbeziehung der eigenen Lebenswelt: Für sie selbst machte es ja keinen Sinn, die eigene Lebenswelt auf Formen zu reduzieren.

Die Notwendigkeit der ‚Vergeistigung' ist im Übrigen keineswegs ein spezifisch ethnologisches Unterfangen, sondern betrifft alle Kultur- und Sozialwissenschaften. Bruno Latour hat sie gerade in letzter Zeit wieder zu einem Thema gemacht, indem er die Überordnung von „Geistigem" über materiale Logiken als grundlegendes Missverständnis des wissenschaftlichen Weltbilds identifiziert.[16] Allerdings hat die Fokussierung auf diese Perspektive und damit die Geringschätzung der materiellen Lebenswelt nur in den wenigsten Fächern die Konsequenz eines so fatalen Missverständnisses, wie er den frühen, mit materieller Kultur befassten Ethnolog/inn/en unterlaufen ist, als sie Objekte auf Formen reduzierten.

Wohnzimmer in der Diskussion

Das Thema „Wohnzimmer" und der ethnografische Zugang dazu ist hauptsächlich als Fallbeispiel zu verstehen, das gängige Interpretationen materieller Kultur in den Kulturwissenschaften deutlich machen soll und hier als Folie dient, durch die hindurch auch Strukturen solcher Interpretation deutlich werden. Abgesehen von den umfänglichen und detaillierten Studien über die verschiedenen Regionaltypen der Bauernstuben aus der älteren Volkskunde[17], blieb das Wohnzimmer im Sinne einer (klein-)bürgerlichen, zeitgenössischen Institution ein lange vernachlässigtes Feld von Ethnologie und europäischer Ethnologie. Aus diesem Grunde ist es legitim, an dieser Stelle einen Umweg über die Kulturphilosophie der Frankfurter Schule zu machen.

Ein angemessener Ausgangspunkt der Betrachtung des Wohnzimmers ist die Position von Theodor Adorno und Max Horkheimer zu Kitsch und Kulturindustrie.[18] Ohne zu zögern und in aller Eindeutigkeit verurteilen die beiden Exponenten der so genannten Kritischen Theorie die Materialität solcher Sachensembles. Die Zusammenstellung von Objekten unterliegt der gleichen Kritik, die für Kitsch insgesamt gilt: Kitsch ist geistlos und gedankenlos.[19] Kitsch ist ein Parasitismus der Geschichte und entspringt der Naivität von Menschen, die sich einer wie auch immer gearteten Gegenwart verweigern. Kitsch steht für die Figur des Verdrängens als Reaktion der Massen auf die unverstandene Bedingung der eigenen Existenz. Die dem „Durchschnittsgeschmack" entsprechenden Gegenstände des Wohnzimmers sind nach Adorno Ausdruck eines „halbgebildeten Bewußtseins"[20]; sie sind gleichermaßen bequem und unverbindlich. All dies, so wäre im Kontext der Ausführungen des vorangegangenen Abschnitts zu ergänzen, sind Bewertungen, die das alltägliche Wohnzimmer offensichtlich in unendlicher Distanz zur Lebenswelt der Wissenschaftler/innen sehen.

In die Reihe der möglicherweise eher aus dem Elitismus der wissenschaftlichen Autor/inn/en heraus zu erklärenden Thesen über Wohnzimmer könnte neben Adornos Verdrängungstheorie auch die Entlastungstheorie stehen, wie sie u.a. Dieter Schrage vertreten hat.[21] Demzufolge ist Kitsch nicht einfach eine Eigenschaft der Dinge, die im Wohnzimmer angesammelt sind, sondern er ist aus den Lebenssituationen der Personen heraus zu erklären. Die Dinge sind ein Ausgleich für nicht mehr vorhandene und auch nicht mehr zulässige, enge Objektbeziehungen. In einem Ausstellungskatalog über den ‚Gelsenkirchener Barock' wird ganz ähnlich argumentiert. Die monströsen Wohnzimmerschränke und die ausladenden Sofas der 1950-70er Jahre, die den Benutzer/inne/n kaum noch Platz lassen, um ihr Wohnzimmer zu betreten, wären demnach aus dem Wunsch heraus zu erklären, Attribute der Bürgerlichkeit in Arbeiterwohnungen zu integrieren.[22] Gegen den Imperativ einer zeitgemäßen Ästhetisierung der unmittelbaren Wohnumgebung haben die Arbeiter des Ruhrgebietes auf der Aneignung dieser Möbel beharrt.[23]

Erst um 1970 begannen empirische Annäherungen an das Wohnzimmer als Teil zeitgenössischer Lebenswelten. Die „Exzesse organisierter Gemütlichkeit" stehen nun nicht mehr für Naivität, Verdrängung oder Kompensation, sondern sind ein kreativer Ausdruck der Konstruktion von „Heimat", wie Alexander Mitscherlich hervorhebt[24]. Demnach ist die Bezeichnung als Heimat für das Wohnzimmer eine Aufwertung eines materiellen Ensembles, die nicht durch die Dinge selbst vollbracht wird, sondern durch die menschlichen Beziehungen, die an diesem Ort geknüpft sind. Heimat, und damit auch das Wohnzimmer, ist das Ergebnis einer Verdichtungsarbeit. Damit dieser Ort zur Heimat wird, wurde daran gearbeitet, und er ist, nach Mitscherlich, ein Ausdruck der daran geknüpften menschlichen Beziehungen. Die aktive Rolle der Besitzer/innen und Bewohner/innen von Wohnzimmern wird damit ein erstes Mal hervorgehoben. Das Drama des kitschigen Wohnzimmers der Gegenwart besteht nicht in der Gestaltung als solcher, sondern in der Austauschbarkeit der zugehörigen materiellen Objekte.[25] Steht das Wohnzimmer für Identität, so gerinnt das austauschbare Wohnzimmer, das die Möbelläden ‚von der Stange' anbieten, für die ‚Momentanpersönlichkeit'. Die Fähigkeit zur kontinuierlichen Auseinandersetzung mit dem Ich ist ihr damit unwiderruflich verloren gegangen. Trotz dieser pessimistischen Töne schreibt Mitscherlich dem Wohnzimmer soziokulturelle Ausdrucksfunktion zu. Mit anderen Worten: Das Wohnzimmer wird zum Mittelpunkt oder zur Arena der Demonstration des eigenen Status.

Mit diesem Konzept entdeckt die Wissenschaft das Wohnzimmer als hochsignifikanten Bedeutungsträger, und so wird ein neuer Weg für die wissenschaftliche Bearbeitung des Themas eröffnet: Die Ausstattung des Wohnzimmers kann nun als soziales Handeln betrachtet werden, als Präsentation des sozialen Status und letztlich als Inbegriff des demonstrativen Konsums, der ja schon sehr viel früher in einem polemischen Sinne von Thorstein Veblen beschrieben wurde.[26] Nicht die Dinge selbst, sondern das, was sie ‚bedeuten', begründet den wissenschaftlich interpretierenden Zugang. Klassische Autoren wie Pierre Bourdieu, Mary Douglas und Daniel Miller gehören in den gleichen Forschungskontext.[27] Die Studien über die „feinen Unterschiede" zeigen, wie Wohnzimmer zu lesen wären, und welche empirischen Zusammenhänge von Habitus, Geschmack und Einrichtung des Wohnzimmers es gibt.[28]

Eindeutig ist auch das volkskundliche Plädoyer für einen neuen empirischen und an den Bedeutungen orientierten Zugang zu zeitgenössischen Wohnformen. Nach Martin Scharfe unterliegt die Gestaltung der repräsentativen Umwelt im Alltag den Normen des sozial definierten Geschmacks.[29] Der hier schon erwähnte Begriff des Kitsches mit seiner pejorativen Dimension kann dabei durchaus nutzbringend gewendet werden. Brigitta Schmidt-Lauber zeigt dies am Beispiel der ambivalenten Konnotationen und der sozialen Differenzierung des vielfach mit dem Wohnzimmer und seinem Mobiliar assoziierten Begriffs „Gemütlichkeit".[30] Die Differenzierung zwischen ‚gutem Geschmack' und Kitsch entspricht demnach verschiedenen Sichtweisen unterschiedlicher gesellschaftlicher Milieus. Die Ethnografie des Wohnzimmers kann uns also dazu verhelfen,

Umgangsweisen mit dem repräsentativen Kontext des Selbst zu beschreiben. Wie wenig später Martin Warnke hervorhebt, ist die Entstehung des Wohnzimmers insbesondere das Ergebnis einer Differenzierung in Funktions- und Repräsentationsbereiche.[31] In der idealtypischen Ausprägung der „guten Stube"[32] haben Tätigkeiten wie Arbeiten, Schlafen und zuletzt auch Essen nichts mehr verloren. So, wie das moderne Individuum die Trennung der Sphären des Privaten und des Öffentlichen kennt, so unterscheiden die Menschen zwischen dem vorzeigbaren Wohnzimmer und dem intimen, abgeschirmten Schlafzimmer. Das moderne Wohnzimmer ist gewissermaßen das Ergebnis einer hochgradigen funktionalen Spezialisierung. Damit einher geht eine Normierung der Ausstattung, wie die Bilder in dem Buch von Herlinde Koelbl und Manfred Sack eindrucksvoll belegen.[33] Die von Warnke aufgezeigten Tendenzen wie auch die Bilder unterstützen seine These vom Schutzbedürfnis als Grundfunktion des Wohnens. Der Einzelne verbirgt sich hinter dem standardisierten, repräsentativen Wohnzimmer. Zwar geht diese Standardisierung mit einem voranschreitenden Verlust von Funktionen einher, zugleich bleibt sie immer unvollendet: Das Wohnzimmer verrät immer noch Spuren von Individualität.

Offensichtlich sind also Wohnzimmer im Zusammenhang mit den genannten Studien sprechende Objekte mit hoher Prägnanz. Sie geben Auskunft über die Identität und den sozialen Status der Benutzer des Wohnzimmers, das als *context of display* zu verstehen ist.[34] Die Übermittlung von Bedeutungen scheint die zentrale Funktion dieses Sachensembles zu sein, und die damit vermittelten Inhalte beziehen sich auf die Besitzer/innen und Bewohner/innen, die ohne diese Dingwelt nicht das wären, was sie damit zu sein nachweisen wollen.

Aus methodologischer Perspektive ist ein Fortschritt festzustellen: An die Stelle philosophischer Spekulation ist ein empirisches Verfahren getreten. Anstelle einer Bewertung wird eine Beschreibung gesetzt, die einen Zugang zur subjektiven Wahrnehmung der Nutzer dieser Wohnzimmer ermöglicht. Das empirische Verfahren eröffnet ein Feld sozialer Differenzierungen (zum Beispiel in Bezug auf sozialen Status, Gruppenorientierung oder Lebensstil), das hoch bedeutungsvoll ist, weil es Bedeutungen mit Dingen verbindet. Mit diesen wenigen Sätzen lässt sich der theoretische Rahmen skizzieren, in dem die zuletzt genannten Studien lokalisiert sind[35], und der für eine große Tradition der Studien zu Alltagsgegenständen steht. Das Thema der Bedeutungen der Dinge, ihre Rolle in der Übermittlung von Botschaften über den Status der Besitzer/innen lässt sich wie ein roter Faden durch die Geschichte der Studien zu materieller Kultur und Konsum verfolgen.[36]

Aber mit diesem ‚Fortschritt‘ wurde auch eine Einengung in die Betrachtung hineingebracht, nämlich die Fokussierung auf die Ebene der Bedeutung. Hier ist zu fragen: Haben die genannten Autor/innen damit nicht genau den Prozess der ‚Vergeistigung‘ vollzogen, der eingangs als Erfolgsrezept, aber auch als Sackgasse der Verwissenschaftlichung beschrieben wurde? Ist die Bestimmung der Dinge durch die mit ihnen verbundenen ‚Botschaften‘ nicht ein Forschungsartefakt, das nur sehr eingeschränkt dem Alltag des Umgangs mit Wohnzimmern und ihrem Mobiliar gerecht wird? Werden hier nicht eingefrorene Bilder, und damit die Visualität und Ordnung des Sachensembles als „geistige" Gebilde isoliert[37], und gibt es hier nicht einen Nachhall zur eingangs geschilderten ‚Vergeistigung der Ethnologie‘? Ist die scheinbar problemlose Zuweisung von Bedeutungen nicht ein künstliches Ergebnis, das auf der Isolierung einzelner Objekte oder Objektensembles aus einem größeren Zusammenhang des alltäglichen Handelns beruht?[38]

Die Abstraktion von Dimensionen des Umgangs und der Materialität, die unweigerlich mit der Betrachtung der Bilder allein entsteht, ist methodologisch mit der Verabsolutierung des Moments und des Betrachtbaren („Visuellen") verbunden. Eine kritische Revision der bisher eingesetzten Methoden der Analyse muss an dieser Stelle innehalten und danach fragen, ob es nicht Alternativen dazu gibt. Eine „[d]ichte Beschreibung"[39], im Sinne eines überzeugenden ethnografischen Zugangs, sollte weitere, möglicherweise verborgene Dimensionen stärker mit einbeziehen. Einen Weg dorthin kann das Kunstwerk „Topographie des Zufalls" von Daniel Spoerri zeigen.[40]

Die „Topografie des Zufalls" als Methode

Worum geht es bei diesem Kunstwerk? Letztlich geht es um eine Strategie, „Befremden zu erzeugen". Spoerri, Künstler des *Nouveau Réalisme* und Mitglied der Fluxus-Gruppe[41], fängt mit dieser Arbeit ein Stück Realität ein und überführt diese zu einem Kunstwerk. Er macht also nichts anderes als die Arbeit eines/einer Ethnografen/Ethnografin, allerdings mit der Einschränkung, dass seine Arbeit nicht von einem zuvor angenommenen oder vermuteten Sinn geleitet wird (= das wäre das Vorwissen des/der Ethnografen/ Ethnografin), sondern bewusst mit dem Moment des Zufalls rechnet. In der „Topografie des Zufalls" geht es um eine Reihe von Objekten, die Spoerri auf dem Schreibtisch in seinem Pariser Atelier im März 1961 vorfindet. Zunächst zeichnet er diese alltäglichen Objekte (Flaschen, Schrauben, Streichhölzer, Münzen etc.) und deren Anordnung. Danach beschreibt er schrittweise die Objekte selbst sowie ihre Geschichten. Spoerri geht dabei systematisch vor und benennt immer wieder auch die Lücken seines Wissens über die Dinge, die ihm als persönlicher Besitz eigentlich vertraut sein sollten. Aber auch dieses plastische und kunstvoll entfaltete Netz aus Wissen und Nichtwissen ist nur ein Zwischenstand in seiner „Topografie", da in einem darauffolgenden Schritt seine Künstlerkollegen zu Wort kommen und diese ihr zum Teil erheblich abweichendes Wissen über die gleichen Gegenstände zu Protokoll geben.

Spoerris Ethnografie des Gegenwärtigen macht aus den Dingen auf dem eigenen Schreibtisch fremde Dinge – und nutzt diese Distanz zugleich hermeneutisch, indem er die Dinge durch umfassende Schilderungen wieder in den Bereich des Vertrauten zurückholt. Ohne sich darauf zu beziehen, folgt Spoerri damit einem Prinzip, das bereits 1929 Sergej Tretjakov[42] als Basis einer (fiktiven) „Faktographie", einer Beschreibung des Materiellen entwickelt hatte. Letztlich ist es eine ähnliche Herangehensweise, wie sie auch Gerda Zeltner-Neukomm als literaturwissenschaftliche Notwendigkeit herausgearbeitet hat.[43] Diese Autor/inn/en seien hier genannt, weil sie alle, in einem Übergangsbereich zwischen Kunst und Wissenschaft arbeitend, das „Nichtwissen" und das dadurch ausgelöste Befremden über die Dinge thematisieren.

Der Bezug zu meinem Beispiel, dem Wohnzimmer als Sachensemble, ist offensichtlich. Deutlich ist auch die Parallele im Hinblick auf die Methode: Der gefrorene Moment der Anordnung von Dingen wird zum Ausgangspunkt, ganz ähnlich wie in dem erwähnten

Bildband von Koelbl und Sack oder in den Beschreibungen von Wohnzimmern in Bourdieus „[F]einen Unterschiede[n]“. Aber genau im Vorgehen bei der Beschreibung ist der entscheidende Unterschied zu erkennen, der als spezifische Leistung der „Topografie des Zufalls“ und der anderen Studien zu verstehen ist. Die Eindeutigkeit und Vollständigkeit, die ethnografische Schilderungen vorgeben oder zumindest anstreben, ist nämlich Spoerri erst einmal verschlossen. Er kann die Objekte sehen, sie zeichnerisch visualisieren, aber nimmt schon im nächsten Augenblick jede Gewissheit über die Dinge zurück. Gewissheiten sind ihm offensichtlich suspekt, da er ja explizit Lücken und widersprüchliche Aussagen zum Teil seiner Auseinandersetzung mit den Dingen macht. Das Anliegen seines Kunstwerks ist es vielmehr, die Lückenhaftigkeit zu dokumentieren und Widersprüche (in den Perspektiven der verschiedenen Betrachter) augenfällig zu machen. Die unmittelbare Nähe führt zum Verlust der Eindeutigkeit im Wissen über die Dinge. Dem/der Betrachter/in und Leser/in wird vor Augen geführt, wie viele Zuweisungen überhaupt erst im Moment der Interpretation entstehen. Am Ende der „AutoEthnografie“⁴⁴ sind die Dinge, obwohl dem Autoren Spoerri gut vertraut, keine Zeugen mehr. Sie stehen nicht mehr für eine empirische Evidenz, die aus dem Objekt oder aus dem Arrangement in seinem Sachbesitz abzulesen wäre. Was bleibt, ist die Verstrickung von Dingen mit Geschichten, letztlich mit der Lebensgeschichte des Besitzers/der Besitzerin.⁴⁵

Genau diese Offenheit gegenüber Widersprüchen und Lücken ist es, die Ethnograf/inn/en aus den künstlerischen Versuchen lernen können. Durch ihre richtige Anwendung könnten sie sich neue Zugänge zu Vertrautheit und Fremdheit von Dingen erarbeiten. Fremd sind nun nicht mehr nur die exotischen Dinge, die aus der Ferne stammen. Die Leistung jeder ethnografischen Arbeit, nämlich aus fremden Phänomenen etwas Vertrautes zu machen, wird hier zunächst umgekehrt; die Dinge, aus der Nähe betrachtet, erscheinen in neuer Fremdheit. Der Schritt hin zur Befremdung macht eine offenere und damit auch dichtere ethnografische Betrachtung möglich. Und, gewendet auf dominante Traditionen in Studien zur materiellen Kultur, wird genau die Distanz gewonnen, die durch scheinbare Evidenz verdeckt worden war.

Zu den wenigen Ausnahmen, in denen eine solche Balance von Nähe und Distanz zu Dingen fruchtbar gemacht wird, gehört zum Beispiel die Studie von Janet Hoskins über biografische Objekte.⁴⁶ Sie zeigt, wie ganz exotische Gegenstände durch eine situative Verschränkung mit Lebenswegen neue Bedeutung erlangen und zu Schlüsselobjekten der eigenen Identität werden. Der Moment der Verschränkung von Dingen und Lebenswegen ist natürlich Zufall, im Sinne der „Topografie“ von Spoerri (auf den sich Hoskins nicht bezieht). Aber aus dem Zufall wird Notwendigkeit, um einen Lebensweg subjektiv erklären zu können.

Wohnzimmer als Sachensembles, die Dinge auf dem Tisch in Daniel Spoerris Wohnung oder die biografischen Objekte bei Janet Hoskins sind drei Beispiele für unterschiedliche Pfade der Interpretation. Wie sie zeigen, ist das Ergebnis einer Ethnografie, das Wissen über einen Gegenstand (oder über das Wohnzimmer) nicht etwas, das in den Dingen zunächst eingeschlossen war und dann gewissermaßen durch das ‚zum Sprechen bringen‘ aus den Dingen herausströmt. Anstelle dessen stehen eine Auseinandersetzung und die Bereitschaft, Objekte nicht voreilig als Zeugen auszunutzen. Nicht die ‚Sprache der Dinge‘, sondern die ‚Dialoge mit Dingen‘ wäre die genauere Umschreibung dessen, was Spoerri in seiner „Topografie des Zufalls" eigentlich betreibt und was bislang nur in ganz vereinzelten Fällen in der Methodik der Untersuchung materieller Kultur Eingang gefunden hat. Abschließend ist daher zu fragen: Wie wäre ein Weg aufzuzeigen, um dieser methodischen Erweiterung eine breitere Akzeptanz in den Studien zur materiellen Kultur zu geben?

Schluss: Wohnzimmer und Materialität

Um diese Frage auf der Basis ethnografischer Dokumente zu beantworten, ist noch einmal zurückzugehen zu den Wohnzimmern und den wissenschaftlichen Perspektiven, die zunächst von der Frankfurter Schule, später aber auch von Kulturwissenschaftlern wie Scharfe und Warnke eingeschlagen wurden. Jedoch wird die eingangs formulierte Voraussetzung überzeugender Ethnografie in der Gestalt einer wenigstens impliziten Universalität der Kulturphänomene von diesen Ansätzen nicht erfüllt. Die im daran anschließenden Teil vorgestellten Perspektiven von Spoerri kommen den formulierten Voraussetzungen schon sehr viel mehr entgegen. Dies kann darauf zurückgeführt werden, dass es sich hier um einen „autoethnografischen" Ansatz handelt. Bezogen auf eine Ethnografie des Wohnzimmers wird daraus eine einfache Frage an die Ethnografin/den Ethnografen. Sie/er hat sich zu fragen, ob die Erklärungen bezüglich des Wohnzimmers für sie/ihn selbst, für ihr/sein eigenes Wohnzimmer gültig sein könnten. Sieht die Ethnografin/der Ethnograf die Sachensembles in ihren/seinen Wohnräumen genauso, wie es die kulturwissenschaftlichen Paradigmen unterstellen? Sind die Dinge in unseren Wohnzimmern angefüllt mit Bedeutungen, und sprechen sie eine Sprache, die jedem/jeder Besucher/in Mitteilungen über den/die Bewohner/in und dessen/deren gesellschaftliche Lage machen? Diese Fragen mögen banal erscheinen, aber sie haben das Potential zu einer kritischen Revision der Methodologie.

Tatsächlich sind in den letzten Jahren einige „AutoEthnografien des Wohnzimmers" entstanden, die sich explizit diesen Fragen stellen. Als Beispiele wären hier der Beitrag des Herausgebers des Sammelbands „Socialness of Things" zu nennen, Stephen H. Riggins, der über sein eigenes Wohnzimmer berichtet[47], und Bob Scholte, der schon sehr früh die Reflexivität von Ethnografie als ihren Prüfstein deklarierte[48]. Zu nennen wären hier auch Literaturwissenschaftler, die vielfach Lebensbeschreibungen (und gerade die von Wohninterieurs) als „AutoEthnografien" bezeichnet haben.[49]

Gemeinsam ist diesen Dokumenten, dass sie sich einer eindeutigen Analyse verweigern: Die Dinge in den Wohnzimmern sprechen keine Sprache, sie sprechen nicht einmal, wenn die Möglichkeit einer eindeutigen Bedeutungszuweisung als eine Grundfunktion der Sprache unterstellt wird. Anstelle dessen werden die Dinge zum Spiegel von Widersprüchen, gelegentlich Emotionen, nicht selten auch zu Zeugen des Nicht-Wissens. Menschen leben in Wohnzimmern, ohne die Bedeutung der Dinge dort zu kennen. Mehrdeutigkeit, Bedeutungslosigkeit, die Unmöglichkeit der Dechiffrierung[50] oder gar das Fehlen einer Bedeutung sind mithin konstitutiv für die Dinge, wenn das Studium der materiellen Kultur auch die alltäglichen, vielfach übersehenen Gegenstände mit umfassen soll. In diesem Sinne hat materielle Kultur sehr viel mehr mit der „Topografie des Zufalls" zu tun als vielleicht von Daniel Spoerri jemals intendiert war.

Es gibt einige Arbeiten über Wohnzimmer, die der geforderten Beschreibung der Annäherung sehr nahe kommen und damit an die Stelle seiner falschen Objektivierung der Dinge den Prozess der Exploration rücken. Das gilt zum Beispiel für das Buch über „Anpassung und Eigensinn im Alltag des Wohnens" von Gerd Selle und Jutta Boehe[51], in dem die Autor/innen Gespräche mit den Bewohner/innen der Wohnungen dokumentieren. In diesen Gesprächen werden oft ganz widersprüchliche Bedeutungszuweisungen zu den Dingen artikuliert. Anstelle von Bedeutungsträgern werden die betreffenden Objekte dadurch eher zu Zeugen (oder Partnern) in Auseinandersetzungen über die Beziehung. In einer verblüffenden Parallele zu Spoerri verfolgt der/die Leser/in schrittweise die Aufdeckung der Netze von Wissen und Nichtwissen über die Dinge. Hier sind es die Dialoge, die ein Objekt situieren, nicht dessen Bedeutung.

Abschließend sei noch einmal das zentrale Anliegen dieses Beitrags hervorgehoben. Es geht hier weniger um die Klärung der Frage, was das Wohnzimmer aus ethnologischer Sicht sein könnte. Es geht auch nicht darum, das Kunstschaffen von Spoerri als die bessere Ethnografie herauszustellen. Das Anliegen betrifft vielmehr eine kritische Reflexion der ethnografischen Methode und insbesondere über einige populäre Interpretationspfade zu materieller Kultur. Die Herausforderung der zukünftigen Methodenentwicklung in diesem Bereich besteht darin, sich falschen Evidenzen und verkürzenden Fokussierungen zu entziehen und die „Befremdung durch die Dinge" so weit zuzulassen, dass eine Ethnografie scheinbar allzu vertrauter Dinge möglich wird. Evidenzen aus materieller Kultur waren in bestimmten Perioden der Geschichte der Ethnologie von sehr großer Bedeutung. Niemand zweifelte an dem Satz „Materielle Kultur ist ein Zeugnis fremder Kulturen", und gegenwärtig ist vielfach die Rede davon: „Materielle Kultur ist der Träger von Bedeutungen".

Um aber der Komplexität und Polysemie materieller Kultur gerecht zu werden, ist es möglicherweise besser, solche Evidenzen hinter sich zu lassen und die Nähe der Gegenstände als ethnografisches Problem, als Herausforderung anzunehmen. Dinge sind Zeugnisse, Dinge haben Bedeutungen, aber sie sind noch mehr als das. Sie sind möglicherweise Partner in Dialogen, die Ethnolog/innen erst noch zu führen lernen müssen.

Anmerkungen

1   Stüttgen. 1993. Die Botschaft der Dinge, S. 11.
2   Vgl. Fischer. 1989. Ethnologie als Allerweltswissenschaft; Fischer / Beer. 2003. Ethnologie.
3   Vgl. Glenn Penny / Bunzl. 2003. Worldly Provincialism.
4   Vgl. Fenton. 1974. Advancement of Material Culture Studies.
5   Miller. 1995. Consumption and Commodities.
6   Vgl. Eriksen. 2004. What is Anthropology?, S. 8.
7   Vgl. Mauss. 1925. Essai sur le don.
8   Vgl. Frazer. 1922. The Golden Bough.
9   Vgl. Clifford. 1986. Ethnographic Self-Fashioning.
10 Vgl. Murdock. 1949. Social Structure.
11 Hirschberg. 1999. Wörterbuch der Völkerkunde, S. 198.
12 Vgl. Blackwood. 1970. Classification of Artefacts.
13 Vgl. Schlereth. 1985. Material Culture and Cultural Research.
14 Vgl. Brown. 2004. Thing Theory.
15 Larson. 2007. Anthropology.

16 Vgl. Latour. 1991. Nous n'avons jamais été modernes.
17 Vgl. stellvertretend: Meringer. 1896. Das oberdeutsche Bauernhaus.
18 Vgl. Horkheimer / Adorno. 1944=1969. Dialektik der Aufklärung, S. 146.
19 Vgl. Adorno. 1963. Fernsehen als Ideologie.
20 Adorno. 1970. Ästhetische Theorie, S. 350.
21 Vgl. Schrage. 1980. Das Objekt im Alltag, S. 24.
22 Vgl. Oster. 1991. Sozialgeschichtliche Aspekte, S. 104.
23 Vgl. Liessmann. 2002. Kitsch!, S. 52.
24 Mitscherlich. 1965. Konfession zur Nahwelt.
25 Vgl. Scholz. 1989. Macht der Gegenstände.
26 Vgl. Veblen. 1899. Theory of the Leisure Class.
27 Vgl. Bourdieu. 1979. La distinction; Douglas / Isherwood. 1979. World of Goods.
28 Vgl. Pappi / Pappi. 1978. Sozialer Status und Konsumstil.
29 Scharfe. 1970. Gedanken und Thematisierungen.
30 Schmidt-Lauber. 2003. Gemütlichkeit.
31 Vgl. Warnke. 1982. Situation der Couchecke.
32 Götze. 1979. Die gute Stube.
33 Vgl. Koelbl / Sack. 1980. Das deutsche Wohnzimmer.
34 Hahn. 2005. Materielle Kultur, S. 135.
35 Vgl. Hahn. 2005. Stil und Lebensstil.
36 Vgl. Hahn. 2008. Consumption, S. 22.
37 Vgl. Scherpe. 1999. Ordnung der Dinge.
38 Vgl. Kubin. 1909. Die andere Seite, S. 103.
39 Geertz. 1973. Interpretation of Cultures.
40 Spoerri. 1961=1998. Anekdoten.
41 Block. 1995. Eine lange Geschichte.
42 Tretjakov. 1972. Biographie des Dings.
43 Vgl. Zeltner-Neukomm. 1968. Das Ich und die Dinge.
44 Chang. 2008. Autoethnography as Method.
45 Vgl. Schapp. 1953. In Geschichten verstrickt.
46 Vgl. Hoskins. 1998. Biographical Objects.
47 Vgl. Riggins. 1994. Fieldwork in the Living Room.
48 Vgl. Scholte. 1972. Reflexive and Critical Anthropology.
49 Vgl. Buzard. 2005. Disorienting Fiction.
50 Vgl. Kimmich. 2007. Wie Dinge sich zeigen.
51 1986. Leben mit den schönen Dingen.

Bibliografie

Adorno, Theodor W. 1963. Fernsehen als Ideologie, in: Ders. (Hg.). Eingriffe. Neun kritische Modelle. Frankfurt a. M.: Suhrkamp, S. 81-98. (Original: in Rundfunk und Fernsehen 2, 1953).

Adorno, Theodor W. 1970. Ästhetische Theorie. Frankfurt a. M.: Suhrkamp.

Blackwood, Beatrice. 1970. The Classification of Artefacts in the Pitt-Rivers-Museum. (Occasional Papers on Technology. Bd. 11). Oxford: Oxford University.

Block, René. 1995. Eine lange Geschichte mit vielen Knoten: Fluxus in Deutschland, 1962-1994. Stuttgart: Institut für Auslandsbeziehungen.

Bourdieu, Pierre. 1979. La distinction. Critique sociale du jugement. Paris: Édition de Minuit.

Brown, Bill. 2004. Thing Theory, in: Ders. (Hg.). Things. Chicago: University of Chicago. S. 1-16.

Buzard, James. 2005. Disorienting Fiction. The AutoEthnographic Work of Nineteenth-Century British Novels. Princeton: Princeton University.

Chang, Heewon. 2008. AutoEthnography as Method. Left Coast.

Clifford, James. 1986. On Ethnographic Self-Fashioning: Conrad and Malinowski; in: Heller, Thomas C. / Sosna, Morton / Wellbury, David E. (Hg.). Reconstructing Individualism. Stanford: Stanford University Press. S. 140-163.

Douglas, Mary / Isherwood, Baron. 1979. The World of Goods. Towards an Anthropology of Consumption. London: Routledge.

Eriksen, Thomas H. 2004. What is Anthropology? London: Pluto.

Fenton, William. 1974. The Advancement of Material Culture Studies in Modern Anthropological Research, in: Richardson, Miles (Hg.). The Human Mirror: Material and Spatial Images of Man. Baton Rouge: Louisiana State University. S. 15-36.

Fischer, Hans. 1989. Ethnologie als Allerweltswissenschaft, in: Zeitschrift für Ethnologie. Bd. 114, S. 27-37.

Fischer, Hans / Beer, Bettina (Hg.). 2003. Ethnologie. Einführung und Überblick. Berlin: Reimer (Neufassung 5. Aufl., 1. Aufl. 1983).

Frazer, James G. 1922. The Golden Bough. A Study in Magic and Religion. London: Macmillan.

Geertz, Clifford. 1973. Thick Description. Towards an Interpretative Theory of Culture, in: Ders. (Hg.). The Interpretation of Cultures. New York: Basic. S. 3-30.

Penny, H. Glenn / Bunzl, Matti (Hg.). 2003. Worldly Provincialism. German Anthropology in the Age of Empire. Ann Arbor: University of Michigan.

Götze, Ursula 1979. Die gute Stube, in: Andritzky, Michael / Selle, Gert (Hg.). Lernbereich Wohnen. Didaktisches Sachbuch zur Wohnumwelt vom Kinderzimmer bis zur Stadt. Bd. 1. Reinbek: Rowohlt. S. 288-297.

Hahn, Hans Peter 2005. Materielle Kultur. Eine Einführung. Berlin: Reimer.

Hahn, Hans Peter. 2005. Stil und Lebensstil als Konzeptualisierungen der Bedeutungen materieller Kultur, in: Kienlin, Tobias L. (Hg.). Die Dinge als Zeichen: Kulturelles Wissen und materielle Kultur. Internationale Fachtagung an der Johann-Wolfgang Goethe-Universität Frankfurt a. M., 3.-5. April 2003. Bonn: Habelt. S. 41-52.

Hahn, Hans P. 2008. Consumption, Identities and Agency in Africa – Introduction, in: Ders. (Hg.). Consumption in Africa – Anthropological Approaches. (Beiträge zur Afrikaforschung. Bd. 37). Münster: Lit. S. 9-41.

Hirschberg, Walter (Begründer). 1999. Wörterbuch der Völkerkunde. (Beirat: Christian F. Feest, Hans Fischer, Tomas Schweizer. Redaktion: Wolfgang Müller). Berlin: Reimer (Grundl. überarb., erw. Neuausg.)

Horkheimer, Max / Adorno, Theodor W. 1969. Dialektik der Aufklärung. Philosophische Fragmente. Frankfurt a. M.: S. Fischer. (Original: Amsterdam 1944).

Hoskins, Janet. 1998. Biographical Objects. How Things Tell the Stories of People's Lives. London: Routledge.

Kimmich, Dorothee. 2007. Wie Dinge sich zeigen, in: Gfrereis, Heike (Hg.). Deixis. Vom Denken mit dem Zeigefinger. (Marbacher Schriften. N.F. Bd. 1). Göttingen: Wallstein. S. 156-170.

Koelbl, Herlinde / Sack, Manfred. 1980. Das deutsche Wohnzimmer. München: Bucher. (Original: Frankfurt a. M. 1965).

Kubin, Alfred. 1909. Die andere Seite. München: Müller.

Larson, Frances. 2007. Anthropology as Comparative Anatomy? Reflecting on the Study of Material Culture During the Late 1800s and the Late 1900s, in: Journal of Material Culture. Bd. 12, Heft 1, S. 89-112.

Latour, Bruno. 1991. Nous n'avons jamais été modernes. Essai d'anthropologie symétrique, Paris: La Decouverte.

Liessmann, Konrad P. 2002. Kitsch! oder: Warum der schlechte Geschmack der eigentlich gute ist. Wien: Christian Brandstätter.

Mauss, Marcel. 1925. Essai sur le don. Forme et raison de l'échange dans les sociétés archaïques, in: L'Année Sociologique. N.F. Bd. 1, S. 30-186.

Meringer, Rudolf. 1896. Das oberdeutsche Bauernhaus und seine Geräthe, in: Zeitschrift für österreichische Volkskunde. Bd. 2, S. 257-267.

Miller, Daniel. 1995. Consumption and Commodities, in: Annual Review of Anthropology. Bd. 24, S. 141-161.

Mitscherlich, Alexander. 1965. Konfession zur Nahwelt. Was macht eine Wohnung zur Heimat?, in: Ders. (Hg.). Die Unwirtlichkeit unserer Städte. Frankfurt a. M.: Suhrkamp. S. 129-148.

Murdock, George P. 1949. Social Structure. New York: Macmillan.

Oster, Stephan. 1991. Sozialgeschichtliche Aspekte des Gelsenkirchener Barock, in: Brakensiek, Stephan / Städtisches Museum (Hg.). Gelsenkirchener Barock (Ausstellungskatalog). Heidelberg: Braus. S. 93-105.

Pappi, Franz U. / Pappi, Ingeborg. 1978. Sozialer Status und Konsumstil. Eine Fallstudie zur Wohnzimmereinrichtung, in: Kölner Zeitschrift für Soziologie und Sozialpsychologie. Bd. 30, S. 60-86.

Riggins, Stephen H. 1994. Fieldwork in the Living Room. An Autoethnographic Essay, in: Ders. (Hg.): The Socialness of Things: Essays on the Socio-Semiotics of Objects. Berlin: Mouton de Gruyter. S. 101-147.

Schapp, Wilhelm. 1953. In Geschichten verstrickt. Zum Sein von Mensch und Ding. Hamburg: Meiner.

Scharfe, Martin. 1970. Gedanken und Thematisierungen. Probleme einer Soziologie des Wandschmucks, in: Zeitschrift für Volkskunde. Bd. 66, S. 87-99.

Scherpe, Klaus R. 1999. Die Ordnung der Dinge als Exzeß. Überlegungen zu einer Poetik der Beschreibung in ethnographischen Texten, in: Honold, Alexander / Scherpe, Klaus R. (Hg.). Das Fremde. Reiseerfahrungen, Schreibformen und kulturelles Wissen. Frankfurt a. M.: Peter Lang. S. 13-44.

Schlereth, Thomas J. 1985. Material Culture and Cultural Research, in: Ders. (Hg.). Material Culture. A Research Guide. Lawrence: University Press. S. 1-34.

Schmidt-Lauber, Brigitta (Hg.). 2003. Gemütlichkeit. Eine kulturwissenschaftliche Annäherung. Frankfurt a. M.: Campus.

Scholte, Bob. 1972. Toward a Reflexive and Critical Anthropology, in: Hymes, Dell (Hg.). Reinventing Anthropology. New York: Pantheon. S. 430-457.

Scholz, Gudrun. 1989. Die Macht der Gegenstände. (Hochschule der Künste – Materialien 1989. Bd. 4). Berlin: Hochschule der Künste.

Schrage, Dieter. 1980. Das Objekt im Alltag, in: Drechsler, Wolfgang (Hg.). Faszination des Objekts. Wien: Gesellschaft der Freunde des Museums Moderner Kunst. S. 18-27.

Selle, Gert / Boehe, Jutta. 1986. Leben mit den schönen Dingen. Anpassung und Eigensinn im Alltag des Wohnens. Reinbek: Rowohlt.

Spoerri, Daniel. 1998. Anekdoten zu einer Topografie des Zufalls. Hamburg: Nautilus. (Original: Paris 1961).

Stüttgen, Albert. 1993. Die Botschaft der Dinge. Ansätze neuer ganzheitlicher Welterfahrung. München: Pfeil.

Tretjakov, Sergej. 1972. Die Biographie des Dings, in: Ders. (Hg.). Die Arbeit des Schriftstellers. Reinbek: Rowohlt. S. 81-85. (Original in: Literatura fakta, Moskau 1929).

Veblen, Thorstein. 1899. The Theory of the Leisure Class. An Economic Study of Institutions. New York: Macamillan.

Warnke, Martin. 1982. Zur Situation der Couchecke, in: Habermas, Jürgen (Hg.). Stichworte zur geistigen Situation der Zeit. Bd. 2: Politik und Kultur. Frankfurt a. M.: Suhrkamp. S. 673-687.

Zeltner-Neukomm, Gerda (Hg.). 1968. Das Ich und die Dinge. Versuche über Ponge, Cayrol, Robbe-Grillet, Le Clézio. Köln: Kiepenheuer & Witsch.

Hans Ottomeyer

Zeugnisse der Geschichte und die Museen Europas

Die geografischen Grenzen Europas waren stets klar definiert, beschreiben sie doch eine von Meeren umspülte, wild zerrissene Halbinsel, die mit ihrer Landmasse an den ungleich größeren Kontinent Asien stößt und durch einen Gebirgszug und einen dort entspringenden Grenzfluss vom Orient geschieden ist. Umstritten waren jedoch stets seine ,inneren' Konturen mit bisweilen 31 Ländern oder Provinzen, drei Kaisern, acht Königen, etlichen Republiken, 72 Sprachen in vier Sprachfamilien – die Dialekte und Mundarten nicht mitgerechnet –, aber mit nur einer christlichen Religion mit vier oder fünf Hauptkirchen und unzähligen Fraktionen von Orthodoxen, Reformierten, Remonstranten und Sektierern.

Obwohl Europa eine fassbare Entwicklungsgeschichte und gemeinsame Perspektiven aufweist, so ist doch unverkennbar, dass sich die nationalen europäischen Kulturen bei aller Vernetzung der Dynastien, der politischen Organisation und der Ähnlichkeit in der Lebensgestaltung bis in die Gegenwart hinein stets massiv um Abgrenzung untereinander bemüht haben und noch bemühen – getrieben von einem antagonistischen Prinzip sowie einer hoch entwickelten Streitlust.

So kontrovers sich die Meinungsbildung in Europa stets gestaltete, so eng war es jedoch in seiner ,materiellen' Kultur und in der Verwendung von Symbolen verbunden. Deswegen hat es immer Sinn gemacht, diese nicht verbalen Zeugnisse zur Darstellung der Geschichte heranzuziehen. Eine reiche Tradition der Dinge ermöglicht es, sowohl die Geschichte der Personen als auch die der Geschehnisse zum Sprechen zu bringen. Diese Zeugnisse sind bewusst aufbewahrt und über Generationen weitergegeben worden, um Geschichte, um historische Wirklichkeit darzustellen und zu bezeugen.

Die Absicht dieser Demonstrationen ist immer die Legitimation, es ist der Anspruch auf Anciennität, und dahinter steht in aller Regel ein rechtlicher Beweis. Auch eine große Zahl der Kunstwerke wurde gefertigt und bewahrt, um sie in einen repräsentativen Kontext zu stellen und daraus einen sozialen Anspruch herzuleiten. Diese gemeinsamen Traditionen wurden selten publiziert oder diskutiert. Geschichte im Museum ist oft einer ästhetischen Tyrannei unterworfen, die den historischen Entstehungsgrund, die historischen Linien der Weitergabe und die Legitimationsabsicht, die dahinter steht, in aller Regel leugnet. Die Reduktion der Bedeutungsfelder auf die Formalästhetik geschieht, um verbalen Interpretationsstrukturen und abstrakten Formbetrachtungen zu einem ausschließlichen Recht zu verhelfen. Deswegen sind viele der Sammlungsgegenstände in unseren Museen in erweiterter Betrachtung in Wirklichkeit historische Objekte, gefertigt, um Geschichte vor Augen zu führen und Erinnerungsstücken einen legitimierenden Zweck zuzuweisen. Das Alter des Stücks, seine Authentizität und seine Echtheit sind dabei die Hauptanliegen.

Die ältesten historischen Beweisstücke, die in unseren Museen verwahrt werden, stammen aus den Kirchen und aus den Sakristeien des Mittelalters. Es sind die Reliquien, welche die Wirklichkeit und Wahrheit des Lebens der Heiligen, die Stationen der Heilsgeschichte sowie die Lebenswirklichkeit und Lebensgeschichte von Jesus Christus und Maria bezeugen. Es sind Haare und Knochen, Kleidungsstücke, Geräte, Waffen, Marterwerkzeuge und Bücher sowie andere Dinge, welche die Heiligen berührten, die anfangs in den Sakristeien verwahrt wurden, die auf den Hochaltären präsentiert wurden und erst unsichtbar, dann sichtbar in Reliquienbehältern und Ostensorien den Gläubigen zur Augenscheinnahme und damit Bestätigung ihres Glaubens vorgewiesen wurden.

Der Wechsel zwischen dem Zeigen und dem Verwahren macht in der Geschichte des Mittelalters eine dramatische Entwicklung durch. Anfangs waren die Reliquien ständig in Reliquienbehältern verborgen und wurden nicht gezeigt, man wusste aber von ihnen. Später wurden sie zur Verehrung durch die Gläubigen einmal im Jahr, alle fünf Jahre oder noch seltener präsentiert. Bergkristallplatten, dann Kristall- und Glasplatten machten es möglich, das Objekt zu schützen und zugleich den Augen darzubieten. Im Kleinen wurde so bereits die ‚Vitrine‘ mit der Reliquie verbunden. Fast alle Reliquien begleitet eine Authentizität in Form eines unterschriebenen und gesiegelten Zettels, der bestätigen soll, dass es keinen Zweifel an der Echtheit der besagten Reliquie gibt.

Man muss sagen, dass diese Geschichte der Religion, dass der Reliquienkult nicht aufgehört hat zu existieren. Viele der Reliquien und Reliquienbehälter sind heute durch Revolution und Säkularisation in die National- und Landesmuseen gelangt, wo sie als Meisterwerke des Kunsthandwerks eine ganz andere Botschaft vermitteln. Im besten Falle werden sie als typische Gegenstände der Kulturgeschichte interpretiert und nicht auf Materialien und kunsthandwerkliche Techniken reduziert. Ihre ursprüngliche Bedeutung geht durch den neuen Kontext aber in aller Regel verloren; sie werden nicht mehr als Gegenstände verstanden, die einen historischen Zusammenhang in der Heils- und Heiligengeschichte bezeugen.

Nicht viel anders sieht es mit profanen Reliquien aus. Von berühmten Männern und Frauen hat man stets Kleidungsstücke, Waffen und persönliche Gegenstände aufbewahrt und in langen Traditionsreihen weitergegeben. Die ältesten Stücke aus dem späten Mittelalter sind dazu verwahrt worden, um Rechtshandlungen zu bezeugen, bei denen sie gebraucht wurden. Dies konnten aber auch Verträge, Siege oder Niederlagen, Geburt oder Tod sein, an die erinnert wurde. Die Schlösser, Rüstkammern, National- und Landesmuseen sind voll von solchen profanen Reliquien. Wie den Reliquien war auch ihnen häufig ein Zettel beigegeben, der bescheinigen sollte, dass es sich um echte Objekte handelt, die von der historischen Persönlichkeit gebraucht oder getragen wurden. So verwahrt die Livrustkammaren in Stockholm das ausgestopfte Pferd Streif, das Hemd, den Lederrock sowie weitere Bekleidungsstücke, die der schwedische König Gustav II. Adolf bei seinem Tod auf dem Schlachtfeld von Lützen 1632 trug.

Der Uniformrock Friedrichs des Großen, sein Hut, Krückstock und Degen werden im Berliner Zeughaus verwahrt und wurden über Hunderte von Jahren dem staunenden Publikum vorgezeigt (*Abb. 1*); das Sterbebett Napoléons von St. Helena steht heute im Musée de l' Armée in Paris.

Abb. 1:
Uniformrock Friedrichs II. von Preußen, 1786

Andere historische Zeugnisse sind große Kunstwerke. Die Wiege des Roi de Rome nach Entwürfen von Pierre Paul Proud'hon (1758-1823) gehört zu den Zimelien der Wiener Schatzkammer. Dort wird sie in enger Nachbarschaft zu den Insignien, Kronen, Ordenskollanen und Zeichen der politischen Macht verwahrt, welche zum Teil in über 1000-jährigen Traditionsketten überliefert sind, um die Authentizität des Erbanspruchs, territoriale Rechte und die Legitimation politischer Herrschaft vor Augen zu führen und durch das Präsentieren der Insignien zu beweisen.

Ähnliche Intentionen stehen hinter den Porträts historischer Persönlichkeiten, mit denen man seit dem Ende des 15. Jahrhunderts gelebte Geschichte veranschaulichte. Eine Vielzahl dieser historischen Porträts wurde gefertigt, um einmal gegenüber der Nachwelt den politischen Anspruch und die historische Rolle zu bezeugen, welche die dargestellte Person auszeichneten. Niemals geht es um eine Momentaufnahme oder um die historische Gegenwart, sondern die Gemälde sind daraufhin gestimmt, ein überzeitliches Argument zu liefern (*Abb. 2*).

Abb. 2:
Idealbildnis Kaiser Karls
des Großen (800–814),
Werkstatt Albrecht Dürer,
1514, Öl auf Lindenholz

Die historischen Gemälde hatten ihren festen Platz in den Schlössern und Residenzen. Gemälde der Vorfahren und der Familien, von denen der Dynast abstammte, wurden systematisch in Porträtgalerien eingereiht. Die noch lebenden direkten Verwandten oder die, mit denen man verschwägert war, wurden in Kniestücken in ersten, zweiten oder dritten Vorzimmern präsentiert. Nahe Verwandte, Freunde oder befreundete historische Persönlichkeiten, mit denen man korrespondierte, wurden in Kabinetten im kleinen Format vereinigt. Die Größe der Gemälde, die Attribute und der mehr oder weniger offizielle Status waren klare Indizien, welche Rolle die Personen jeweils spielten. Lebensgroße Porträts in Krönungsgewändern hatten oft in den Staatsappartements eine Funktion als Effigie. Sie vertraten bei Rechtsakten den Herrscher selbst und wurden dementsprechend gegrüßt und geehrt. Ähnlich handelten bürgerliche Gemeinden, städtische Zünfte und andere soziale Gruppen bis hin zu den Familien der Aristokratie und Gemeinschaften des Patriziats, die sich Reihen von Porträtgemälden schufen, um sich ihrer

Vergangenheit zu versichern. Immer wurde dabei versucht, einen konstituierenden Moment zu fassen, in dem sich eine Gemeinschaft zusammenfindet, um sich so zu bestätigen. Diese Gruppenporträts sind in reicher Überlieferung vorhanden und zieren heute wie die historischen Einzelporträts die Gemäldegalerien Europas und Nordamerikas als Meisterwerke der Porträtkunst. Dass dies nicht die ausschließliche Absicht ihrer Entstehung war, liegt auf der Hand.

Die Geschichte der Ereignisbilder ist weitestgehend auf die Geschichte der Neuzeit beschränkt. Seit der italienischen Renaissance wurden in Tafelgemälden, aber auch in Gobelins und Fresken die Schlachten, Triumphe, Siege und Hochzeiten – die neue Allianzen stiften – in figuralen Darstellungen vergegenwärtigt, die darauf abzielten, neue politische Konstellationen und Wendepunkte politischen Geschehens an die Nachwelt zu überliefern. Auf diese Weise entstanden monumentale Bildchroniken, die in deutlicher zeitlicher Versetzung ein Ereignis erzählen. Diese zeitliche Versetzung kann bei Skizzen eine Stunde, bei Gemälden einen Tag, eine Woche oder Monate und bei Historiengemälden ein ganzes Jahrhundert betragen. Aber immer ist es ein Unternehmen, das in idealtypischer oder realistischer Weise versucht, das politische oder historische Ereignis in das Bewusstsein zu rücken. Immer ist es ein lebhaftes Engagement, das den Grund des Entstehens abgibt. Und immer ist es ein ganz bestimmter Aspekt, der herausgestellt wird, mit dem der Held der Bildgeschichte verherrlicht, mit dem ein Negativbild des unterlegenen Gegners gezeichnet wird. Objektivität ist dabei genauso wenig beabsichtigt wie bei den geschriebenen Chroniken, Geschichtserzählungen oder ‚objektiven‘ Geschichtsberichten, denen ebenfalls eine politische Absicht anhaftet, die in die Erzählung einfließt. Oft berühren die Ereignisbilder eine idealtypische Darstellung bis hin zur Allegorie, um sich deutlicher gegenüber dem Betrachter auszudrücken und ihn in eine theatralische Aktion mit einzubeziehen. Es wäre unangemessen, zu unterstellen, dass die Ereignisbilder falsch oder die Geschichte verfälschend sind. Dies lässt sich ebenso bei Filmen oder Fotografien bis in die 1940er Jahre beobachten, wo in aller Regel das, was uns realistisch scheint, ebenso gestellt und durch Blickwinkel und Perspektive inszeniert wurde wie das Arrangement im Atelier eines Historienmalers.
    Bilder sind genauso unwahr oder genauso realistisch wie die Überlieferung in Worten oder Berichten. Eine zeitliche Versetzung von vier oder fünf Jahren in einem Historiengemälde oder in einem historischen Chronikbericht sind geradezu der Normalfall.

Es gab immer wieder Orte, bestimmte Säle, Räume und Kabinette, in denen man versuchte, Geschichte zu vergegenwärtigen und sie dem Betrachter in großer Konzentration vor Augen zu führen. Grunderzählungen dieser Art sind seit Beginn der Neuzeit die Geschichte der römischen Imperatoren und Kaiser sowie die Tugendtaten der Römer. Sie dienten dazu, den Herrscheranspruch der Neuzeit zu begründen und ihm durch die antike Tradition eine historische Basis zu geben. Kaisersäle mit Darstellungen der römischen und deutschen Kaiser sind in Form von Gemälden, Gobelins, Fresken oder Büsten eine Standardausstattung der großen Residenzen. Einen Legitimationsanspruch verfolgen auch die Ahnensäle und Ahnengalerien, die in den Schlössern der europäischen Fürsten und Prinzen eingerichtet wurden.

Sehr oft begleitet sie ein übergroßer Stammbaum, der die dynastischen Ansprüche vor Augen stellt und mit großer Regelmäßigkeit seinen Ursprung in Karl dem Großen sucht, der wiederum zurückverfolgt wird bis auf Cäsar, der sich als Julier – die römische Familie, aus der er stammte –, bis auf die Trojaner zurückführt. Diese Argumentation ist fast allen europäischen Dynastien eigen und macht ein Stück gemeinsame Geschichte aus. Solche dynastischen Ansprüche werden sehr häufig noch weiter unterstrichen, beispielsweise in der Münchner Residenz, wo sich hinter der Ahnengalerie in gerader Achse die Schatzkammer befindet, in der die Insignien, politischen Zeichen und profanen Reliquien vorgewiesen werden, die sichtbar einen solchen Anspruch begründen. Die Kurfürsten und Fürsten im Reich besaßen keine eigenen Insignien, keine Kronen, Zepter oder Reichsäpfel, sondern sie mussten sich auf den Besitz eines Hausschatzes beschränken, der durch die genealogischen Beziehungen und Erbfolgen auf den jeweiligen Besitzer überging. Diese Objekte waren häufig mit Territorien, mit Stätten und mit bestimmten Persönlichkeiten in ihrer Provenienz verbunden. Insbesondere im Rahmen fürstlicher Buffets wurde dem Vorzeigen dieser Stücke in einer hierarchischen Anordnung besondere Bedeutung beigemessen: Es verfolgte den Zweck, die Rechtmäßigkeit des Besitzes und der Erbfolge dem Betrachter im Rahmen der öffentlichen Tafel – *table publique* – zu demonstrieren (*Abb. 3*).

Zweck der Schlachtengalerien, der Ahnengalerien, der Schatzkammern und der Hausschätze ist immer die Legitimation der Erbfolge, das Unterstreichen der Geschichte der Familie, das Insistieren auf Anciennität, um so deutlich zu machen, dass die Territorien oder dass das Land in rechtmäßigem Eigentum stehen. Dies ist ein System, welches das gesamte Europa des Mittelalters und der Neuzeit umspannte und das als eine allgemeingültige, nicht verbale Sprache verstanden werden kann. Die gemeinsame materielle Kultur in Europa diente dazu, ein hierarchisches System zu schaffen und es zu stabilisieren. Dieses System hat uns Tausende von Objekten hinterlassen, die ursprünglich in den historischen Schlössern, den Zeughäusern und Kunstkammern, aber auch in den Kirchen verortet waren. Heute haben sie ihre angestammten Orte verloren und überschwemmen den Kunstmarkt, wenn sie nicht einen festen Platz in den Museen gefunden haben. Dort aber haben sie Bedeutungseinbußen hinnehmen müssen, die sie häufig auf ihren ästhetischen und materiellen Wert und auf die in sie investierte Kunstfertigkeit reduzierten.

Eines der ältesten Museen ist Schloss Ambras, das von Erzherzog Ferdinand II. (1578-1637) ersonnen, erbaut, und erhalten wurde. Ferdinand II. legte umfangreiche Sammlungen zu historischen Persönlichkeiten an, die er durch ihre Waffen vergegenwärtigte. Diese Waffen ließ er durch ein Agentensystem sammeln und in sein Schloss bringen, wo sie in hölzernen Kästen aufgestellt wurden. Diese offenen Kästen sind – wie die bereits genannten Reliquienschreine – Vorläufer der Museumsvitrinen. Anspruch war, ein System der Zeitgeschichte aufzubauen. Heute sind die Objekte, die im frühen 16. Jahrhundert dort gesammelt wurden, auf Schloss Ambras und auf die Waffensammlung des Kunsthistorischen Museums in Wien verteilt. In Letzterem befindet sich auch die Miniaturporträtsammlung, die der Erzherzog von sämtlichen ihm bekannten berühmten Persönlichkeiten seiner Epoche als ‚Iconographia' fertigen ließ.

Abb. 3:   Blick in die Ständige Ausstellung des Deutschen Historischen Museums: Inszenierung einer fürstlichen Tafel
des 18. Jahrhunderts

Andere Traditionsstränge liegen in den großen Zeughäusern der Städte und der Residenzen. Dort wurden all die Trophäen, die Flaggen, das Kriegsgerät gesammelt, das von der Militärgeschichte und politischen Geschichte eines Landes oder Territoriums kündete. Ein frühes Beispiel ist die Burgunderbeute, die in Erinnerung der Siege der Eidgenossen über die Heere der burgundischen Herzöge in Schweizer Städten gesammelt wurde. Die großen historischen Arsenale sind das Zeughaus von Graz, das ohne Abstriche in seiner ursprünglichen Aufstellung überdauert hat, und das Münchner Stadtmuseum, das aufgrund einer Abneigung des Direktors gegenüber historischen Waffen in den 1990er Jahren vollständig deponiert wurde. Gleichermaßen bedeutsam sind das Zeughaus in Innsbruck, das zu einem historischen Museum umgebaut wurde, und schließlich das Zeughaus in Berlin, das in das Deutsche Historische Museum umgewandelt wurde. Große Waffensammlungen dynastischer Prägung sind die Sammlungen in Madrid und Turin, welche mit der Geschichte der Habsburger und Bourbonen bzw. des Hauses Savoien verbunden sind. Es ist eine klassische Entwicklung, die von einem Zeughaus hin zum Nationalmuseum führt. Bei diesen Nationalmuseen überwiegt die Militärgeschichte in einer solchen Weise, dass sie jede andere Form der Geschichte verdrängt. Solche Entwicklungen lassen sich in Paris im Musée de l'Armée feststellen und ebenso im Zeughaus in Kopenhagen, das ähnlich wie die Kungliga Husgerådskammaren in Stockholm auf die Dynastie- und Militärgeschichte hin abgestimmt ist. Historisch bedeutende Sammlungen aus den großen Häusern aber sind gefährdet und werden aufgelöst wie beispielsweise die Waffensammlung der Herzöge von Braunschweig, deren Stücke zurzeit den europäischen und nordamerikanischen Markt überschwemmen.

Wenn nicht heraldische Zeichen, Inschriften oder Jahreszahlen auf den Objekten angebracht sind, drohen sie ihre Geschichte zu verlieren, sobald sie aus ihrem Kontext herausgenommen werden. Die historischen Stücke in den Museen und die Museen für Geschichte sind Sinneinheiten, die in unsere Gegenwart hineinragen. Es ist eine lange Tradition, mit der historische Zeugnisse weitergegeben wurden. Wir haben es bis heute nicht geleistet, dazu ein wissenschaftliches System zu entwickeln, das einen Überblick über diese Bedeutungsstränge zu geben vermag. Natürlich wird uns Geschichte nicht im Maßstab 1:1 überliefert, sondern es sind immer die Erwartungen, Träume, Projektionen, Hassbilder und Karikaturen von historischen Persönlichkeiten und Ereignissen, die gezeichnet und dann tradiert werden. Es sind Allegorien, Verherrlichungen, Ideale, politische Idole, Zerrbilder und Propaganda, die uns als eine Bildsprache der Vergangenheit begegnen. Diese stehen in einem engen Verhältnis zur Kunst und zum künstlerischen Können, das ihnen die Deutlichkeit, die Präzision und die Dauer gibt, welche die historische und politische Botschaft bis in unsere Gegenwart transportieren. Der künstlerische und der gestalterische Wert eines Werkes macht seine Evidenz, seine Aussagekraft und seine Ablesbarkeit aus. Jedes künstlerische Unvermögen, jede kunsthandwerkliche Schwäche verhindert sein Überdauern und verunklärt seine Aussage.

Wir sind dazu aufgerufen, ein theoretisches System zu entwickeln, das die historischen Zeugnisse in unseren Museen besser fasst, das sie aus dem impliziten Verständnis in eine explizite Aussage transportiert und sie wieder zu einem Teil unserer gemeinsamen europäischen Kultur werden lässt.

Elisabeth Tietmeyer

Bedeutungen und Konstrukte

Wenn Dinge sprechen könnten, würden sie sich vielleicht anders präsentieren als der Mensch es sich vorstellt. Sicherlich können Dinge den Menschen beeinflussen, aber letztlich ist er es selbst, der ihnen Bedeutung/en verleiht.

Die Aufgaben von Kulturwissenschaftler/inne/n bestehen darin, die Polysemie von Dingen zu ergründen, zu verstehen und zu übersetzen. So können sie Bedeutungen von Zeugnissen der Vergangenheit rekonstruieren und ihren damaligen Funktionszusammenhang darzustellen versuchen, während sie bei der Erforschung und Präsentation von Dingbedeutungen der Gegenwart die subjektiven Sichtweisen eine weitere Ebene der Interpretation zeigen. Dabei muss man sich allerdings im Klaren sein, dass mit dieser Deutungsmacht eine Zuschreibung einhergehen kann, die in der Regel Konstruktcharakter hat.

Der subjektiven Dimension, d.h. den „possessiven" Eigenschaften von Objekten, bevor sie im Museum einer „Transformation" unterzogen und entkontextualisiert werden, widmet sich Udo Gößwald in seinem Artikel. Er plädiert für eine museale Bewahrung der Beziehung zwischen dem/der ehemaligen Besitzer/in und dem entsprechenden Objekt.

Nicht zuletzt spiegeln auch Mensch-Ding-Beziehungen ebenso wie deren wissenschaftliche bzw. konstruierte Trennung kulturelle und gesellschaftliche Wirklichkeiten wider. Wie die anthropozentrische Sicht auf Dinge in Frage gestellt werden kann, zeigt Friederike Felcht anhand von literarischen Vorlagen des 19. Jahrhunderts, als die Veränderungen von Mensch-Ding-Beziehungen im Zuge der Entwicklung von modernen Technologien besonders virulent waren.

Mit der These der Gleichwertigkeit von Mensch und Ding stellt Günther Schörner einen wissenschaftlichen Ansatz der Klassischen Archäologie vor, der sich der sozialen Bedeutung von Nutzgeschirr vergangener Epochen widmet. Hier wird der Frage nachgegangen, inwieweit Dinge Macht auf Menschen ausüben bzw. soziale Effekte im Zusammenhang mit ihrem Erwerb haben können.

Vom identitätsstiftenden Umgang des Menschen mit Dingen handelt Anna-Lisa Müllers Darstellung. Am Beispiel der Veränderung von Städten werden Mensch-Ding-Beziehungen sichtbar gemacht, die sich in der Materialität, wie zum Beispiel der Architektur einer Stadt widerspiegeln. Dies gilt besonders für zielgerichtete Veränderungen, die eine bewusste symbolische Bedeutungszuschreibung von relevanten Dingen durch den Menschen zur Folge haben.

Udo Gößwald

Die Erbschaft der Dinge

Einleitung

In seinem 1993 erschienenen Aufsatz „Das Ding und seine Ekstasen" über die Ontologie und Ästhetik der Dinghaftigkeit hat Gernot Böhme in überzeugender Weise dargelegt, dass die Dinge der Natur von sich aus über das Vermögen verfügen, uns anzusprechen. Er plädiert dafür, das Hervortreten und sich Zeigen der Dinge als Gegebenes zu akzeptieren und nimmt damit eine Rehabilitierung des Subjektiven vor, die in ihren Implikationen für die Kulturwissenschaften bis heute kaum Beachtung gefunden hat. In meiner Forschungsarbeit „Die Erbschaft der Dinge"[1] habe ich deshalb die subjektiven Dimensionen der Dingbedeutungen und Dingbetrachtungen zum Gegenstand der Untersuchung gemacht. Mit Gernot Böhme wird hier unter Ding „ein körperliches, sinnlich gegebenes Seiendes"[2] verstanden. Dabei kann es sich um einen natürlichen Gegenstand, einen Alltagsgegenstand, aber auch ein Kunstwerk handeln.

Klassischerweise finden sich all diese Dinge als Sammlungsstücke im Museum. Sie mutieren dort zu Museumsobjekten und durchlaufen, wie James Clifford einmal geschrieben hat, eine „kühle Transformation", durch die jegliche subjektive Anhaftung eliminiert und für alle Zeit entfernt wird. Damit wird der „lebendige Faden" zwischen dem Objekt und seinem Besitzer, also den possessiven Eigenschaften des Objekts, durchtrennt und der „systematischen" Instanz des Museums überantwortet.[3]

Im Folgenden möchte ich darauf aufmerksam machen, dass die subjektiven Dimensionen der Dingbedeutungen einen kulturellen und damit gesellschaftlichen Wert darstellen, der ebenfalls im musealen Raum bewahrt werden sollte. Zugleich werden damit die Voraussetzungen für eine andere museale Praxis skizziert, die das „vergessene Menschliche"[4] in den Dingen trotz seiner Mutation zum Museumsobjekt bewahrt. Durch die Bewahrung dieser Erbschaft wird es möglich, etwas von dem Versprechen, das den Dingen anhaftet, an die Museumsbesucher/innen weiterzugeben.

Zur Genese der Dingbedeutung als Kategorie der Erfahrung

Die früheste Bindung, die der Mensch erfährt, ist die Bindung zwischen Mutter und Kind. Jüngste Forschungen heben dabei die Bedeutung des Tastsinns hervor. Er entwickelt sich beim menschlichen Embryo bereits in der achten Woche. Erst zweieinhalb Zentimeter ist der Mensch dann groß. Riechen, hören und schmecken kann er ab dem letzten Drittel der Schwangerschaft. Seine Augen öffnet er erst nach der Geburt. Über den Tastsinn erfährt der Mensch zuerst etwas über sich selbst, sein Körper-Ich, und spürt, dass er nicht allein ist. „Berührung ist unsere erste Sprache. Sie ist das erste funktionsfähige System im Uterus, über sie machen wir unsere ersten Erfahrungen. Mit Hilfe von Berührungen werden wir ernährt und beruhigt; über Berührungen entstehen unsere ersten emotionalen Bindungen."[5] Der Tastsinn ermöglicht unser Überleben. Er ist die seelische Brücke zu einem anderen Menschen.

Schon in den ersten Wochen nach der Geburt wird das Kind mit Dingen in Berührung gebracht, die die Nähe der Mutter kompensieren sollen. Die Psychoanalyse spricht vom Übergangsobjekt, das – nach Donald W. Winnicott[6] – die erste Form der Objektbildung des Kindes ausdrückt, ein Gegenstand, der dem Kind helfen soll, die Trennung von der Mutter zu überbrücken. Dabei ist entscheidend, dass das gewählte Objekt nicht einen fixierten Ersatz für die abwesende Mutter darstellt, weil sich das Kind in der präödipalen Phase noch keinesfalls real als von der Mutter losgelöst begreifen kann. Die wiederholte oder ritualisierte Berührung von Dingen führt in innerste Welten, die die Erinnerung an einmal erfahrene Befriedigung wieder aufleben lässt.

Walter Benjamin sah in der Kindheit einen magischen Zustand des Menschen, die Urwelt innerhalb der erwachsenen zweckbezogenen Welt. In ihr ist alles noch unbegrenzte Berührbarkeit, alle Erfahrung ist noch erste Erfahrung. Die Begegnung mit der Welt der Dinge geschieht im Spiel, im Durchstöbern der elterlichen Wohnung mit ihren geheimen Verstecken. So wird in dem Text „Schränke" die Kommode zum Ort des wiederholten Eintauchens in die innere Welt unbegrenzter Fantasie und lustbetonter Aneignung der eigenen Dinge: „Der erste Schrank, der aufging, wann ich wollte, war die Kommode. Ich hatte nur am Knopf zu ziehen, so schnappte die Tür aus ihrem Schlosse mir entgegen. Drinnen lag meine Wäsche aufbewahrt. Unter all meinen Hemden, Hosen und Leibchen, die dort gelegen haben müssen und von denen ich nichts mehr weiß, war aber etwas, das sich nicht verloren hat und mir den Zugang zu diesem Schranke stets von neuem lockend und abenteuerlich erscheinen ließ. Ich musste mir Bahn bis in den hinteren Winkel machen; dann stieß ich auf meine Strümpfe, welche da gehäuft und in althergebrachter Art, gerollt und eingeschlagen ruhten, so daß jedes Paar das Aussehen einer kleinen Tasche hatte. Nichts ging mir über das Vergnügen, meine Hand so tief wie möglich in ihr Inneres zu versenken. Und nicht nur ihrer wolligen Wärme wegen. Es war das ‚Mitgebrachte', das ich immer im eingerollten Innern der Hand hielt und das mich derart in die Tiefe zog. Wenn ich es mit der Faust umspannt und mich nach Kräften in den Besitz der weichen, wollenen Masse bestätigt hatte, fing der zweite Teil des Spiels an, der die atemberaubende Enthüllung brachte. Denn nun ging ich daran, ‚Das Mitgebrachte' aus seiner wollenen Tasche auszuwickeln. Ich zog es immer näher an mich heran, bis das Bestürzende vollzogen war: ‚Das Mitgebrachte' seiner Tasche ganz entwunden, jedoch sie selbst nicht mehr vorhanden war. Nicht oft genug konnte ich so die Probe auf jene rätselhafte Wahrheit machen: dass Form und Inhalt, Hülle und Verhülltes, ‚Das Mitgebrachte' und die Tasche eines waren. Eines – und zwar ein Drittes: jener Strumpf, in den sie beide sich verwandelt hatten."[7]

Benjamin führt uns in diesem wunderbaren Sprachspiel in das Reich des Verborgenen, eine träumerische Tiefe, die sich durch fortwährende Berührung des wollenen Stoffes vor unserem inneren Auge öffnet. Es sind Bilder der Intimität, die mit Schränken, Schubladen und Truhen verbunden sind und sie entfalten sich, sobald wir den Griff oder Schlüssel zu ihnen in der Hand halten. Die rätselhafte Metamorphose des Strumpfes zu sich selbst gepaart mit der Woll-Lust sind Erfahrungsdimensionen eines Kindes, die sowohl erotische Komponenten tragen wie der schlichten Freude an der Verwandlung Ausdruck verleihen.

Marleen Stoessel sieht in dem Strumpf ein klassisches Übergangsobjekt und im Spiel mit ihm „die unendliche Bewegung des Wunsches selbst, [...] die Lust der Wiederholung, des Nocheinmal"[8]. Der Schlüssel zur Erfahrung dieses fast tranceartigen Zustandes ist die fortwährende Wiederholung der Berührung, aus der heraus sich eine zweckfreie ungerichtete Denkbewegung ergibt, die – ohne Ziel – als Seins- und Sinneserfahrung des eigenen Selbst verstanden werden kann. Die Funktion des Übergangsobjekts erschöpft sich jedoch keineswegs in der frühkindlichen Entwicklungsphase, vielmehr begegnen uns Übergangsobjekte und -phänomene auch in späteren Stadien unseres Lebens. „[Dieser] Zwischenbereich der Erfahrung, der im Hinblick auf seine Zugehörigkeit zur inneren und äußeren Realität nicht in Frage gestellt werden kann, [...] tritt das ganze Leben hindurch in der intensiven Erfahrung auf, wie sie in den Künsten, der Religion, im imaginativen Leben und in der wissenschaftlichen Arbeit gemacht wird."[9]

Die Bedeutung der Dinge im Kontext der Lebensphasen

Im Laufe des individuellen Lebens wird die Fähigkeit, sich bewusst von Dingen zu trennen und sich neuen zuzuwenden, immer bedeutsamer. Der Erfahrungshorizont des Individuums wird komplexer, die Einbindung in die Folien des gesellschaftlichen Lebens und damit in das historische Geschehen wird intensiver. Das Individuum schafft sich durch aktives Handeln seinen Lebensraum, gestaltet Beziehungen zu einzelnen Personen, aber auch zu sozialen Gruppen, zum Kulturkreis, zur Stadt, zum eigenen Land. Zugleich wächst das Bedürfnis, sich im großen Ganzen der Welt als Persönlichkeit wahrzunehmen, Individualität als Maßstab für sich zu reklamieren. Das eigene Sein im Kontext von äußeren Dingen zu erfahren und mittels Sprache zum Ausdruck zu bringen, ist ein Grundprinzip des menschlichen Tuns.

Als Spuren des eigenen Lebensweges dienen oftmals Briefe und handgeschriebene Notizen, die das vielfältige Netz an Beziehungen abbilden, die in verschiedenen Lebensphasen prägend waren. Sie verkörpern abgebrochene Beziehungen, sind Ausdruck von Trennungen, flüchtigen Bindungen und gehören damit zum Arsenal der Erinnerungen, die oft nur durch die geschriebene Spur wieder lebendig werden kann. Die folgende Textpassage von Franziska L. ist dafür ein Beispiel:

„Aber dann entschied ich mich für die blau-weiße Zigarettenschachtel. In diesem kleinen quadratischen Kästchen liegen zwanzig zusammengefaltete Zettel, auf denen unterschiedlichste Anschriften aus ganz Deutschland und jeweils eine aus Italien, Schweden, Frankreich, Neuseeland und den USA zu finden sind [...]. Nehme ich sie alle zusammen, dann stehen diese zwanzig Zettel für eine bestimmte Zeitspanne in meinem Leben. Hinter diesen Adressen verbergen sich Erlebnisse und Geschichten, die ich im Alter zwischen zwölf und vierzehn Jahren erlebt habe und die meine Jugend teilweise sehr geprägt haben. Warum gerade diese Ansammlung von Adressenzetteln zusammen gefunden hat, kann ich heute nicht mehr erklären [...]. Die Anschriften sind oft das einzige Andenken, das ich von den Menschen habe, manchmal lösen die Zettel erst eine Erinnerung aus, die ohne sie schon längst verblasst wäre, teilweise sind die Schnipsel Zeugnis dafür, dass ich diese Menschen Mal getroffen habe, oder sie lassen mich erst erinnern, wer ich damals war, wen ich gekannt habe und kennen wollte. Ich habe diese Zettel nicht aufgehoben für den Fall, dass ich doch noch mal auf die Idee kommen sollte, zu den Menschen Kontakt aufzunehmen. Ich habe sie aufgehoben, damit sie mich an die Menschen erinnern, zu denen der Kontakt abgebrochen ist. Deshalb löst diese Schachtel ambivalente Gefühle in mir aus und ich bin froh, dass sie einen Deckel hat, den man wieder schließen kann."[10]

Die beschriebenen Zettel ermöglichen „die Rückbesinnung auf einen gegangenen Weg"[11]. Sie sind wie die Kieselsteine aus dem Märchen von Hänsel und Gretel Anhaltspunkte für den Weg zurück. Sie rekapitulieren eine verflossene Zeit und zeugen vom Bewusstsein der Vergänglichkeit. Sie sind Markierungen dafür, dass geworden ist, was war. Sie reklamieren Zeitlichkeit und damit zugleich einen eigenen Zeithorizont. Die „ambivalenten Gefühle", die mit dem Wissen um die Endlichkeit von Beziehungen gekoppelt sind, tragen unweigerlich Züge der Trauer. Wir folgen hier dem französischen Philosophen Paul Ricœur, wenn wir mit ihm behaupten, dass „unter bestimmten günstigen Umständen – wie zum Beispiel der von einem anderen erteilten Erlaubnis, sich zu erinnern, oder noch besser, der von einem anderen angebotenen Hilfe, die Erinnerung zu teilen – die Wiedererinnerung als gelungen bezeichnet werden kann und die Trauer von der fatalen Neigung zur Melancholie, dieser Einwilligung in die Traurigkeit, abgesetzt werden kann. Das reflexive Moment des Gedächtnisses kulminiert im Modus des Wunsches schließlich im Wiedererkennen des eigenen Selbst."[12] Es ist wichtig, hier den Zusammenhang von „gelungener" Erinnerung und Wunsch zu unterstreichen. Die Erinnerung um ihrer selbst willen bleibt dem Leben gegenüber abgewandt und verhindert, die eigene Person, das eigene Begehren in der Erinnerung wiederzuerkennen und damit als produktive Wunschenergie in die Zukunft zu wenden.

Was aber, wenn die Spuren in die Vergangenheit verweht sind, wenn es kein ‚Zurück' in die Geschichte mehr gibt? Ist das der Beginn einer großen Tragödie? Kehren wir deshalb noch einmal zu dem oben angeführten Text zurück und widmen uns seinem letzten Absatz:

„Ich glaube nicht, dass mir etwas an meinem Herzen fehlen würde, wenn diese Schachtel auf einmal nicht mehr da wäre, sie wäre einfach weg und ich könnte mich wahrscheinlich mit der Zeit gar nicht mehr an sie erinnern. Doch so lange ich sie noch habe und aufhebe, habe ich die Möglichkeit, den Haufen zusammengefalteter Adressenzettel in diesem kleinen blau-weißen Nil-Kästchen jedes Mal, wenn ich es öffne, in einen Koffer voller Geschichten aus meinem Leben zu verwandeln."[13]

Die Autorin antizipiert das Vergessen, einen Vorgang, mit dem sie sich offenbar in ihrem Leben bereits vertraut gemacht hat. Es fällt ihr nicht schwer, sich von den Dingen zu lösen, um sich damit von der Vergangenheit zu entbinden und sich Neuem zuzuwenden. Diese *raison d'être* ist ebenso überraschend wie erhellend. Die Autorin weiß um die Vergänglichkeit der Dinge und zugleich um die Deutungsmacht, die von ihnen ausgeht. Doch es ist ihre Entscheidung, ob sie das Füllhorn der Geschichten ausbreitet, die sich in dem kleinen Kästchen verborgen halten. Wenn sie das Kästchen öffnet, öffnet sich ein „Möglichkeitsraum"[14] zwischen der Autorin und den ausgewählten Dingen, die fiktionale und narrative Potenziale freizusetzen vermögen. Die Dinge werden zugleich Übergangsobjekte, die es der Autorin ermöglichen, spielerisch das melancholische Gefühl des Getrenntseins zu überwinden. Die Dinge evozieren ein temporäres Einssein mit den „verlorenen Freunden".

Das Haus als ‚Museum der Seele'

Für die Gedanken, Erinnerungen und Träume des Menschen sieht Gaston Bachelard das Haus als eines der zentralen „Integrationsmächte"[15]. In den Räumen, die wir bewohnen, ist gelebte Zeit gespeichert. Mit der Zeit erkennen wir uns in den Dingen, die uns umgeben, wieder. Die Dinge werden zum Schlüssel unseres inneren Seins. Durch die Dinge entfalten sich die Räume in ‚unserem Haus'. Das Haus „hält den Menschen aufrecht, durch alle Gewitter des Himmels und des Lebens hindurch. Es ist Körper und Seele. Es ist die erste Welt des menschlichen Seins. Bevor er in die Welt geworfen wird, […] wird der Mensch in die Wiege des Hauses gelegt. Und immer ist das Haus in unseren Träumen eine große Wiege."[16]

In der Begegnung mit ‚unserem Haus' verdichten sich die komplexen Erfahrungen von Verinnerlichung und Rückbesinnung einerseits, von Wiederaneignung und Entbindung andererseits. Die räumliche Umgebung des Hauses, das Interieur, wird zum „Museum der Seele"[17], in dem wir uns selbst begegnen. Das Haus wird zum symbolischen Ort der Erfahrung einer Ganzheit des Lebens, von der Geburt bis zum Tod. Es vermittelt das Unheimliche, Beängstigende, Momente des Glücks, der Angst, Kindheit, Jugend und das Erwachsenwerden, damit die Ablösung und die Suche nach dem Eigenen, jenseits des Erworbenen, doch mit der Erbschaft der Dinge behaftet. Das Haus verlassen wir und doch nehmen wir es mit.

In dem Hauptwerk Marcel Prousts „Auf der Suche nach der verlorenen Zeit" aus dem Jahr 1913 wird uns in besonderer Weise vor Augen geführt, welche ingeniöse Kraft die Erinnerung besitzt, um verlorene Welten der Kindheit wieder ins Bewusstsein zurückzuholen. Proust beschreibt, wie der Geschmack eines jener „dicken ovalen Sandtörtchen, die man ,Madeleine' nennt"[18], in Verbindung mit einem Schluck Tee, ihn in der Erinnerung zurückführt an einen bis dahin verborgenen oder dunklen Teil des Hauses seiner Kindheit in Combray. Durch die „geheime Kraft des Trankes"[19] gelangt er in einen „unbekannten Zustand"[20], der „den Augenblick eines Glücks mit sich führte"[21]. Und dann: „[…] [I]ch […] spüre […] wie etwas in mir sich zitternd regt und verschiebt, wie es sich zu erheben versucht, wie es in großer Tiefe den Anker gelichtet hat; ich weiß nicht was es ist, doch langsam steigt es in mir empor; ich spüre dabei den Widerstand und höre das Rauschen und Raunen der durchmessenen Räume. Sicherlich muss das, was so in meinem Inneren in Bewegung geraten ist, das Bild, die visuelle Erinnerung sein, die zu diesem Geschmack gehört und die nun versucht, mit jenem bis zu mir zu gelangen."[22]

In der Erinnerung kommt jener Teil des Hauses seiner Kindheit wieder zum Vorschein, der bislang „in tiefer Dunkelheit"[23] lag. „Sobald ich den Geschmack jener Madeleine wieder erkannt hatte, die meine Tante mir, in Lindenblütentee eingetaucht, zu verabfolgen pflegte (obgleich ich noch immer nicht wusste und auch erst späterhin würde ergründen können, weshalb die Erinnerung mich so glücklich machte), trat das graue

Haus mit seiner Straßenfront, an der ihr Zimmer sich befand, wie ein Stück Theaterdekoration zu dem kleinen Pavillon an der Gartenseite hinzu, der für meine Eltern nach hinten heraus gebaut worden war (also zu jenem verstümmelten Teilbild, das ich bislang allein vor mir gesehen hatte) und mit dem Hause die Stadt, der Platz, auf den man mich vor dem Mittagessen schickte, die Straßen, die ich von morgens bis abends und bei jeder Witterung durchmaß, die Wege, die wir gingen, wenn schönes Wetter war."[24]

Proust entfaltet vor uns eine innere Landschaft, die das Haus als räumliche Instanz zum Zentrum hat und damit gleichsam für das Innere figuriert. „Es ist ganz offenbar, dass die Wahrheit, die ich suche, nicht in ihm [dem Schluck Tee, Anm. d. Verf.] ist, sondern in mir."[25] Der Moment der Wahrhaftigkeit oder des Glücks ist somit eng verbunden mit der Wiederaneignung des Inneren, der Kraft, die das Ich wieder zum Leben erweckt hat. Wie auf einer Bühne – Proust spricht von der Theaterdekoration – treten die Figuren in der Erinnerung auf und es entfaltet sich das „Theater voller Wunder"[26], das im Wiedererkennen gründet.

Das ‚Museum des Lebens'

Die Affinität, Attraktion oder auch Sympathie zwischen Objekt und Betrachter/in, die sich als Korrespondenz zwischen seiner Bedeutung und der inneren Welt des Individuums darstellt, kann sich in besonderer Weise im musealen Raum entfalten, dessen äußere Anmutung geradezu darauf angelegt ist, diese Begegnung zu ermöglichen. Kaum ein anderer Ort besitzt eine solch bewusst erzeugte Atmosphäre, um über den Blick und die leibliche Erfahrung Dinge im Raum sinnlich wahrzunehmen wie das Museum. Die Exponate, die für die Betrachterin/den Betrachter ausgestellt sind, besitzen das Potenzial, ihn zu verführen und mit ihm in einen inneren Dialog zu treten. Die Formen der Präsentation können ein Ding in einer Weise zum Leben erwecken, dass eine Brücke zum eigenen – oft verborgenen – Selbst der Betrachterin/des Betrachters entsteht.

Ein „Museum des Lebens", das ich hier paradigmatisch als Entwurf einführen möchte, widmet sich den subjektiven Erfahrungsdimensionen, die in Dingen gespeichert sind und präsentiert sie im musealen Raum, damit sich die Vielfalt ihrer Bedeutungen durch Reflexion und Vergegenwärtigung der Betrachterin/des Betrachters entfalten können. In der Vergegenwärtigung als Form des Eingedenkens sieht Walter Benjamin unter Bezugnahme auf den Baudelaire'schen Begriff der *correspondences* „die Begegnung mit einem früheren Leben"[27]. Der Mensch erfährt „in den Korrespondenzen, dass die Dinge selbst sprechen können. Sie sind nicht vom menschlichen Blick beherrscht, sondern dazu imstande, den Blick zu erwidern"[28].

In einem Museum des Lebens werden diejenigen Dinge, die vom Individuum bereits als besondere und bedeutungsvolle ausgewählt wurden, als Zeichen eines kulturellen Prozesses verstanden. Denn das Zusammentragen von Gegenständen und insbesondere ihre Herstellung, so Krzysztof Pomian, stehen im Kontext vom „Auftauchen der Kultur im eigentlichen Sinne dieses Begriffs"[29]. Bereits James Clifford hat darauf verwiesen, dass „die Ansammlung von Dingen im Umfeld des Selbst oder einer Gruppe – die Zusammenfügung einer materiellen ‚Welt' sowie die Bestimmung einer subjektiven Domäne, die nicht das ‚Andere' ist – universell ist"[30]. Er geht davon aus, dass in diesen Sammlungen „Werthierarchien, Ausgrenzungen, regelbestimmte Territorien des Selbst" verkörpert sind und wir mit ihnen lernen, „uns die Welt anzueignen"[31].

Das Museum des Lebens ist ein Ort, an dem wir Dingen, die als Übergangsobjekte fungiert haben, in anderer Gestalt und in einer neuen, dem Lebensverlauf entsprechenden Perspektive begegnen können. Es konfrontiert uns mit Dingen, die im doppelten Sinn individuelle und kollektive Erfahrungen repräsentieren und erschließt uns damit zugleich verschiedene Dimensionen des Gedächtnisses als individuelle, soziale und kulturell vermittelte Erinnerungen. Die Dinge, die uns in einem Museum des Lebens begegnen, sind mit Spuren behaftet, die uns alle Dimensionen des Lebens vor Augen führen können: Es sind die Dinge, die wir zuerst berührten und betasteten, dann fanden und arrangierten; es sind die Dinge, von denen wir überrascht wurden, die Dinge, die uns flüchtig erschienen, die Dinge, die uns halfen, eine schwere Zeit zu überbrücken, die Dinge, die uns die Rückbesinnung auf das Vergangene und zugleich die Überwindung des Alpdrucks vergangener Zeiten ermöglichten. Sie alle haben eine Erbschaft, die die Signatur der Zukunft trägt und zugleich das Geheimnisvolle des „Mitgebrachten" (Walter Benjamin) bewahrt. So werden die Dinge, deren Korrespondenzen wir erkennen, zu Zeugen einer kritischen Erkenntnispraxis im Benjamin'schen Sinn, die Theodor W. Adorno als Aufgabe der zeitgenössischen Philosophie formuliert hat: „[…] alles muss ihr zum Ding sich verzaubern, damit sie das Unwesen der Dinglichkeit entzaubere"[32].

Dass die Komplexität der subjektiven Bedeutungen von Dingen der materiellen Kultur bislang weithin übersehen wurde, liegt an ihrer Verborgenheit im Subjekt. Sie sind ein Teil jenes Unbewussten, das wir im Laufe des Erwachsenwerdens oftmals zurücklassen und das darauf drängt, endlich wieder ins Licht des Bewusstseins einzutreten. Es verhält sich so wie mit dem kleinen Stück Holz in dem Text Rainer Maria Rilkes in seiner Hommage an Auguste Rodin: „Dieser kleine vergessene Gegenstand, der alles zu bedeuten bereit war, machte Sie mit Tausenden vertraut, indem er tausend Rollen spielte, Tier war und Baum und König und Kind, – und als er zurücktrat, war das alles da. Dieses Etwas, so wertlos es war, hat Ihre Beziehung zur Welt vorbereitet, es hat Sie ins Geschehen und unter die Menschen geführt, und mehr noch: Sie haben an ihm, an seinem Dasein, an seinem Irgendwie-Aussehn, an seinem endlichen Zerbrechen oder seinem rätselhaften Entgleiten alles Menschliche erlebt bis tief in den Tod hinein. Sie erinnern sich dessen kaum mehr, und es wird Ihnen selten bewusst, dass Sie auch jetzt noch Dinge nötig haben, die, ähnlich wie jene Dinge aus der Kindheit, auf Ihr Vertrauen warten, auf Ihre Liebe, auf Ihre Hingabe."[33]

Wenn wir uns diesen Dimensionen der Dingwelt, ihren komplexen Erbschaften öffnen und sie als Potenzial neuer Erfahrungen verstehen lernen, könnten die Vorrausetzungen dafür geschaffen werden, dass auch das kulturgeschichtliche Museum seine tief sitzende Skepsis gegenüber den subjektiven Bedeutungen seiner Sammlungsstücke aufgibt.

Anmerkungen

1 Vgl. Gößwald. 2008. Die Erbschaft der Dinge. Eine Studie über die subjektive Bedeutung von Dingen der materiellen Kultur. Dissertation.
2 Böhme. 1995. Das Ding und seine Ekstasen, S. 157.
3 Clifford. 1996. Ausgestellte Kulturen. Vgl. auch Macpherson. 1969. The political theory.
4 Vgl. Stoessel. 1983. Aura.
5 Royeen (Creighton Universität, Omaha), zit. n.: Margit Mertens. Der erste Sinn, in: Der Tagesspiegel, 8. August 2005, Nr. 18918. Studien haben nachgewiesen, dass die körperliche Berührung für den Menschen lebenswichtig ist. Ein Ausbleiben der Berührungen führt zu gravierenden psychischen Störungen. Vgl. auch Grunwald / Beyer. 2004. Der bewegte Sinn.
6 Vgl. Winnicott. 2006. Vom Spiel zur Kreativität.
7 Benjamin. 1974. Berliner Kindheit, S. 119f.
8 Stoessel. 1983. Aura, S. 146.
9 Winnicott. 1969. Übergangsobjekte und Übergangsphänomene, in: Psyche, Jg. 23, Heft 9, zit. n.: Laplanche / Pontalis. 1998. Das Vokabular, S. 549.
10 Der Text „20 Zigaretten" von Franziska L. (Name geändert) entstand als Übung im Seminar „Die Erbschaft der Dinge" am Institut für Europäische Ethnologie der Humboldt Universität zu Berlin, das der Verfasser im Sommersemester 2006 geleitet hat.
11 Ricœur. 2004, S. 760.
12 Ebd., S. 762.
13 Aus dem Text „20 Zigaretten" von Franziska L. (vgl. Anm. 10).
14 Winnicott. 1966. The Location of Cultural Experience, in: International Journal of Psychoanalysis 48, S. 370, zit. n. Kuhns. 1986. Psychoanalytische Theorie, S. 77. „Der Ort, an dem kulturelle Erfahrungen lokalisiert sind, ist der *Möglichkeitsraum* zwischen dem Individuum und seiner Umwelt (ursprünglich: dem Objekt)".
15 Bachelard. 1987. Poetik des Raumes, S. 33.
16 Ebd.
17 Praz. 1994. Histoire de la décoration d'intérieur. La philosophie de l'ameublement, S. 19; Museum für Angewandte Kunst (Hg.). Der [sic!] Souvenir. Erinnerungen in Dingen von der Reliquie zum Andenken, S. 191.
18 Proust. 1975. In Swanns Welt, S. 63.
19 Ebd., S. 64.
20 Ebd.
21 Ebd.
22 Ebd., S. 65.
23 Ebd., S. 61.
24 Ebd., S. 67.
25 Ebd.
26 Ebd.
27 Benjamin. 1978. Gesammelte Schriften, S. 639.
28 Opitz / Wizisla (Hg.). 2000. Benjamins Begriffe, 1. Bd., S. 164.
29 Pomian. 1998. Der Ursprung des Museums, S. 49.
30 Clifford. 1988. The Predicament, S. 218. (Übersetzung d. Verf.).
31 Ebd. (Übersetzung des Verf.).
32 Adorno, Theodor. Charakteristik Walter Benjamins, in: Kulturkritik und Gesellschaft. 2003, zit n. Taussig. 2007. Walter Benjamins Grab, S. 78.
33 Rilke. 2005. Das dichterische Werk, S. 184.

Bibliografie

Assmann, Aleida; Hardt, Dietrich (Hg.). 1991. Kultur als Lebenswelt und Monument. Frankfurt a. M.: Fischer.
Bachelard, Gaston. 1987. Poetik des Raumes. Frankfurt a. M.: Fischer.
Benjamin, Walter. 1974. Berliner Kindheit um neunzehnhundert. Frankfurt a. M.: Suhrkamp.

Benjamin, Walter. 1978. Gesammelte Schriften. Bd. 1, Heft 2, Frankfurt a. M.: Suhrkamp.

Böhme, Gernot. 1995. Atmosphäre. Frankfurt a. M.: Suhrkamp.

Böhme, Hartmut. 2006. Fetischismus und Kultur. Reinbek: Rowohlt.

Clifford, James. 1988. The Predicament of Culture. Twentieth Century Ethnography, Literature and Art. Cambridge, Mass.: Havard University Press.

Clifford, James. 1996. Ausgestellte Kulturen, in: Lettre International. Heft 33, S. 28-31.

Grassi, Ernesto. 1984. Die Macht der Phantasie. Frankfurt a. M.: Fischer.

Grunwald, Martin / Beyer, Lothar. 2004. Der bewegte Sinn. Basel u.a.: Birkhäuser.

Kuhns, Richard. 1986. Psychoanalytische Theorie der Kunst. Frankfurt a. M.: Suhrkamp.

Laplanche, Jean / Pontalis, Jean Bertrand. 1998. Das Vokabular der Psychoanalyse. Frankfurt a. M.: Suhrkamp.

Museum für angewandte Kunst Frankfurt (Hg.). 2006. Der Souvenir. Erinnerung in Dingen von der Reliquie zum Andenken. (Ausstellungskatalog). Köln: Wienand.

Opitz, Michael / Wizisla, Erdmut (Hg.). 2000. Benjamins Begriffe. 1. und 2. Band, Frankfurt a. M.: Suhrkamp.

Pomian, Krzysztof. 1998. Der Ursprung des Museums. Vom Sammeln. Berlin: Wagenbach.

Praz, Mario. 1994. Histoire de la décoration d'intérieur: la philosophie de l'ameublement. London: Thames & Hudson.

Proust, Marcel. 2008. In Swanns Welt: Auf der Suche nach der verlorenen Zeit. Frankfurt a. M.: Suhrkamp. (Französisches Original 1975).

Ricœur, Paul. 2004. Gedächtnis, Geschichte, Vergessen. München: Wilhelm Fink Verlag.

Rilke, Rainer Maria. 2005. Das dichterische Werk. Frankfurt a. M.: Zweitausendeins.

Stoessel, Marleen. 1983. Aura. Das vergessene Menschliche. Zur Sprache und Erfahrung bei Walter Benjamin. München: Hanser.

Taussig, Michael. 2007. Walter Benjamins Grab, in: Lettre International. Heft 79, S. 78.

Winnicott, Donald W. 2006. Vom Spiel zur Kreativität. Stuttgart: Klett Cotta.

Frederike Felcht

„die Straßenbahnen und Omnibusse sind gestopft und gepfropft und mit Menschen garniert". Überlegungen zur Aufhebung des Anthropozentrismus von Mensch-Ding-Beziehungen

Einleitung

Dieser Beitrag führt in eine Märchenwelt, die in einem spannenden – man könnte auch sagen: gespannten – Verhältnis zu anthropozentrischen Perspektiven auf Mensch-Ding-Beziehungen steht. Mit dem Märchen „Dryaden. Et Eventyr fra Udstillingstiden i Paris 1867" (Die Dryade. Ein Märchen aus der Ausstellungszeit in Paris 1867) (1868) des dänischen Autors Hans Christian Andersen begeben wir uns auf die Weltausstellung von Paris 1867. Diese Ausstellung wird in „Dryaden" zum Gegenstand der Sehnsucht und Bewunderung und verzaubert ihre Besucher/innen. Den Grundlagen dieser Verzauberung wird sich im vorliegenden Artikel angenähert. Dabei werden die ästhetische Gestalt des Textes und diejenige der Ausstellung selbst berücksichtigt und es wird aufgezeigt, wie sich die Realisierung der Ausstellung und ihre literarische Darstellung vom fortschrittlich-rationalen Narrativ, das der Ausstellungsplanung zugrunde lag, unterscheiden. Diese Überlegungen sind eingebettet in die Darlegung der dominanten handlungstheoretischen Wissensordnung, in der dieser Text entstanden ist und die er infrage stellt. Dabei konzentrieren sie sich auf das Verhältnis von Menschen und Dingen. Der Artikel erkundet, wie Handlungskonzeptionen des 19. Jahrhunderts zur Konstruktion eines ‚primitiven' Anderen beitrugen und inwiefern literarische Texte eine Alternative zu diesen Konzeptionen bieten. Der Beitrag beschränkt sich auf ein Märchen und dessen historischen Kontext. Dass Andersens „Eventyr og Historier" (Märchen und Geschichten) neue dingtheoretische Perspektiven für das 19. Jahrhundert eröffnen, gilt aber keineswegs nur für den ausgewählten Text. Das Weltausstellungsmärchen „Dryaden" (1868) nimmt jedoch in den „Eventyr og Historier" eine wichtige Stellung ein, weil sich hier in extrem konzentrierter Form zentrale Motive des 19. Jahrhunderts ein Stelldichein geben. Heinrich Detering bezeichnet den Text sogar als „Andersens ‚Passagen-Werk' "[1].

Die Ordnung des Wissens: menschlich/nicht-menschlich

„Das ganze unendlich lange Trottoir war wie ein einziger großer Gesellschaftssaal; hier standen gedeckte Tische mit Erfrischungen aller Art, Champagner, Chartreuse, bis hinunter zu Kaffee und Bier. Hier waren Blumen ausgestellt, Bilder, Statuen, Bücher und bunte Stoffe."[2] – Wo befinden wir uns? Wir befinden uns in einem Märchen, zumindest behauptet dies der Titel des Textes. Der/die Leser/in hat an dieser Stelle des Textes bereits mit der Titelfigur des Märchens (eine Dryade ist ein Baumgeist[3]) den Weg vom Land in die Stadt Paris nachvollzogen, die Schauplatz der Weltausstellung ist.

Im Zitat findet eine Entwicklung ihren Ausdruck, die zu diesem Zeitpunkt weit fortgeschritten ist: das ungeheure Anwachsen der Dingwelt im 19. Jahrhundert. Die Überfülle der Dinge greift auf den öffentlichen Raum über und transformiert das Trottoir in einen Gesellschaftssaal, der mit Genussmitteln lockt. Dieses kaum noch zu kontrollierende Wuchern der Dingwelt und ihre Verlockungen gefährden, wie sich noch zeigen wird, den Status des autonomen Subjekts. Als solches hatte der Mensch sich in der Wissenschaft der Moderne zu begreifen gelernt. Michel Foucault hat in „Die Ordnung der Dinge" gezeigt, wie der Mensch Ende des 18. Jahrhunderts als „Falte in unserem Wissen"[4] auftrat und den Raum des Wissens transformierte.

Im Märchen „Dryaden" vollzieht sich eine Form der Menschwerdung, die eine ursprüngliche Einheit trennt. Die Dryade wird in ihrem Baum nach Paris transportiert und verlässt dort ihre Wohnstätte, was sowohl ihren eigenen als auch den baldigen Tod des Baums besiegelt. Verbunden ist mit dem Verlassen der natürlichen Heimstätte die Auflösung einer vormodernen Sozialordnung. Hier findet sich eine Parallele zu Georg Simmels Feststellung, in der industrialisierten Welt seien Dinge und Menschen auseinander getreten, weil der innere Aneignungs- und Einwurzelungsprozess zwischen Subjekt und Objekt unterbrochen wurde.[5] Die Mobilität der Moderne bricht mit dem Verwachsensein des Menschen mit seiner Umwelt.

Die Menschwerdung des Baumgeistes ist jedoch sogleich bedroht vom Ansturm und den Versuchungen der modernen Dingwelt. Trotz dieser Bedrohung vertritt der Text keineswegs eine romantische Vergangenheitssehnsucht. Die Sehnsucht nach einer vortechnischen Zeit wird durch das Auftreten einer alten Ratte ad absurdum geführt, die insbesondere die früheren Pestepidemien in bester Erinnerung hat.[6] Das Auseinandertreten von Mensch und Natur befreit von starren Strukturen und dem Ausgeliefertsein an die Natur, hat jedoch seinen Preis: Mehr denn je ist menschliches Handeln von Bedingungen abhängig. Es bleibt auf Dinge angewiesen. Das zeigt sich im Text beispielsweise in der Präsenz der Eisenbahn, die die Menschen vom Ablauf der Natur emanzipiert, zugleich jedoch ihren eigenen Rhythmus etabliert, der das Verhalten der Menschen mitbestimmt. Ein anderes Beispiel sind die Gasbeleuchtungen, die das nächtliche Leben der Weltstadt erst ermöglichen.

Die Wissenschaft der Moderne trennte nach Bruno Latour zwischen menschlichen und nicht-menschlichen Wesen, blendete dabei aber Hybride aus.[7] Die theoretische Trennung von Mensch und Nicht-Mensch erfolgte insbesondere durch eine Handlungskonzeption, die allein Menschen Handlungsfähigkeit zuschreibt und Dinge ausschließlich als Produkte begreift, die aus menschlicher Aktivität hervorgehen. Was Dinge tun – und schon eine solche Formulierung würde diese Art der Handlungstheorie nicht verwenden – wird stets als Ergebnis menschlichen Handelns begriffen. Diese Handlungskonzeption stellt Latour infrage. Wollen wir die Vorgänge unserer Welt verstehen, ist es sinnvoller, auf die Interferenzen menschlicher und nicht-menschlicher Anteile bei Handlungen zu achten, als diese in Subjekt-Objekt-Beziehungen zu zerlegen. Handlungen rein menschlicher Intentionalität zuzuschreiben ist zwar ein Weg, irrationale Gemengelagen zu vermeiden, in denen von Dingen Macht ausgeht. Dadurch geraten jedoch die Hybride aus dem Blick, deren Bedeutung für die Moderne wesentlich ist. Denn Hybride sind grundlegend für den Wandel der Topografie moderner Kollektive. Dieser Wandel betrifft vor allem die Größe von Kollektiven. Die neuen Hybridwesen erlaubten deutlich größere Netze, die sich durch ein komplexes Verhältnis von lokalen und globalen Eigenschaften auszeichnen.[8] Spuren der Globalisierungs- und Lokalisierungsprozesse, die durch Hybride möglich werden, finden sich auch im bereits genannten Zitat: der Kaffee als Element eines globalen Warennetzes, der Champagner als Produkt einer Regionalisierung, die zum transnationalen Erfolg des Getränks beiträgt. Bedeutende Hybride des 19. Jahrhunderts sind zum Beispiel Eisenbahnverkehr und Telegrafie. Solchen Komplexen widmete Andersen eigene Märchen, die keineswegs sauber zwischen Mensch und Ding trennen und sich damit gegen die von Latour beschriebene vorherrschende Ordnung stellen.

Die Macht der Dinge

Indem Dinge in der Handlungstheorie als passive Faktoren begriffen wurden, vollzog sich auch eine Trennung zwischen modern und (vermeintlich) vormodern. Vormodern und irrational schien die Vorstellung, dass Dingen Macht innewohnt. Hartmut Böhme hat in „Fetischismus und Kultur" gezeigt, wie diese Vorstellung zunächst außereuropäischen Kulturen zugeschrieben und als Fetischismus diskriminiert wurde. Tatsächlich handelt es sich jedoch bei Fetischismus eher um einen Terminus der Selbstbeschreibung europäischer Gesellschaften, die durchdrungen sind von fetischistischen Praktiken.[9] Auch als sich diese Einsicht bei manchen Denkern des 19. Jahrhunderts durchzusetzen begann, blieb sie geprägt von der Geste der Entlarvung – wie bei Karl Marx, der den Warenfetischismus kapitalistischer Gesellschaften diagnostizierte und sogleich die Voraussetzungen für dessen Verschwinden erklärte.[10] Die Macht der Dinge aber wird gerade eine moderne Gesellschaft, in der sich Dinge explosionsartig vermehren, nicht los.

Es ist der besondere Charakter des Zusammenhangs zwischen Moderne und Dingwelt, den der Text „Dryaden" erkennbar werden lässt. Dort heißt es: „Unsere Zeit ist die Zeit des Märchens."[11] Diese Märchenhaftigkeit wird verbunden mit den neuen Techniken und Errungenschaften, die sich im Paris der Weltausstellung besonders konzentriert präsentieren. Dies ist eine etwas andere Form der Märchenhaftigkeit als die des zeitlosen Wunderdings der so genannten Volksmärchen.[12] Die Märchenhaftigkeit des Dryadentextes ist einer sehr konkreten historischen Situation zugeordnet. Der Aussage „Unsere Zeit ist die Zeit des Märchens" geht die Beschreibung der Anreise des Erzählers nach Paris voraus: „Wir reisen zur Ausstellung in Paris. / Jetzt sind wir da! das war ein Flug, eine Fahrt gänzlich ohne Zauberei; wir fuhren mit Dampf per Schiff und auf den Landstraßen."[13] – „[G]änzlich ohne Zauberei" dringt das Märchenhafte in den menschlichen Alltag ein. Damit findet sich bereits in den ersten Zeilen ein Paradoxon, das den gesamten Text strukturiert: die quasi in einer einzigen Bewegung stattfindende Ent- und Wiederverzauberung der Welt.[14]

Die Märchenhaftigkeit der eigenen Zeit wird leitmotivisch wiederholt und zugleich als Behauptung markiert. Sie wird mit Motiven wie den neuen Transporttechniken, der Weltausstellung oder dem Kanalisationssystem von Paris verbunden. Diese neuen Ding-

Mensch-Komplexe scheinen als Produkt menschlicher Intentionalität frei von Zauberei und wunderbar zugleich. Zudem bringen sie aber jene neuen Ordnungen hervor, zum Beispiel Beschleunigung, Entwurzelung und gesteigerte Vergänglichkeit, die die Dryade schließlich das Leben kosten. Die menschliche Intentionalität bringt nicht nur Wunderbares hervor, sondern vor allem kaum kontrollierbare Effekte. Die Dingwelt hat eine nicht zu unterschätzende Eigendynamik.

Dieser Eigendynamik wird im Folgenden am Beispiel der Weltausstellung 1867 nachgegangen.

Ordnungen und ihre Auflösung: Die Weltausstellung von 1867

Die Ausstellung 1867 war als eine Enzyklopädie angelegt, in der die menschlichen Leistungen durch Exponate demonstriert werden sollten.[15] Neben die übliche Ordnung nach Nationen trat ein Klassifikationssystem, das die Objekte verschiedenen Produktionsfeldern zuordnete. Nach Volker Barth zielte dieses Konzept darauf ab, den Menschen durch zielgerichtetes und produktives Handeln zu charakterisieren. Die Leitideen der Ausstellung waren Arbeit und Fortschritt. Die Welt sollte auf dieser Grundlage als Ganzes zur Darstellung kommen; durch die Klassifikation und Systematisierung war die Weltschau jedoch artifiziell sowie ideologisch aufgeladen. Zudem war das Konzept auf eine Demonstration der französischen Hegemonialansprüche zugeschnitten. Die weitere Hierarchisierung der Welt erfolgte über das Muster ‚primitiv/fortschrittlich‘. Diese Ordnung stellte der in den Exponaten angeblich demonstrierte Stand der Zivilisation her. Dabei waren die Ordnungs- und Zulassungskriterien aber maßgeblich an den französischen Interessen ausgerichtet. Frankreich dominierte die Ausstellungshalle auch räumlich durch die weitaus größte Ausstellungsfläche.[16]

Im Märchen finden wir dieses Konzept einer geordneten Welt bereits in seiner Vergänglichkeit: „ ‚Eine Prachtblume der Kunst und Industrie‘, sagten sie, ‚ist entsprungen aus dem pflanzenlosen Sand des Marsfelds; eine riesenhafte Sonnenblume, aus deren Blättern man Geographie und Statistik lernen kann, Meisterwissen erwerben, erhoben werden kann in Kunst und Poesie, Grenzen und Größe der Länder erfahren.‘ “[17] Aus dem pflanzenlosen Sand entspringt die Blume, die in „Dryaden“ als Motiv stets mit Vergänglichkeit assoziiert wird. Diese Vergänglichkeit ist in der zeitlichen Begrenztheit der Weltausstellung selbst bereits angelegt. Die geplante Ordnung ist in den einzelnen Blütenblättern des Zitats noch zu erahnen. Sie löst sich aber schon vor dem Ende der Ausstellung auf.

Diese Auflösung der Ordnung hatte auch eine architektonische Komponente. Auf dem Marsfeld war ein zentrales Ausstellungsgebäude errichtet worden, umgeben von einem Park mit Nationalpavillons. Das Ausstellungsgebäude selbst bestand aus einem Oval, das in mehrere Ringe für die einzelnen Produktklassen unterteilt war (*Abb. 1*[18]). Jede zugelassene Nation bekam darin ein tortenstückartiges Segment. Der/die Besucher/in sollte beim Durchschreiten der Ausstellung den jeweiligen Entwicklungsstand der Nationen unmittelbar vergleichen können. Dies scheiterte, weil die Aufteilung der Klassen an Frankreich ausgerichtet war und dadurch zentrale Produktionstechniken anderer

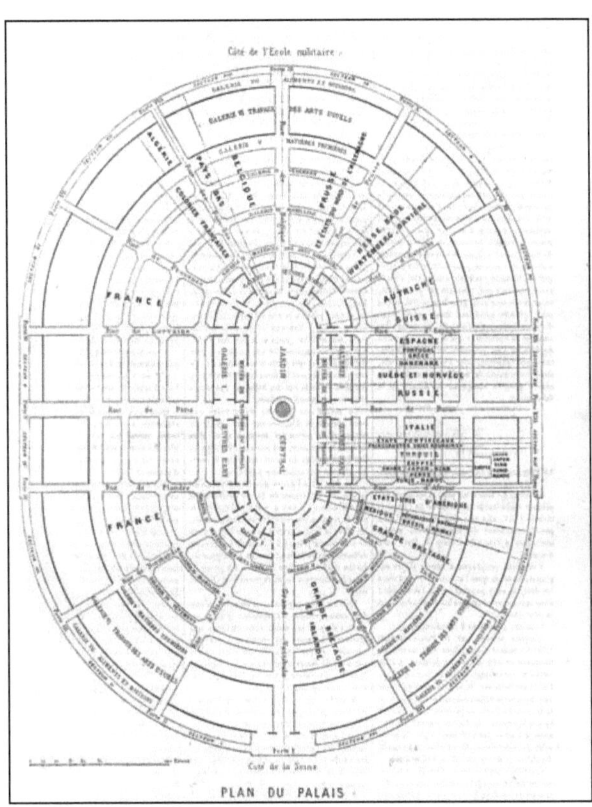

Abb. 1:
Grundriss des Palais d´Exposition

Länder nicht gezeigt wurden, sodass keine Vergleichbarkeit gegeben war. Zudem hatte die französische Dominanz dazu geführt, dass die anderen Nationen unverhältnismäßig wenig Raum zugestanden bekommen hatten. Das erzeugte unerwünschte Effekte. Der Park mit den erstmals auf einer Weltausstellung eingerichteten Nationalpavillons (*Abb. 2*) nahm eine sehr viel bedeutendere Rolle ein als vorgesehen, da die Länder, die sich im Hauptgebäude unterrepräsentiert fühlten, die Pavillons zur Selbstdarstellung nutzten. Die Nationalpavillons gehorchten aber weniger der Ausstellungslogik als den Interessen der nationalen Aussteller.[19] Dieser Park und die Vergnügungsangebote der Weltausstellung rücken auch im Märchen in den Vordergrund. Das Berauschen überwindet die intendierte Belehrung.

Zudem wurden die Ausstellungsflächen vollgestopft mit Objekten und durchbrachen so die geplante historische Ordnung, nach der stets auch die Entwicklung einzelner Produkte als Fortschritt vorgeführt werden sollte.[20]

In Andersens Märchen finden wir die Auflösung der Ordnung durch die ungeheure Verdichtung von Menschen und Dingen auf engstem Raum als Prozess, der bereits mit der Anreise einsetzt: „[A]m Abend und um Mitternacht, am Morgen und den ganzen hellen Tag lang kamen die Züge, und aus jedem und in jedem wimmelte es von Menschen aus allen Ländern der Welt; ein neues Welt-Wunder hatte sie gerufen, nach Paris.“[21] Hier werden gängige Handlungskonzepte transzendiert: Wer handelt eigentlich? Während die

Abb. 2:   Vogelperspektive des Ausstellungsparks mit Nationalpavillons

Menschen durch ihren massenhaften Transport zu einer wimmelnden Menge werden, haben auch die Dinge eine Stimme und bewegen damit die Menschen: Das Welt-Wunder, das die Menschen nach Paris ruft, ist die Ausstellung selbst, ein Konglomerat aus Gebäuden und Exponaten. Die westliche Welt steht entgegen ihrer Selbstwahrnehmung unter dem Einfluss dinglicher Macht, was auch der Versuch zeigt, Welt durch die Ausstellung von Dingen einzuholen.

„Dryaden" unterläuft die gängige intellektuelle Abwehr gegenüber dieser Macht der Dinge, die durch eine Abschiebung in ‚Perversion' oder ‚Fetischismus' erfolgt, indem der Text diese Macht im Herzen der westlichen Welt und ihrer Selbstdarstellung verortet. Zwischen den massenhaft versammelten Dingen und den massenhaft sich versammelnden Menschen entwickeln sich Austauschprozesse, die die Grenze zwischen ihnen undurchsichtig werden lassen. Genussmittel und Mode beispielsweise sind essentielle Bestandteile der Feste rund um die Weltausstellung und spielen in „Dryaden" eine zentrale Rolle. In ihrer Rauschhaftigkeit werden diese Feste zu einem Schauplatz der Auflösung der Subjekte. Auch die Organisation der Menschenmassen hebt deren Subjektstatus auf. Wenn es heißt: „[D]ie Straßenbahnen und Omnibusse sind gestopft und gepfropft und mit Menschen garniert"[22], sind die Menschen schon längst mit den Dingen verschmolzen, bevor sie sich im Brennpunkt der Konzentration von Dingen und Menschen befinden.

Zudem findet eine Angleichung der jeweiligen Rhythmen in Ding-Mensch-Komplexen statt. Tag und Nacht rollen Züge zur Weltausstellung an – der menschliche Lebensrhythmus ist aufgehoben. Auch müssen, wie die Dryade an den Hammerschlägen und Liedern der Arbeiter hört, die Menschen nachts durcharbeiten, damit die Ausstellung fertig wird.[23] Die wechselseitige Angleichung der Rhythmen erlaubt erst die Konstruktion des Hybridwesens Weltausstellung, und sie verschmilzt zugleich ihre Elemente miteinander. Die Produktivität moderner Hybride ist ohne diese Verschmelzung unmöglich.

All dies hebt die grundlegende Idee der Weltausstellung auf, die Ordnung der Welt durch menschlich produzierte Gegenstände als Fortschrittsgeschichte im Sinne einer steten Rationalisierung zu erklären. Denn die Dinge sind am Handeln nicht nur beteiligt, sondern sie unterwerfen den Menschen oft sogar einer irrationalen Logik des Rausches und der endlosen Bewegung, deren Produkt – die Weltausstellung – jenseits der rationalen Ordnung steht, die sie eigentlich abbilden sollte.

Dinge als ‚Weltdarsteller‘

Wie wird aber ‚Welt‘ tatsächlich dargestellt auf dieser Weltausstellung? Zunächst einmal lohnt es sich, die Maßstabsveränderung in den Blick zu nehmen, die sich auf der Weltausstellung vollzieht. In „Dryaden“ heißt es: „Die überwältigend große, bunte Schau muß klein gemacht werden, zusammengedrängt zu einem Spielzeug, damit sie sich wiedergeben, als Ganzes begreifen und sehen läßt. / Das Marsfeld trug wie ein Weihnachtsgabentisch ein Aladinsschloß von Industrie und Kunst, und ringsherum war Nippes aufgestellt aus allen Ländern: Nippes der Größe; jede Nation bekam eine Erinnerung an ihre Heimat.“[24] Damit kommt der Text einem Phänomen auf die Spur, das auch Egon Friedell in Verbindung mit dem Eiffelturm bemerkte, der anlässlich der Weltausstellung 1889 errichtet wurde: der Nippeshaftigkeit der auf den Weltausstellungen präsentierten Bauten und Dingensembles.[25] Dieser Eindruck ergibt sich nicht zufällig. Die Funktion der Nippes, das Fremde als Figürchen in das bürgerliche Interieur zu integrieren und verfügbar zu machen, ist dem Effekt vergleichbar, den Weltausstellungen anstreben. Diese Integration als Einverleibung des Fremden hat eine globale Dimension und wird auch auf der Ausstellung durch Miniaturen in einem begrenzten Raum erzielt. Volker Barth erklärt, dass bei der Weltausstellung 1867 die außereuropäischen Länder entgegen ihrer eigenen Intention vielfach allein als Ressource dargestellt wurden, die es auszubeuten galt, beispielsweise indem ihre Industrieprodukte nicht zur Ausstellung zugelassen wurden. Zur Ausbeutung der Rohstoffe waren nach Meinung der europäischen Kolonialmächte die außereuropäischen Länder selbst nicht in der Lage, sodass sie auf die Hilfe der technisch und organisatorisch fortgeschrittenen Nationen angewiesen seien.[26] Dies entspricht dem Verfügbarkeits- und Überlegenheitsdenken, das Nippes impliziert. Das Fremde wird in der Verkleinerung scheinbar der vollen Handlungsmacht unterworfen und restlos integrierbar. Diese Geste der Einschließung ist nach Peter Sloterdijk neben dem bürgerlichen Interieur auch dem globalen Kapitalismus inhärent.[27] In Nippes wie auf der Weltausstellung findet eine Reduktion auf die Aspekte statt, die sich der kolonialen Logik ohne Widerstand fügen. Allerdings hat diese Reduktion ihren Preis: Durch den idealisierenden Blick auf die Welt wird die Größe der Eroberungsleistung unterminiert. Zugleich rückt der Text mit den Figuren der Nippes, des Spielzeugs und der Weihnachtsgabe die Weltwahrnehmung der Kolonisierenden in die Nähe des Naiven, das diese eigentlich den Kolonisierten zuschreiben.

Das oben erwähnte Zitat benennt die Mechanismen der Ausstellung und erhellt so deren widersprüchlichen Charakter. So durchkreuzt der Text die Intention der Ausstellungsorganisatoren, die Welt einerseits als verfügbare Objektmenge zu begreifen, andererseits durch Dinge menschliche Größe und Leistungsfähigkeit zu demonstrieren. Die Idee der Verfügbarkeit der Welt wird unterlaufen, indem auf die Überwältigung durch die Schau hingewiesen wird. Diese Überwältigung erfuhr der Großteil der Besucher/innen. Das Weltbild, das ein Überblick über die Ausstellung liefert, assoziiert der Text sodann mit einer Spielzeugwelt. Die gesuchte Verfügbarkeit der Welt entspricht so der Perspektive des Kindes. Während Primitivismus und Kindheit im wissenschaftlichen Diskurs des 19. Jahrhunderts oft als phylogenetisch-ontogenetisches Entsprechungsverhältnis gedacht wurden, wird hier dem angestrebten Überblick – und damit auch der Weltausstellungsplanungsperspektive – die Kindlichkeit zugeordnet. Der Wunsch nach einer zusammenfassenden Darstellung der Welt erzeugt eine Miniaturwelt, die wie eine Weihnachtsgabe empfangen wird. So offenbart sich der reduktive Charakter des Ausstellungskonzeptes. Zugleich wird die Vorstellung zivilisatorischer Überlegenheit als kindliche Machtphantasie gelesen, die genau diese Überlegenheit in Frage stellt, indem sie sich der Sprache des kolonialen Diskurses bedient, diesen jedoch auf das Herz der westlichen Welt anwendet: Die westliche Zivilisation ist das staunende Kind, das Welt als ein zauberhaftes Ensemble von Dingen begreift.

Mit den Nippes verbindet sich zudem das Fehlschlagen des Versuchs, die Größe der menschlichen Zivilisationsleistung auf kleinem Raum umfassend zu demonstrieren, da die Pavillonnippes die Größe der Nationen konterkariert. Während die Planung des Hauptgebäudes eine geordnete Welt vorsah, in der aus den einzelnen Produkten auf die Größe der Nation geschlossen werden konnte, die sie hergestellt hatte, kontrastierten die idyllisierten Nationalpavillons die sich aus den vorgestellten Produkten ergebende Macht. Damit berühren wir eine politische Dimension. Während der gesamten Ausstellung bemühten sich die Organisatoren, politische Konflikte auszublenden, beispielsweise die Ermordung des von Napoléon III. eingesetzten mexikanischen Kaisers und die Spannungen mit Preußen.[28] Der geplanten Demonstration der Größe der jeweiligen Nationen ist jedoch die Dimension kriegerischen Potentials inhärent, was auch mit dem Gewaltpotential der Ausstellungsgegenstände zusammenhängt. Die von Krupp präsentierte größte Kanone der Welt ist ein prominentes Beispiel dieses Gewaltpotentials.

Fazit: Märchenhaft? Dinge als Akteure

Der vorgestellte Text zeichnet sich durch sein Wissen von der Beteiligung von Dingen am Zustandekommen von Handlungen aus. Dabei lotet das Märchen auch aus, wie sich Geschichte verändert, wenn man sie nicht mehr aus der Perspektive des autonomen Subjekts erzählt, mit dessen handlungstheoretischem Primat es bricht.

Dass Dinge agieren können, ist in „Dryaden" durchgängig präsent. Die ausgestellten Dinge sind nicht nur Objekte der Betrachtung, sondern setzen eine eigene Form der Integration in Gang: die der Menschen in die Dingwelt. Im Märchen lässt sich diese Auflösung der Mensch-Ding-Grenzen in der Faszination, die die dargebotenen Gegenstände auslösen, und dem darauf folgenden Verhalten nachvollziehen. In vollgestopften Omnibussen, auf rauschhaften Tanzveranstaltungen und in die neueste Mode gekleidet versinken die Menschen in den Dingen. Zuletzt werden sie einerseits Teil der Produktionsmaschinen, die die Ausstellungsobjekte fertigen, andererseits Teil der Ausstellung selbst. Diese beiden letztgenannten Aspekte finden sich in einer der letzten Szenen des Märchens, in der die Dryade zunächst die Hammerschläge der Nachtarbeiter aus der Ferne vernimmt und dabei auf die Aquarien der Weltausstellung blickt. In dieser Szene findet ein Perspektivenwechsel statt, indem auf einmal die Fische das Ausstellungsgeschehen kommentieren und die Menschen als Ausstellungsobjekt begreifen.[29] Das Unverständnis der Fische, das Geschehen zu begreifen, beruht darauf, dass sie stets ausgehend von der eigenen Situation das Verhalten der anderen beurteilen. Dies führt der Text deutlich vor und erklärt damit zuletzt ein grundlegendes Problem der Weltausstellung von 1867: die Egozentrik der eigenen Perspektive, die im dortigen Ausstellungsmodus kaum behoben werden kann. Dazu bedürfte es der Kommunikation, die auf dieser Weltausstellung, die mehrfach als Babylon beschrieben wird, nie wirklich zustande kommt.

Anmerkungen

1 Andersen. 2003. Die Dryade, S. 139.
2 Andersen. 2003. Die Dryade, S. 153. „Det hele uendeligt lange Fortog var som en eneste stor Selskabssal; her stode dækkede Borde med alle Slags Forfriskninger, Champagne, Chartreuse, ned til Kaffe og Øl. Her var Udstilling af Blomster, af Billeder, Statuer, Bøger og brogede Stoffer.", in: Andersen. 2003. Dryaden, S. 207.
3 Vgl. Rose. 1969. Griechische Mythologie, S. 165f.
4 Foucault. 1974. Die Ordnung der Dinge, S. 27.
5 Vgl. Simmel. 1989. Philosophie des Geldes, S. 520f.
6 Vgl. Andersen. 2003. Dryaden, S. 209f.; Andersen. 2003. Die Dryade, S. 156f.
7 Vgl. Latour. 1995. Wir sind nie modern gewesen.
8 Vgl. ebd., S. 156ff.
9 Vgl. Böhme. 2006. Fetischismus und Kultur, S. 25, 32.
10 Die Voraussetzungen sind transparente und vernünftige Beziehungen der Menschen zueinander und zur Natur. Vgl. Marx. 1962. Das Kapital, S. 85-98, besonders S. 94. Vgl. auch Böhme. 2006. Fetischismus und Kultur, S. 309.
11 Andersen. 2003. Die Dryade, S. 139; vgl. ebd., S. 165. „Vor Tid er Eventyrets Tid.", in: Andersen. 2003. Dryaden, S. 197; vgl. ebd., S. 215.
12 Vgl. Lüthi. 2005. Das europäische Volksmärchen; Zur Kritik des Begriffes ‚Volksmärchen' vgl. Neuhaus. 2005. Märchen, S. 3f.
13 Andersen. 2003. Die Dryade, S. 139. „Vi reise til Udstillingen i Paris. / Nu ere vi der! det var en Flugt, en Fart, aldeles uden Trolddom; vi gik med Damp i Fartøi og paa Landevei." in: Andersen. 2003. Dryaden, S. 197.
14 Die Formulierung „Ent- und Wiederverzauberung der Welt" lehnt sich in diesem Fall an Volker Barth an, ist aber verschiedentlich nachweisbar. Vgl. Barth. 2007. Mensch versus Welt, S. 18.
15 Vgl. Barth. 2007. Mensch versus Welt, S. 104; Friebe. 1983. Architektur der Weltausstellungen, S. 46; Kretschmer. 1999. Geschichte der Weltausstellungen, S. 85.
16 Vgl. Barth. 2007. Mensch versus Welt, S. 16, 71, 97, 100f.
17 Andersen. 2003. Die Dryade, S. 144. „ – ‚En Konstens og Industriens Pragtblomst', sagde de, ‚er skudt frem paa Marsmarkens planteløse Sand; en kæmpestor Solsikke, af hvis Blade man kan lære Geographi, Statistik, faae Oldermands Kundskab, løftes op i Konst og Poesi, kjende Lande-

nes Størrelse og Storhed.' – ", in: Andersen. 2003. Dryaden, S. 200. Das Subjekt der Aussage, „de" („sie"), wird nicht näher bestimmt.

18 Vielen Dank an Herrn Dr. Volker Barth, der so großzügig war, mir dieses Bild zur Verfügung zu stellen, das in seinem Buch „Mensch versus Welt" abgedruckt ist, S. 163.

19 Vgl. Barth. 2007. Mensch versus Welt, S. 47ff., 170f.; Kretschmer. 1999. Geschichte der Weltausstellungen, S. 80-82.

20 Vgl. Barth. 2007. Mensch versus Welt, S. 176.

21 Andersen. 2003. Die Dryade, S. 143f. „[V]ed Aften og Midnat, ved Morgen og hele den lyse Dag kom Togene, og fra hver og ind i hver stimlede det fra alle Verdens Lande med Mennesker; et nyt Verdens-Under havde kaldt dem til *Paris*.", in: Andersen. 2003. Dryaden, S. 200.

22 Andersen. 2003. Die Dryade, S. 146. „Sporvogne og Omnibusser er proppede, stoppede og garnerede med Mennesker", in: Andersen. 2003. Dryaden, S. 201.

23 Vgl. Andersen. 2003. Dryaden, S. 213; Andersen. 2003. Die Dryade, S. 162.

24 Andersen. 2003. Die Dryade, S. 144f. „Det overvældende store, brogede Skue maa gjøres smaat, trænges sammen til et Legetøi, for at kunne gjengives, opfattes og sees i Heelhed. / *Marsmarken* bar som et stort Julebord et Industriens og Konstens *Aladdins* slot, og rundt om dette var stillet Nips fra alle Lande: Storheds Nips; hver Nation fik en Erindring om sit Hjem.", in: Andersen 2003. Dryaden, S. 200.

25 Vgl. Friedell. 1996. Kulturgeschichte der Neuzeit, S. 1304f.

26 Vgl. Barth. 2007. Mensch versus Welt, S. 88f., 253f.

27 Vgl. Sloterdijk. 2006. Im Weltinnenraum des Kapitals.

28 Vgl. Barth. 2007. Mensch versus Welt, S. 200; Walch. 1967. Das Gebäude der Pariser Weltausstellung, S. 131f.

29 Vgl. Andersen. 2003. Dryaden, S. 211-213; Andersen. 2003. Die Dryade, S. 159-162.

Bibliografie

Andersen, Hans Christian. 2003. Dryaden. Et Eventyr fra Udstillingstiden i Paris 1867, in: Det Danske Sprog- og Litteraturselskab (Hg.). H. C. Andersens samlede værker. Eventyr og Historier III. 1862-1873. Kopenhagen: Gyldendal. S. 195-215.

Andersen, Hans Christian. 2003. Die Dryade. Ein Märchen aus der Ausstellungszeit in Paris 1867, in: Ders. Schräge Märchen. München: dtv. S. 139-165.

Barth, Volker. 2007. Mensch versus Welt. Die Pariser Weltausstellung von 1867. Darmstadt: Wissenschaftliche Buchgesellschaft.

Böhme, Hartmut. 2006. Fetischismus und Kultur. Eine andere Theorie der Moderne. Reinbek: Rowohlt.

Foucault, Michel. 1974. Die Ordnung der Dinge. Eine Archäologie der Humanwissenschaften. Frankfurt a. M.: Suhrkamp.

Friebe, Wolfgang. 1983. Architektur der Weltausstellungen. 1851-1970. Stuttgart: Kohlhammer.

Friedell, Egon. 1996. Kulturgeschichte der Neuzeit. Die Krisis der europäischen Seele von der schwarzen Pest bis zum Ersten Weltkrieg. München: C. H. Beck.

Kretschmer, Winfried. 1999. Geschichte der Weltausstellungen. Frankfurt a. M. / New York: Campus.

Latour, Bruno. 1995. Wir sind nie modern gewesen. Versuch einer symmetrischen Anthropologie. Berlin: Akademie-Verlag.

Lüthi, Max. 2005. Das europäische Volksmärchen. Form und Wesen. Tübingen / Basel: A. Francke.

Marx, Karl. 1962. Das Kapital. Kritik der politischen Ökonomie. Bd. 1. Berlin: Dietz.

Neuhaus, Stefan. 2005. Märchen. Tübingen / Basel: A. Francke.

Rose, Herbert J. 1969. Griechische Mythologie. Ein Handbuch. München: C. H. Beck.

Simmel, Georg. 1989. Philosophie des Geldes. Frankfurt a. M.: Suhrkamp.

Sloterdijk, Peter. 2006. Im Weltinnenraum des Kapitals. Für eine philosophische Theorie der Globalisierung. Frankfurt a. M: Suhrkamp.

Walch, Fritz. 1967. Das Gebäude der Pariser Weltausstellung 1867. München. (Dissertation).

Günther Schörner

Dinge und ihre soziale Bedeutung: *Behavioral Archaeology, Terra sigillata* und die Imelda-Marcos-Hypothese

Einführung: Die Grabung Il Monte

Die meisten Toskana-Reisenden kennen San Gimignano: Der Ort bietet eines der am besten erhaltenen mittelalterlichen Stadtbilder Italiens samt Festung, Mauern und Wehrtürmen. Die antike Siedlungsgeschichte im Umkreis von San Gimignano ist jedoch weit weniger bekannt, vor allem die Zeit, als die nördliche Toskana Teil des Römischen Reichs war, ist nahezu unerforscht.

Dieser gravierenden Forschungslücke sollen archäologische Untersuchungen abhelfen, vor allem die Ausgrabungen in einer ländlichen Ansiedlung in der Flur Il Monte, die seit 2005 von der Friedrich-Schiller-Universität durchgeführt werden.[1]

Diese Ausgrabungen förderten Erstaunliches zu Tage: Obwohl die bisher durchgeführten Grabungen auf eine eher bescheidene Architektur hinweisen, ist das Fundmaterial, vor allem die Keramik, sehr reich. So erbrachten Versturzlagen ein Keramikspektrum, für das der sehr große Anteil an *Terra Sigillata* signifikant ist (*Abb. 1*). *Terra sigillata* – ein moderner Begriff – bezeichnet eine besondere Art römischen Tafelgeschirrs, das durch seinen kräftig roten Überzug aus Tonschlicker charakterisiert ist.[2] Sie ist entweder glatt oder figürlich bzw. ornamental verziert, wobei die Gefäße meist in Matrizen ausgeformt wurden. Das erste Produktionszentrum befand sich in Arretium, dem heutigen Arezzo, wo gegen circa 40 v. Chr. die Fertigung einsetzte. In kurzer Zeit wurde *Terra sigillata* in weite Bereiche des Römischen Reichs importiert, auch in die neu eroberten Nordwestprovinzen. Die auf Il Monte gefundene Ware wurde meist in Etrurien, in Arezzo oder vor allem in Pisa gefertigt, wo sich die Produktionszentren der *Terra sigillata tardo-italica* befanden. Sie produzierten auch noch später, d.h. von der zweiten Hälfte des 1. Jahrhunderts bis in die Mitte des 2. Jahrhunderts n. Chr.[3]

In der großen Menge dieser *Terra sigillata*-Fragmente und der Vielzahl der bezeugten Formen liegt auch eines der wichtigsten Ergebnisse der Grabung begründet, da bisher kein solch reiches Repertoire an Feinkeramik in ländlichem Kontext dokumentiert ist. Die beste Parallele für das Fundspektrum von Il Monte, insbesondere der *Terra sigillata tardo-italica*, besteht in der Ladung des Schiffswracks B, das vor Punta Ala in der Nähe von Piombino in den 1990er Jahren entdeckt wurde.[4] Die Übereinstimmungen zwischen den Funden von Il Monte und der Fracht eines Schiffs, das wahrscheinlich von Pisa nach Ostia bzw. Rom unterwegs war, sind überraschend. Sie zeigen, wie stark ländliche Gebiete und Städte im Keramikgebrauch angeglichen waren.

Abb. 1: Fragmente von *Terra sigillata*-Gefäßen vom Fundplatz Il Monte

Terra sigillata: Produktion versus Gebrauch

Die Grabung von Il Monte mit ihrem erstaunlich reichen Sachbesitz – zumindest im Bereich des feinen Tafelgeschirrs – führt eindrücklich vor Augen, mit welch großen Mengen gerade an *Terra sigillata* auch in einfachen ländlichen Siedlungen zu rechnen ist. Dies äußert sich nicht nur in der absoluten Anzahl der Gefäße allgemein, sondern auch in der Anzahl unterschiedlicher Formen. Grundsätzlich drängt sich deshalb die Frage auf, wozu so viel *Terra sigillata*-Gefäße gebraucht wurden. Ausgehend von dieser einfachen, durch den Grabungsbefund motivierten Frage zeigte sich, dass hierzu im Bereich der Klassischen Archäologie bisher wenig geforscht wurde. Herkömmliche Ansätze betreffen in erster Linie die Datierung, wobei die mittlerweile entwickelte Feinchronologie von großer praktischer Bedeutung ist.[5] Weitergehende Untersuchungen betreffen die Dekoration der Gefäße im Sinne einer Ikonografie und vor allem die Herstellung, wobei darunter sowohl der praktische Vorgang als auch die Organisation der Werkstätten zu verstehen ist.[6] Der Schwerpunkt liegt also eindeutig im Bereich der Herstellung, viel geringeres Interesse galt bisher dem Gebrauch der Tafelware.[7] Da bisher auf Il Monte keine Spuren aufgedeckt wurden, die auf die Herstellung von *Terra sigillata* hinweisen, muss jedoch die Fundplatz adäquate Interpretation des archäologischen Materials vom Gesichtspunkt der Nutzung ausgehen.

Nutzungsaspekte von *Terra sigillata*

Um in dieser Hinsicht weiterzukommen – also ganz aus der Sicht eines archäologischen Praktikers, der ein konkretes Problem lösen möchte – können Interpretationsmodelle folglich nicht dem Instrumentarium der produktionszentrierten Klassischen Archäologie entnommen werden, sondern eher aus dem Bereich der *material culture studies*, die vor allem in den letzten Jahren Parallelen aus der ethnologischen Forschung zu rezenten Kulturen beibringen können.[8] Im Unterschied zur Klassischen Archäologie liegt nämlich die Schwerpunktsetzung in den *material culture studies* dezidiert auf der Nutzung oder – neutraler – dem Umgang mit den Dingen, wobei ein besonderer Schwerpunkt auf den Konsum gelegt wurde.[9] Gerade das Konzept „Massenkonsum" mit der deutlichen Trennung von Produktion und Gebrauch ist von Nutzen, da *Terra sigillata* ein Beispiel dafür ist, dass dieses Konzept auch für die Antike anwendbar ist.[10]

Weitere wichtige methodische Anregungen liefern zudem die wesentlich stärker theoretisch ausgerichteten Bereiche der Archäologie, wie die *social archaeology* und hier vor allem die *behavioral archaeology*.[11] Dieser Zweig der Archäologie, der im letzten Viertel des vorigen Jahrhunderts in einer Vielzahl von Büchern und Aufsätzen aus der *processual archaeology* der 1960er Jahre entwickelt wurde, hat sich zum Ziel gesetzt, materielle Kultur in archäologischen Kontexten zu untersuchen, um menschliches Verhalten zu beschreiben und zu erklären – ausgehend vom Prinzip, dass „variation in the form and arrangement of artifacts, architecture und cultural deposits in living systems and in the archeological record is most directly the product of human behavior".[12] ,Verhalten' wird hierbei als Interaktion zwischen Menschen und Objekten, Dingen, verstanden.

Die Annäherung an eine adäquate Funktionsbeschreibung der *Terra sigillata* auf Il Monte kann über die von der *behavioral archaeology* praktizierte funktionale Differenzierung im Gebrauch von Dingen in drei verschiedene Aspekte erfolgen, nämlich Technofunktion, Soziofunktion und Ideofunktion.[13]

Funktions-aspekt	Beschreibung	Beispiel: Stuhl	Beispiel[14]: Terra sigillata
Technofunktion	Nutzfunktion	allgemein: Sitzgelegenheit	Essgeschirr
Soziofunktion	Aussage zum Sozialstatus	Thron: hohe Kaufkraft und gesellschaftliche Stellung des Besitzers	aufwändigeres Geschirr als lokal hergestellte Tafelware; moderneres Geschirr als importierte Schwarzfirnis-Keramik
Ideofunktion	Symbol für abstrakte Ideen	Papstthron: ,Heiliger Stuhl'	Zeichen für „Roman way of life" (für Il Monte wohl nicht zutreffend)

Die unterschiedlichen Bedeutungen erläutert Michael Brian Schiffer am Beispiel ,Stuhl', doch lassen sie sich auch auf *Terra sigillata* übertragen: Die Technofunktion im konkret praktischen Sinn als Nutzfunktion liegt sicher in der Aufgabe als Tafelgeschirr. Die Soziofunktion, die Aussagen über die soziale Stellung des Nutzers zulässt, besteht bei der *Terra sigillata* als glänzend rote, teilweise verzierte Ware sicher in der Kontrastierung zur einfachen tongrundigen, billiger herzustellenden Gebrauchskeramik. Sie lässt deshalb auf eine größere Kaufkraft und somit höhere soziale Stellung des Nutzers schließen. Im Vergleich zur älteren Schwarzfirniskeramik weist sie den Besitzer außerdem als moderner aus. Eine Ideofunktion im Sinne einer Symbolisierung abstrakter Ideen ist für *Terra sigillata* auf Il Monte nicht nachweisbar und eher unwahrscheinlich. Die Zuweisung eines solchen Funktionsaspekts ist eher in Grenzgebieten des Imperium Romanum denkbar, wo in den Außenposten der Zivilisation Elemente der römischen Lebenskultur eher stärker symbolisch aufgeladen waren[15], sodass in diesem Zusammenhang von *frontstage goods* gesprochen werden kann[16].

In der gängigen archäologischen Interpretation spielt die Technofunktion erstaunlicherweise eine eher untergeordnete Rolle. Der Verwendungszweck – Tafelgeschirr – erscheint so klar, dass er scheinbar keiner weiteren Diskussion bedarf. Die Gefäße werden in einfache Formkategorien wie Teller, Schüssel, Napf oder Becher gegliedert, d.h. in Gefäße zum Auftragen der Speisen, Essgeschirr und Trinkgefäße. Die weitere Gliederung in verschiedene Typen und Varianten wird dagegen in funktionaler Hinsicht nicht mehr reflektiert, sondern dient allein zur genaueren Formbeschreibung, zur Klassifizierung des Fundmaterials und zur Datierung. Die Vernachlässigung der Technofunktion hat zur Folge, dass die Soziofunktion und die Ideofunktion besonders betont werden.[17] *Terra sigillata* dient sogar dazu, allein durch ihr Vorhandensein Fundstätten soziologisch und ökonomisch zu charakterisieren. So ist bei *Surveys*, also der archäologischen Oberflächenerkundung ohne Grabung, das Vorkommen von *Terra sigillata* in ländlichen Regionen ein Kriterium dafür, den betreffenden Fundort als *villa* zu charakterisieren, d.h. als aufwändig gestalteten Landsitz, der sich von einfacheren Bauernhöfen absetzt.[18] Allgemein gilt *Terra sigillata* als Hinweis auf und Kennzeichen für eine höhere soziale Stellung der Nutzer. Diese Zuordnung geschieht meist ganz automatisch, ohne sich über die genauere Verwendung der Keramik Gedanken zu machen.

Diese Interpretation der *Terra sigillata* ist jedoch in mehrfacher Hinsicht problematisch:

1. Die Vernachlässigung der Technofunktion führt dazu, dass der eigentliche Gebrauch aus den Augen gerät. Der konkrete Umgang mit *Terra sigillata*-Gefäßen wird vernachlässigt.

2. *Terra sigillata* wird per se eine konkrete Bedeutung zugeschrieben. Ohne den genauen Handlungskontext zu kennen, steht sie grundsätzlich für größeres ökonomisches Potenzial und höhere wirtschaftliche Stellung.

3. Der Erwerb von *Terra sigillata* wird automatisch mit Kauf gleichgesetzt, da nur so ökonomische Wertigkeit zum Ausdruck gebracht wird. Es sind jedoch andere Möglichkeiten denkbar, wie *Terra sigillata* vertrieben wurde, zum Beispiel durch Zuteilung der Grundbesitzer an ihre Pächter. Dies bedeutet natürlich eine vollkommen andere Bestimmung von sozialer Macht: Definiert man mit Axel E. Nielsen soziale Macht als „the ability to affect prescriptively and proscriptively the interactions with artifacts"[19], so üben die Grundbesitzer ihren direkten Einfluss auf die ihnen gehörenden ländlichen Besitzungen aus[20].

Gerade die beiden ersten fundamentalen Punkte sind aktuellen Texten aus dem Feld der *material culture studies* verpflichtet, wobei besonders auf die Beiträge von Hans Peter Hahn zum Stil-Konzept zu verweisen ist.[21] Diese Kritik deckt sich auch mit dem analytischen Imperativ der *behavioral archaeology*, dass bei jeder Untersuchung die Kontextualisierung der Artefakte entscheidend ist, da der Wert nicht im Objekt selbst liegt. Im positiven Sinn können diese Grundsätze jedoch als Anhaltspunkte für eine methodisch fundiertere Beschäftigung mit *Terra sigillata* dienen, da sie den Blick auf die konkrete Verwendung lenken.

Formen und Funktionen – Redundanz und Differenzierung

Ein erster Schritt zur genaueren Funktionsbestimmung kann die detaillierte Untersuchung der gefundenen Keramikfragmente auf Nutzungsspuren sein. Für die Funde von Il Monte lassen sich an *Terra sigillata* eindeutig Abreibungen an den Standringen und Mündungen, aber auch Reib- und Schnittspuren auf den Innenböden feststellen.[22] Dies ist nur durch eine intensive Nutzung als Tafelware zu erklären. Es handelte sich also nicht um Dekorationsgefäße, sondern um tatsächlich verwendetes Geschirr. Nichts weist darauf hin, dass *Terra sigillata* thesauriert und im Sinne einer ‚Wand voller Gefäße‘ präsentiert wurde, wie dies zum Beispiel bei ethnologischen Forschungen in Nigeria beobachtet werden kann.[23] Ansätze zu einer solchen Darbietung wertvollen Hausrats gibt es auch in römischen Haushalten, wie ein Wandbild aus dem Grab des Vestorius Priscus zeigt[24], doch handelt es sich hier um Metallgefäße. Der Erwerb von *Terra sigillata* alleine aus dem Grund, um in einer entsprechenden Präsentation die höhere soziale Stellung oder die Modernität zum Ausdruck zu bringen, kann ausgeschlossen werden. Die einseitige Betonung der Soziofunktion ist deshalb sicher falsch.

Die konkrete Auswertung der Keramikfragmente lässt jedoch noch weitere Schlüsse zu: Die Fundsituation auf Il Monte mit ihrer Vielzahl an unterschiedlichen Formen entspricht allgemein dem Formenreichtum von *Terra sigillata*.[25] Die Keramiken wurden massenhaft und in großer Formenvarianz produziert, wobei zwischen Formen und Subformen/Varianten zu unterscheiden ist. Noch deutlicher wird die formale Ausdifferenzierung, wenn man nur einzelne Typen wie die Teller betrachtet, die kleine und kleinste Unterschiede vor allem in der Gestaltung der Rand- und Fußformen zeigen (*Abb. 2*). Bisher wurde diese Varianz ausschließlich formanalytisch zur Gliederung und Datierung herangezogen, ohne sich zu fragen, warum es so viele Versionen gibt.

Eine rein zeitliche Abfolge spiegelt sich in den Formen nicht wider, im Gegenteil: Ein Schema der Laufzeit einzelner Versionen für Teller zeigt, wie viele Typen und Subtypen zeitgleich nebeneinander her laufen (*Abb. 3*).[26] Dass diese Formunterschiede aber auch keine getrennten Verbreitungsgebiete, also regionale Unterschiede, widerspiegeln, beweist wieder der Befund von Il Monte, da hier mehrere Tellerversionen an einem Ort nachgewiesen sind.[27] Es wurden also entweder von mehreren Werkstätten, zunächst in Arezzo, dann in Pisa, sich nur in Details unterscheidende Teller produziert, oder eine einzige Werkstätte fertigte zur selben Zeit mehrere Varianten einer Tellerform.[28]

Geht man davon aus, dass alle Gefäße genutzt wurden, so stellt sich natürlich die Frage, weshalb Bedarf an einer Vielzahl von Tellerformen bestand. Die Technofunktionen „Präsentation von Essen" und „Unterlage für Essen" bedürfen im Grunde keiner formalen, höchstens einer größenmäßigen Differenzierung. Gemeinsame Essen lassen sich genauso gut und auch adäquater durch entsprechende zusammengehörige Sets veranstalten. Hinweis auf solche *services* finden sich in Gräbern, wo eine Gefäßform in ent-

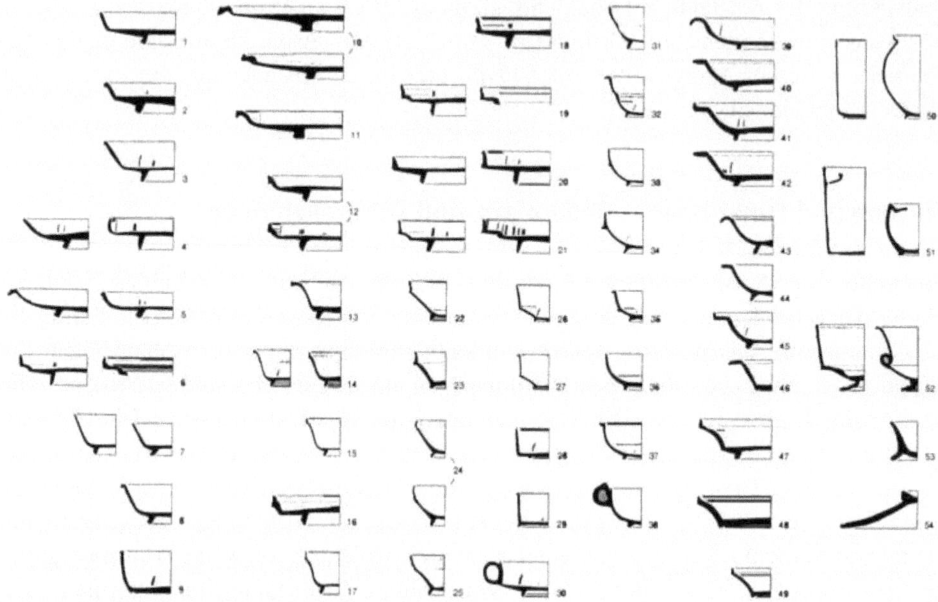

Abb. 2:   Zusammenstellung von *Terra sigillata*-Formen

sprechender Anzahl vertreten ist – wie beispielsweise bei der Ausstattung des Tumulus II von Heron in Belgien.[29]

Zu einem Erklärungsversuch für diese formale Redundanz im Typus und formale Varianz im Detail kann meines Erachtens wieder ein Modell aus dem Bereich der *behavioral archaeology* verhelfen, die so genannte Imelda-Marcos-Hypothese[30]: Diese Hypothese hat ihren Namen nach der früheren First Lady der Philippinnen, die ein ausgeprägtes Faible für Schuhe hatte; ihr wird die Aussage zugeschrieben, dass sie für jeden Anlass ein Paar Schuhe besäße. Nach der Flucht in der Mitte der 1980er Jahre wurde im Präsidentenpalast die ungeheure Anzahl von fast 3.000 Paar Schuhen gefunden.[31]

Die *behavioral archaeologists* bezeichnen mit der Imelda-Marcos-Hypothese ein Modell, demgemäß je nach Vermögen und Zugang in unterschiedlichen sozialen Einheiten die Durchführung bevorzugter Tätigkeiten durch den Erwerb zusätzlicher, auch monofunktionaler Artefakte verbessert und erleichtert werden kann.[32] Das bedeutet aber, dass ein Werkzeug je nach Bedarf in mehrere Spezialwerkzeuge zu differenzieren ist. Liefert die Unterscheidung in Teller, Schüssel, Becher oder Napf durchaus eine grobe funktionsbezogene Einteilung[33], so ist die weitere Gliederung der Formen nach Gestaltung der Ränder und Füße auf eine minutiöse Differenzierung im Gebrauch zu beziehen, zum Beispiel anhand unterschiedlicher Anlässe oder in der Zuordnung zu Speisen. Über die Imelda-Marcos-Hypothese hinausgehend kann auch hier auf in der Ethnologie und den *material culture studies* durchgeführte praktische Untersuchungen zurückgegriffen werden.[34] Das mehrfache Vorhandensein – die morphologische Redundanz – von Gefäßen ähnlicher Form und Funktion, deren Verwendung nach verschiedenen Anlässen differenziert ist, wurde detailliert von Daniel Miller in Dangwara, einem indischen Dorf, beobachtet und analysiert.[35] Ein ähnliches Szenario ist meines Erachtens auch für *Terra si-*

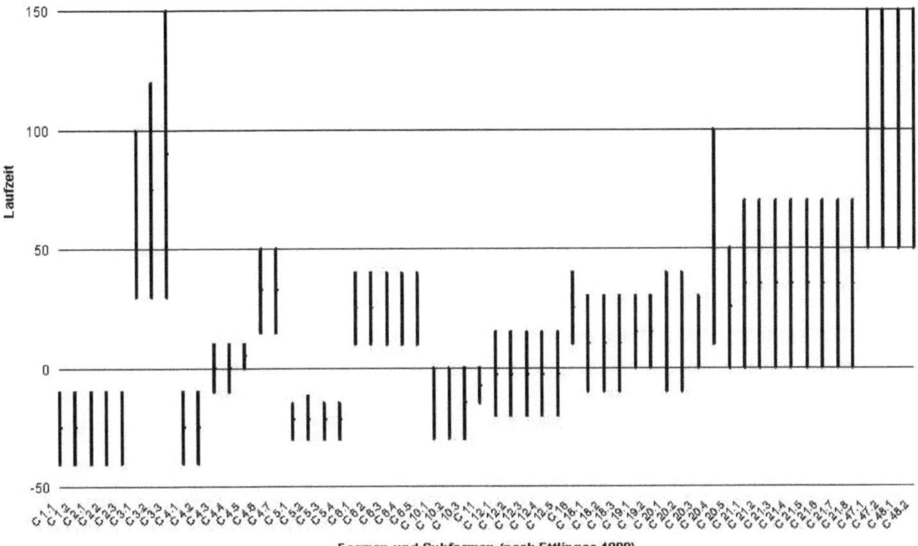

Abb. 3:   Verteilung der Laufzeiten von Tellerformen

gillata-Gebrauch denkbar und würde gut die Vielzahl von Gefäßen in einem Haushalt erklären, die sich nur in Details unterscheiden: Die Kriterien zur Differenzierung können dabei sehr vielfältig sein, zum Beispiel ob Gäste anwesend sind oder nicht, welche Position die Gäste gesellschaftlich einnehmen, welche Speisen serviert werden, welche Zubereitungsart gewählt wird, ob es einen bestimmten Anlass – profan oder religiös – für das Mahl gibt, zu welcher Zeit das Essen eingenommen wird usw. All diese Differenzen können auch durch formale Variationen des verwendeten Geschirrs zum Ausdruck gebracht worden sein.

Der Einsatz vieler im Grunde monofunktionaler Artefakte führt jedoch zu einer Veränderung der betreffenden Tätigkeit selbst: Je mehr Objekte potenziell benutzt werden könnten, desto differenzierter und komplexer wird der Umgang mit ihnen. Spezifischer: Je genauer die Feinunterscheidung von Gefäßformen, die die gleiche Grundfunktion erfüllen, desto komplexer die informelle Klassifizierung, zu welchen Anlässen sie gebraucht wurden.[36] Das ‚klassische' Beispiel für dieses Mehr an notwendigem Wissen ist die korrekte Handhabung des Bestecks während eines vornehmen *diners*.[37] In diesem Zusammenhang ist nun wieder die Soziofunktion einzuführen: Das Wissen um den korrekten Gebrauch kann ein distinktives Merkmal sein, das den *Connaisseur* sozial aufwertet. Ob die Leute auf Il Monte jedoch alles richtig gemacht haben, wissen wir nicht.

Aufgaben

Als Fazit meiner Ausführungen möchte ich eine kurze Agenda aufstellen:

1. Die Klassische Archäologie, nicht nur die Prähistorie, kann meines Erachtens mit großem Gewinn Methoden und Modelle der *material culture studies* und Ethnologie in die eigene Forschung integrieren.

2. Der in manchen Bereichen doch noch recht eindeutige Fokus auf Klassifizierung einerseits und Produktion andererseits ist zumindest dahingehend zu erweitern, dass dem konkreten Gebrauch der Artefakte stärker nachzugehen ist.

Daraus folgt in der Praxis der Feldforschung und Museologie weiterhin:

3. Bei Ausgrabungen ist verstärkt darauf zu achten, ob es Hinweise auf die Nutzung gibt, Stichwort: Gebrauchsspuren.

4. Die Präsentation der Gefäße muss diese neue Bewertung berücksichtigen. *Terra sigillata*-Gefäße sind keine autonomen Kunstwerke, sondern sollten in einen Gebrauchskontext eingeordnet werden.

Anmerkungen

1 Für Hinweise, Auskünfte und Hilfe danke ich H. P. Hahn (Frankfurt a. M.), J. Redlin (Berlin), E. Tietmeyer (Berlin), H. Wabersich (Jena) und meiner Frau H. Schörner (Jena). Zu den Ergebnissen vorläufig: Schörner. 2008. Leben.

2 Zu *Terra sigillata*: Ettlinger. 1990. Conspectus; Medri. 1992. Tardo italica decorata; Oxé / Comfort 2000. Corpus; Menchelli. 2005. Terra sigillata.

3 Terra sigillata tardo-italica: Medri. 1992. Tardo italica decorata; Medri. 2005. Tardo italica.

4 Bargagliotti / Cibecchini / Gambogi. 2004. Punta Ala B.

5 Vgl. hierzu die Lit. in Anm. 2.

6 Fülle. 1997. Internal Organisation; besonderes Augenmerk gilt den Stempeln, die für Fragen nach Werkstattinhabern und Töpfern ausgewertet werden: De Donno. 2005. Marchi.

7 Ausnahme: Klynne. 2006. Consumption.

8 Die Literatur ist nahezu unüberblickbar; grundlegend: Kopytoff. 1986. Biography; Tilley. 1989. Interpreting Material Culture; wichtige Titel der letzten Jahre mit reicher Bibliographie: Hahn 2005. Materielle Kultur; Beiträge in: Kienlin 2005. Dinge; Tilley. 2006 Handbook; vgl. auch die Zeitschriften „Journal of Material Culture", „Material Culture Review".

9 Miller. 1987. Mass Consumption; Hahn. 2005. Dinge des Alltags, vor allem S. 63-71.

10 Neuere Ansätze im Bereich der römischen Archäologie u.a. Greene. 2008. Learning.

11 Grundlegend: Schiffer. 1976. Behavioral Archaeology; LaMotta / Schiffer. 2001. Behavioral Archaeology.

12 LaMotta / Schiffer. 2001. Behavioral Archaeology, S. 14f.

13 Schiffer. 1992. Technological Perspectives, S. 9-12; Preston. 2000. Functions of Things, S. 29-33; Kritik u.a. bei Conkey 2006. Style, Design and Function, S. 365f.

14 Das Beispiel Stuhl/Thron entstammt Schiffer. 1992. Technological Perspectives, S. 9-12; die Zuweisung der Funktionen an *Terra sigillata* wurde vom Verf. entwickelt.

15 Grundsätzlich: Mattingly. 2004. Being Roman.

16 Eckhart. 2005. Social Distribution, S. 142; zum Terminus: Weatherill. 1988. Consumer Behaviour, S. 28-32.

17 *Terra sigillata* läuft Gefahr, dadurch zu einem Meta-Gebrauchsgut zu werden, dessen konkreter Gebrauchswert nicht mehr interessiert, sondern nur noch der soziologische und symbolische Aussagewert. Zum Begriff: Miller. 1998. Coca Cola, S. 169-187.

18 Haselgrove. 1985. Ploughsoil Artefact Samples, S. 26.

19 Nielsen. 1995. Architectural Performance; zit. n. Walker / Schiffer. 2006. Materiality of Social Power, S. 73f.
20 Zur Verteilung von Waren im ländlichen Raum bisher: de Ligt. 1990. Rural Monetization and Peasant Demand.
21 Hahn. 2005. Stil und Lebensstil, S. 44-47.
22 Peña. 2007. Roman Pottery, S. 58-60 (mit Lit.).
23 Platte. 2005. Repräsentation sozialer Beziehungen, S. 183-186 (Zeichnung einer Wand voller Gefäße: S. 183, Abb. 2).
24 Dunbabin. 2003. Roman Banquet, S. 85-89, Abb. 44; Martin-Kilcher. 1989. Service de table, S. 17, 19, Abb. 4.
25 Vgl. Ettlinger. 1990. Conspectus; Medri. 2005. Tardo italica; Menchelli. 2005. Terra sigillata.
26 Ettlinger. 1990 Conspectus, S. 52-63, 68-73, 80-89, 120-127, 134-137.
27 In Il Monte sind bisher folgende Formen zu belegen (nach Ettlinger, Conspectus 1990): Consp. 3.2.1; Consp. K7/K9; Consp. 23.1.1; Consp. 36; Consp. 33.4.1; Consp. 6.5.1; Consp. B 3.2; Consp. 47.1.2; Consp. 54.2.1; Consp. 34; Consp. 34; Consp. 22; Consp. 32; Consp. 32; Consp. 34.2.2; Consp. 21.3; Consp. 34; Consp. 34.2.2; Consp. 32.5.2; Consp. 43; Consp. 34.1.2; Consp. 4; Consp. 3.2.1; Consp. 14.2.3; Consp. 20.4.1; Consp. 34.2.2; Consp. 7.1.3; Consp. 43; Consp. 3.2; Consp. 32.5.2; Consp. 50.5.1; Consp. 32.2; Consp. 34.1.2; Consp. 8.1.1; Consp. 2.1.2; Consp. 6.2.2; Consp. 32.5.2; Consp. 18.2.4; Consp. 31; Consp. 50; Consp. 2.1.1; Consp. 54; Consp. 4; Consp. 5.3.1; Consp. 8.3; Consp. 7.1.3; Consp. 3.3.1; Consp. 3.2.1; Consp. 34.1.2; Consp. 34.2.2; Consp. 34.2; Consp. 34.2.2; Consp. 32.4.1; Consp. 39.1.3; Consp. 39.1.3; Consp. 50.5.1; Consp. 49.1.1; Consp. 34.1.3; Consp. 10/11/12; Consp. 34.1.1; Consp. 38; Consp. 50.5.1; Consp. 32.5; Consp. 34.1.2; Consp. 8; Consp. 24.1.3; Consp. 3.2.2; Consp. 3.3.1; Consp. 7.2.1; Consp. 3.1/2; Consp. 3.1; Consp. 32.5.2; Consp. 3.2.2; Consp. 34.2.2; Consp. 34.1.2; Consp. 3.3.1; Consp. 34.1.2; Consp. 3.2.2; Consp. B1; Consp. 3.3.1; Consp. 8.2.1; Consp. 50.5.1; Consp. 34.2.2; Consp. B1.10; Consp. 3.3.1. Die Aufstellung verdanke ich H. Wabersich.
28 Leider fehlen hier entsprechende Vorarbeiten, die versuchen, das Formenrepertoire einer *Terra sigillata*-Werkstatt zu bestimmen; vgl. Poblome u.a. 2000. Concept, S. 281: kein Hinweis darauf, dass Töpfer sich auf bestimmte Formen spezialisieren.
29 Martin-Kilcher. 1989. Service de table, S. 15-20, Abb. 3.
30 LaMotta / Schiffer. 2001. Behavioral Archaeology, S. 39f., 52f. (mit der älteren Lit.).
31 Morrow. 1986. Shoes.
32 LaMotta / Schiffer. 2001. Behavioral Archaeology, S. 39f., 52f.
33 Grundlegend für römische Keramik: Millett. 1979. Functional Interpretation; allgemein Gardner. 2007. Artefacts, Contexts and the Archaeology of Social Practice.
34 Vgl. hierzu auch Roth. 2007. Styling Romanisation, S. 95-97.
35 Miller. 1985. Artefacts, S. 51-74.
36 Ebd., S. 66f.; Roth. 2007. Styling Romanisation, S. 97.
37 ‚Klassisch': Elias. 1982. Prozeß, S. 312-351; vgl. jetzt auch Symonds. 2007. Table Settings; zum Essen in der römischen Antike: Cool. 2007. Eating and Drinking.

Bibliografie

Bargagliotti, Sergio / Cibecchini, Franca / Gambogi, Pamela. 2004. The Punta Ala "B Wreck": a Mixed Cargo of the Hadrianic Period, in: Pasquinucci, Marinella / Weski, Tim (Hg.). Close Encounters: Sea- and Riverborne Trade, Ports and Hinterlands, Ship Construction and Navigation in Antiquity, the Middle Age and in Modern Time, BAR IntSer 1283. Oxford: Archaeopress. S. 93-103.

Conkey, Margaret W. 2006. Style, Design and Function, in: Tilley, Christopher (Hg.). Handbook of Material Culture. London: SAGE. S. 355-372.

Cool, Hilary E. 2007. Eating and Drinking in Roman Britain. Cambridge: Cambridge University Press.

De Donno, Marco. 2005. I marchi di fabbrica e la terra sigilata, in: Gandolfi, Daniela (Hg.). La ceramica e i materiali di età Romana. Quaderni della Scuola Interdisciplinare delle Metodologie Archeologiche Supplemento 2. Bordighera: Istituto Internazionale di Studi Liguri. S. 169-182.

de Ligt, Lukas. 1990. Demand, Supply, Distribution: The Roman Peasantry Between Town and Countryside: Rural Monetization and Peasant Demand, in: Münstersche Beiträge zur antiken Handelsgeschichte. Bd. 9, Heft 2, S. 24-56.

Dunbabin, Katherine M. D. 2003. The Roman Banquet. Images of Convivality. Cambridge: Cambridge University Press.

Eckardt, Hella. 2005. The Social Distribution of Roman Artefacts: The Case of Nail-Cleaners and Brooches in Britain, in: Journal of Roman Archaeology. Bd. 18, S. 139-160.

Elias, Norbert. 1982. Über den Prozeß der Zivilisation. Soziogenetische und psychogenetische Untersuchungen. Bd. 2. Frankfurt a. M.: Suhrkamp (8. Aufl.). S. 312-351.

Ettlinger, Elisabeth 1990. Conspectus Formarum Terrae Sigillatae Italico modo facto. Bonn: Habelt (Nachdruck 2002).

Fülle, Gunnar. 1997. The Internal Organisation of the Arretine Terra sigillata Industry: Problems of Evidence and Interpretation, in: Journal of Roman Studies. Bd. 87, S. 111-155.

Gardner, Andrew. 2007. Artefacts, Contexts and the Archaeology of Social Practices, in: Willis, Steven / Hingley, Richard (Hg.), Roman Finds: Context and Theory. Proceedings of a Conference Held at the University of Durham. Oxford: Oxbow. S. 128-139.

Greene, Kevin. 2008. Learning to Consume: Consumption and Consumerism in the Roman Empire, in: Journal of Roman Archaeology. Bd. 21, S. 64-82.

Hahn, Hans Peter. 2005. Materielle Kultur. Eine Einführung. Berlin: Reimer.

Hahn, Hans Peter. 2005. Stil und Lebensstil als Konzeptualisierungen der Bedeutungen materieller Kultur, in: Kienlin, Tobias L. (Hg.). Die Dinge als Zeichen: Kulturelles Wissen und materielle Kultur Internationale Fachtagung an der Johann-Wolfgang Goethe-Universität Frankfurt a. M.: 3.-5. April 2003. Bonn: Habelt. S. 41-52.

Hahn, Hans Peter. 2005. Dinge des Alltags. Umgang und Bedeutungen, in: König, Gudrun (Hg.). Alltagsdinge. Erkundungen der materiellen Kultur. Tübingen: Tübinger Vereinigung für Volkskunde e.V. S. 63-79.

Haselgrove, Colin. 1985. Inference from Ploughsoil Artefact Samples, in: Haselgrove, Colin / Millett, Martin / Smith, Ian (Hg.) Archaeology from the Ploughsoil. Studies in the Collection and Interpretation of Field Survey Data. Sheffield: Department of Archaeology and Prehistory, University of Sheffield. S. 7-29.

Kienlin, Tobias L. (Hg.). 2005. Die Dinge als Zeichen: Kulturelles Wissen und materielle Kultur. Internationale Fachtagung an der Johann Wolfgang-Goethe-Universität Frankfurt a. M. 3.-5. April 2003. Bonn: Habelt.

Klynne, Allan. 2006. Consumption of Italian Sigillata: Yesterday, Today and Tomorrow, in: D. Malfitana, Daniele / Poblome, Jeroen / Lund, John (Hg.). Old Pottery in a New Century. Innovating Perspectives on Roman Pottery Studies. Atti del Convegno Internazionale di Studi, Catania, 22-24 Aprile 2004. Catania: CNR. S. 167-174.

Kopytoff, Igor. 1986. The Cultural Biography of Things. Commoditization as Process, in: Appadurai, Arjun (Hg.). The Social Life of Things: Commodities in Cultural Perspective. Cambridge: Cambridge University Press. S. 64-91.

LaMotta, Vincent / Schiffer, Michael B. 2001. Behavioral Archeology. Toward a New Synthesis, in: Hodder, Ian (Hg.). Archaeological Theory Today. Cambridge: Polity Press. S. 14-64.

Martin-Kilcher, Stefanie. 1989. Service de table en métal précieux du 1er au 5e siècle après Jésus-Christ, in: Baratte, François (Hg.). Tresors d'orfevrerie gallo-romains. (Ausstellungskatalog Paris / Lyon). Paris: Musée du Louvre.

Mattingly, David. 2004. Being Roman: Expressing Identity in a Provincial Setting, in: Journal of Roman Archaeology. Bd. 17, S. 5-25.

Medri, Maura. 1992. Terra sigillata tardo italica decorata. Rom: L'Erma di Bretschneider.

Medri, Maura. 2005. Terra sigillata tardo italica, in: Gandolfi, Daniela (Hg.). La ceramica e i materiali di età Romana. Quaderni della Scuolo Interdisciplinare delle Metodologie Archeologiche Supplemento 2. Bordighera: Istituto Internazionale di Studi Liguri. S. 183-194.

Menchelli, Simonetta. 2005. La terra sigillata, in: Gandolfi, Daniela (Hg.). La ceramica e i materiali di età Romana. Quaderni della Scuola Interdisciplinare delle Metodologie Archeologiche Supplemento 2. Bordighera: Istituto Internazionale di Studi Liguri. S. 155-168.

Miller, Daniel. 1985. Artefact as Categories. A Study of Ceramic Variability in Central India. Cambridge: Cambridge University Press.

Miller, Daniel. 1987. Material Culture and Mass Consumption. Oxford: Blackwell.

Miller, Daniel. 1998. Coca Cola: A Black Sweet Drink from Trinidad, in: Ders. (Hg.). Material Cultures. Why Some Things Matter. Chicago: University of Chicago Press.

Millett, Martin. 1979. An Approach to the Functional Interpretation of Pottery, in: Ders. (Hg.). Pottery and the Archeologist. London: Institute of Archeology.

Morrow, Lance. 1986. The Shoes of Imelda Marcos, in: Time Magazine. http://www.time.com/time/magazine/article/0,9171,961002-1,00.html (16.7.2009).

Nielsen, Axel E. 1995. Architectural Performance and the Reproduction of Social Power, in: Skibo, James M. / Walker, William H. / Nielsen, Axel E. (Hg.). Expanding Archaeology. Salt Lake City: University of Utah Press. S. 47-66.

Oxé, August / Comfort, Howard. 2000. Corpus Vasorum Arretinorum. A Catalogue of the Signatures, Shapes and Chronology of Italian Sigillata (2nd edition compl. rev. and enl. by P. Kenrick). Bonn: Habelt.

Peña, J. Theodore. 2007. Roman Pottery in the Archaeological Record. Cambridge: Cambridge University Press.

Platte, Editha. 2005. Zur Repräsentation sozialer Beziehungen in den ‚Dingen des Raums‘ (Nordnigeria), in: Kienlin, Tobias L. (Hg.). Die Dinge als Zeichen: Kulturelles Wissen und materielle Kultur. Internationale Fachtagung an der Johann Wolfgang-Goethe-Universität Frankfurt a. M., 3.-5. April 2003. Bonn: Habelt. S. 179-188.

Poblome, Jeroen / Brulet, Raymond / Bounegru, Octavian. 2000. The Concept of Sigillata. Regionalism or Integration, in: Rei Cretariae Romanorum Fautorum Acta. Bd. 36, S. 279-283.

Preston, Beth. 2000. The Functions of Things, in: Graves-Brown, Paul M. (Hg.). Matter, Materiality and Modern Culture. London / New York: Routledge. S. 22-49.

Roth, Roman E. 2007. Styling Romanization. Pottery and Society in Central Italy. Cambridge: Cambridge University Press.

Schiffer, Michael B. 1976. Behavioral Archaeology. New York: Academic Press.

Schiffer, Michael B. 1992. Technological Perspectives on Behavioral Change. Tucson: University of Arizona Press.

Schörner, Günther. 2008. Leben auf dem Lande, in: Antike Welt. Bd. 2, S. 56-62.

Symonds, James. 2007. Table Settings: the Material Culture and Social Context of Dining: AD 1700-1900. Oxford: Oxbow.

Tilley, Christopher. 1989. Interpreting Material Culture, in: Hodder, Ian (Hg.). The Meanings of Things: Material Culture and Symbolic Expression. London / New York: Routledge. S. 185-194.

Tilley, Christopher (Hg.). 2006. Handbook of Material Culture. London: SAGE.

Walker, William H. / Schiffer, Michael B. 2006. The Materiality of Social Power: The Artifact-Acquisition Perspective, Journal of Archaeological Method and Theory. Bd. 13, S. 67-88.

Weatherill, Lorna 1988. Consumer Behaviour and Material Culture in Britain 1660-1760. London / New York: Routledge.

Anna-Lisa Müller

Die *Creative City* Dublin. Architektur und Materialität als Ausdruck der Stadtplanung

Die Sprache der kreativen Stadt

Städte und insbesondere Großstädte werden seit jeher mit Innovation, Fortschritt und Kreativität in Verbindung gebracht. Sie werden als Antriebskräfte für die Entwicklung neuer Ideen verstanden, indem der in ihnen herrschenden Atmosphäre eine bestimmte Produktivität zugesprochen wird.[1] Doch zeigt sich dies auch in der Materialität der Städte? Kann man sagen, dass die Architektur einer Stadt bestimmte soziale Verhältnisse ‚kommuniziert‘? Und ‚spricht‘ das Gebaute der Stadt im Sinne der Stadtplanung?

Diesen Fragen soll auf den kommenden Seiten nachgegangen werden. Die Stadt wird dabei als ‚Lebensraum‘ in den Blick genommen, der immer auch Spiegel aktueller gesellschaftlicher Verhältnisse ist. *Creative Cities* dienen als konzeptuelles Beispiel für die Ausführungen, welche damit gleichzeitig einen Beitrag zur Analyse und zum Verständnis derartiger Städte leisten.

Seit einiger Zeit werden innerhalb der Stadtforschung die *Creative Cities* prominent diskutiert.[2] In der Regel bezeichnet dieser Ausdruck Städte, vorzugsweise in Europa und in Nordamerika, aber auch in Australien, die über ein hohes Maß an Attraktivität für Besucher/innen und Bewohner/innen verfügen. Dies führt dazu, dass verschiedene Stadtforscher/innen Anleitungen und Empfehlungen für Stadtplaner/innen und -verwalter/innen formulieren, die Strategien beschreiben, wie eine Stadt sich als eine kreative ausrichten kann. Prominentes Beispiel ist der Brite Charles Landry, der in seinen Büchern derartige Handlungsanweisungen formuliert.[3]

Was genau die Charakteristika kreativer Städte sind, ist allerdings bislang sowohl theoretisch als auch empirisch weitgehend unklar. Vor allem in den vergangenen knapp zehn Jahren lässt sich ein Anstieg der Publikationen zu diesem Thema verzeichnen. Besonders bekannt ist in der Diskussion um Kreativität und kreative Städte der US-amerikanische Wissenschaftler Richard Florida, der zuerst mit seinem Buch „The Rise of the Creative Class“ das Aufkommen einer neuen gesellschaftlichen Gruppe, der *Creative Class*, konstatierte und anschließend in der 2005 erschienenen Aufsatzsammlung „Cities and the Creative Class“ die Bedeutung verschiedener Faktoren für Städte überprüfte. Seiner Ansicht nach sind es die „3 T“, die aus einer Stadt eine kreative machen: Das Vorhandensein einer technologischen Infrastruktur (*Technology*), einer toleranten Grundhaltung der Bewohner/innen (*Tolerance*) und die Existenz gut ausgebildeter Arbeitskräfte (von Florida als *Talent* bezeichnet) sind zentral dafür, dass eine Stadt als kreativ beschrieben werden kann.[4] Im Kontext der Stadtsoziologie ist interessant, dass Florida damit die Stadt als den spezifischen ‚Lebensraum‘ dieser kreativen Klasse ausmacht. Aber auch hier geht es letztlich darum, das als gesellschaftliches Leitbild formulierte

Konzept der Kreativität für Städte nutzbar zu machen, und weniger darum, die sich real ausbildenden Merkmale solcher Städte zu untersuchen. Diese Form der zielgenauen Planung wird von verschiedener Seite kritisiert. So bezweifelt u.a. Allen J. Scott nicht nur die Möglichkeit, Kreativität mithilfe einer bestimmten Gruppe von Menschen in eine Stadt zu „importieren"[5], sondern auch, diese Menschen über bestimmte politische Strategien in der jeweiligen Stadt zu halten.[6]

Im deutschsprachigen Raum ist es Martina Heßler, die sich in ihrem Buch „Die kreative Stadt. Zur Neuerfindung eines Topos" mit der Frage auseinandersetzt, was kreative Städte sind und worauf sich ihre Konzeption beruft. Heßler konstatiert eine Wiederbelebung der Vorstellung, dass (Groß-)Städte als Orte von Kreativität und Innovation gelten. Sie untersucht drei so genannte Wissenschaftsstandorte bei München und arbeitet heraus, wie an diesen Orten Urbanität nachgestellt wird, um wissenschaftliche Innovation hervorzubringen.[7] Diese Fokussierung auf Forschungsstandorte unterscheidet sie von Florida, demzufolge wissenschaftliche Kreativität nur einen Teilbereich ausmacht und Wissenschaftsstandorte konsequenterweise nicht allein konstitutiv für eine kreative Stadt sind.

In anderen Studien werden, stärker an Floridas Konzept anschließend, ‚kreative Milieus' untersucht, in denen das Phänomen im Vordergrund steht, dass sich Kreative (im Sinn von kulturell Tätigen) oft an bestimmten Orten ansiedeln. Diese Arbeiten beschäftigen sich also mit den Angehörigen der *Creative Class* und ihrer Raum- bzw. Ortsbezogenheit.[8]

Im vorliegenden Artikel dient die irische Hauptstadt Dublin als Beispiel für eine Stadt, die von Seiten der Stadtverwaltung als kreativ bezeichnet wird. Dies beinhaltet, dass die Entwicklung hin zu einer kreativen Stadt Teil des (politischen) Entwicklungsprogramms Dublins ist. Im Fokus stehen an dieser Stelle zwei Aspekte: die Verständnisse von Kreativität auf Seiten der Stadtverwaltung und ihr Niederschlag in – und die Wechselwirkung mit – der Architektur und der Materialität der Stadt. Dabei werden die Fragen aufgenommen, in welcher Hinsicht von Kreativität gesprochen wird und welche Auswirkungen die spezifischen Verständnisse von Kreativität auf die konkret geplante Stadt haben. Dies impliziert, die Materialität und Architektur von Städten in den Blick zu nehmen und zu untersuchen, auf welche Weise verschiedene Kreativitäts-Leitbilder der politische Stadtplanung auf die gebaute Stadt wirken und wie die Stadtplanung auf der Ebene der Materialität der Stadt zum Ausdruck kommt und auf diese Weise beredt wird.

Kreativität als gesellschaftliches Leitbild und Element der Stadtplanung

In der zweiten Hälfte des 20. Jahrhunderts lässt sich Kreativität als ein Leitbild von Leben, Handeln und Arbeiten konstatieren, das zunehmend auch wissenschaftlich reflektiert wird.[9] Von der kreativen (Aus-)Gestaltung und Erfüllung von Arbeits- und Handlungsanforderungen bis zum aktiven Gestalten des Privatlebens stellt Kreativität eine zentrale gesellschaftliche Anforderung dar und wird als solche figuriert. Der schon erwähnte, von Richard Florida entwickelte Begriff der *Creative Class* trägt der Bedeutung derjenigen Rechnung, die in solcher Weise kreativ arbeiten. Florida festigt seine These unter der Heranziehung sozialstatistischer Daten: In den USA wächst der Anteil derjenigen Menschen, die im *Creative Sector* beschäftigt sind – dieser umfasst bei Florida Arbeitsbereiche, in denen es im weitesten Sinn um Problemlösungsstrategien geht.[10] Gemeinsam sei den Angehörigen der kreativen Klasse zuallererst diese spezifische Art der Beschäftigung. Der Kern der Klasse, der *Super Creative Core*, ist tagtäglich damit beschäftigt, Probleme zu erkennen und neue Handlungs- oder Problemlösungsformen zu entwickeln. Der erweiterte Bereich der Kreativen, die *Creative Professionals*, beschäftigt sich dagegen vor allem mit der Anwendung dieser neuen Formen und seltener mit deren Entwicklung. Weiterhin lassen sich, so Florida, Ähnlichkeiten im Lebensstil, im Einkommen etc. feststellen; dies sind für ihn eindeutige Indizes für die gemeinsame neue Klasse, die *Creative Class*.[11]

Auch wenn an dieser Darstellung einiges problematisch und ihr Fokus eindeutig ein US-amerikanischer ist, lässt sich nichtsdestotrotz feststellen, dass das ihr zugrunde liegende Konzept in vielen Bereichen der Stadtplanung angewandt oder zumindest darauf Bezug genommen wird. Die in Dublin durchgeführten Interviews zeigen, dass dies auch in der dortigen Stadtverwaltung geschieht. Vertraut man den Analysen Floridas und anderer Wissenschaftler, so ist Kreativität derzeit tatsächlich ein Leitbild westlicher Gesellschaften und wirkt sich entsprechend auf die Lebensweisen der Individuen aus.

In den vergangenen Jahrzehnten wurden verschiedene neue Stadttypen von Wissenschaftler/inne/n identifiziert, wie beispielsweise die *Global Cities* und die *Mega Cities*. Werden erstere maßgeblich durch ihre Rolle in der globalen Wirtschaft charakterisiert, wie Saskia Sassen es richtungweisend tut, sind letztere durch ihre Größe mit mehr als zehn Millionen Einwohner/inne/n sowie durch ihre spezifische räumliche Struktur gekennzeichnet. In beiden Fällen liegen damit städtische Phänomene vor, die mit ihren sozialen, ökonomischen, ökologischen und räumlichen Folgen bis Mitte des 20. Jahrhunderts unbekannt waren. Im Laufe der letzten Jahre lässt sich nun beobachten, dass Städte zunehmend als kreativ beschrieben bzw. bezeichnet werden. So gibt es nun auch die Bezeichnung *Creative Cities*, die international verstanden zu werden scheint. Was aber bedeutet es, wenn Städte kreativ sind? Und was bedeutet es für die materielle Struktur der Städte, wenn sich die Planung an Kreativität ausrichtet?

Creative City Dublin: das Fallbeispiel

Die irische Hauptstadt Dublin erfährt seit einigen Jahrzehnten massive Veränderungen. Der Beitritt zur Europäischen Union ging mit bedeutenden finanziellen Zuwendungen einher, die dem Land einigen Wohlstand beschert haben. Dublin konnte bis vor kurzem als *Boomtown* beschrieben werden, die Anziehungspunkt für viele Menschen war.[12] Die aktuellen wirtschaftlichen Veränderungen im Zuge der internationalen Finanzkrise zeigen allerdings massive Wirkungen auf Irlands Ökonomie und damit auch auf Dublin. So stehen derzeit zum Beispiel viele Bauprojekte still, da die Finanzierung nicht gesichert ist. Außerdem kommt der Zuzug von aus- und inländischen Arbeitnehmer/inne/n und Unternehmen ins Stocken, wenn er sich nicht sogar ins Gegenteil verkehrt. Welche Folgen das für die Entwicklung der Stadt hat und in welcher Weise die politische Stadtplanung diesen ökonomischen und sozialen Veränderungen Rechnung trägt, kann zu diesem Zeitpunkt noch nicht gesagt werden. Auf der Grundlage meiner Daten, die vor der Finanzkrise erhoben wurden, entwerfe ich somit das Bild einer Stadt, die noch von den prosperierenden Jahren profitierte und von der heute noch die Spuren zu finden sind, beispielsweise in Form des Konglomerats begonnener und fertig gestellter Bauprojekte.

Die Daten, die für die Analyse der Verwendung des Kreativitätsbegriffs im Bereich der politischen Stadtplanung[13] nötig waren, wurden mithilfe einer Kombination verschiedener qualitativer Methoden, namentlich teilnehmender Beobachtung, qualitativer Interviews, Dokumentenanalyse und neuer, zum Teil experimenteller Formen ‚visueller Ethnografie‘ erhoben. Eine solche, auf visuellen Daten basierende Form der Ethnografie bedeutet in diesem Fall, Vorhandenes fotografisch zu dokumentieren und auszuwerten. Mithilfe von Vergleichsmaterial – hier sind es Fotos und Karten aus Archiven – können Veränderungen nachgezeichnet und dokumentiert werden.

Die Auswertung des Materials zeigt, dass sich die Ebene der politischen Planung in Dublin explizit am Schlagwort der Kreativität ausrichtet. Diese programmatische Ausrichtung kommt beispielsweise zum Ausdruck, wenn in Planungsdokumenten Kreativität als Leitlinie, als „guiding philosophy“[14] bezeichnet wird. Definiert wird diese Leitlinie allerdings nicht; lediglich ihre Bedeutung wird betont: „[The urbanist philosophy] acknowledges complexity and diversity as essential characteristics of innovative and creative cities, and incorporates strategies to structure and manage these characteristics in a holistic way.“[15] Die Auswertung der Interviews mit unterschiedlichen Expert/inn/en aus dem Bereich der Stadtplanung führte zudem zu dem Ergebnis, dass verschiedene Verständnisse von Kreativität vorliegen. Kreativität wird beispielsweise mit einem engen Kulturbegriff assoziiert, der künstlerisch-ästhetisch aufgeladen ist. Eine kreative Stadt ist in diesem Fall eine, die ein geeignetes Ambiente für Künstler/innen und Kulturschaffende bietet. Weiterhin ist ein Verständnis zu identifizieren, dass Kreativität mit (technologischer) Innovation in Verbindung bringt und darunter vor allem die neuen Medien und die Wissensgesellschaft versteht. Hier ist Kreativität die Fähigkeit, Probleme auf neue, zum Teil unkonventionelle Art zu lösen – womit sich eine Verbindungslinie zu Floridas Konzept herstellen lässt, die teilweise auch explizit formuliert wird.

Neben den unterschiedlichen Konnotationen von Kreativität gibt es auch unterschiedliche Formen des Umgangs mit der Architektur und der Materialität der Stadt. Eine Art besteht darin, die vorhandenen Gebäude weiterhin zu nutzen und dabei ihre Funktionsweise zu verändern oder sie optisch aufzuwerten. Die Gebäude und die Gebäude-Straßen-Anordnung bleiben dabei großteils erhalten. Eine andere Form liegt vor, wenn ganze Stadtgebiete neu gebaut und somit auch restrukturiert werden. Altes wird durch Neues ersetzt, und zum Teil werden die existierenden Raumstrukturen, die zum Beispiel durch öffentliche Plätze und Straßenzüge gebildet werden, verändert.

Im Folgenden werden diese beiden unterschiedlichen Umgangsweisen mit der Materialität der Stadt anhand von zwei ausgewählten Stadtteilen beschrieben und verdeutlicht. Die Stadtteile sind das ehemalige Hafengebiet Dublins, die Docklands, und das *Cultural Quarter* Temple Bar – beide liegen in der Innenstadt Dublins.

Die Dublin Docklands – das innovative Viertel

Nach der Auslagerung des Hafens aus dem Innenstadtgebiet Dublins findet in den Docklands eine vollständige Restrukturierung und Revitalisierung statt, die man besonders deutlich an den Quai-Anlagen ablesen kann. Im Zuge der Etablierung eines *International Financial Services Centre* sowie der Ansiedlung verschiedener Unternehmen aus den Bereichen des Dienstleitungs- und Finanzsektors (deren Angehörige nach Florida zu den *Creative Professionals* zählen) findet eine massive Umgestaltung und Erneuerung des Viertels statt. Lassen sich auf Bildern aus der Mitte des 20. Jahrhunderts noch deutlich die Spuren der Hafennutzung ablesen,[16] sind die heutigen Anlagen – sofern noch vorhanden – in eine neue Nutzung überführt und von Hochhäusern und Glasfassaden geprägt bzw. umgeben.[17]

Es lässt sich eine spezifische Architektur dokumentieren: Glasfassaden mit Stahlelementen überwiegen. Damit reiht sich das Stadtviertel ein in die Erscheinungsbilder moderner Großstädte. Hier werden Elemente des *International Style* aufgegriffen, der in den 1920er Jahren in der Architektur erstmalig aufkam.[18] Eine solche Art der Architektur wird mit Innovation und Fortschritt in Verbindung gebracht. Derartige Assoziationen sind subjektiv, vielleicht willkürlich, allerdings haben sie in der Architekturtheorie Tradition.[19] In den *Design Guidelines* für die Gestaltung des Raumes der Docklands findet sich folgende Bemerkung: „Note: The use of glass is strongly recommended for its reflective properties, [...] ultimately mirroring the changing face of the maritime environment"[20]. Auf diese Weise wird eine Beziehung zwischen sozialem und architektonischem Wandel hergestellt. Der soziale Wandel ist nicht zuletzt politisch herbeigeführt. Die Architektur des Viertels soll diese antizipierten Veränderungen spiegeln und so die Sprache der politischen Planung sprechen, indem sie Ausdruck derselben ist. Dublin-spezifisch ist die architektonische Gestaltung des städtischen Raums damit allerdings noch nicht. Inwiefern eine solche Architektur eingesetzt werden kann, um auf Dublin als kreative Stadt zu verweisen, wird weiter unten gezeigt.

Temple Bar – das künstlerische Viertel

In Temple Bar zeigt sich im Gegensatz zu den Docklands eine relative Stabilität, was die Materialität des Viertels angeht. Wie *Abb. 1* zeigt, findet in erster Linie eine Renovierung, d.h. eine äußerlich sichtbare Aufwertung der Gebäude statt. Räumliche Strukturen werden dabei zum Teil umgedeutet, indem beispielsweise öffentliche Plätze anders genutzt werden; die räumliche und materiale Struktur des Gebiets bleibt aber grundsätzlich erhalten.

Der Prozess, den dieses Viertel in den letzten Jahrzehnten durchlaufen hat, weist typische Merkmale einer Gentrifizierung auf.[21] Das bedeutet nicht nur eine sukzessive ökonomische Aufwertung des Viertels, sondern auch eine damit einhergehende Restaurierung und Verschönerung der vorhandenen Architektur. Dies wird nun, wie die Analyse zeigt, politisch genutzt.

Abb. 1:   Temple Lane South, Temple Bar, Dublin, im Vergleich (1984, 2008)

Das Viertel hatte sich während der vergangenen Jahrzehnte im Verlauf eines ungesteuerten Entwicklungsprozesses als Kulturviertel Dublins etabliert und wies, nicht zuletzt aufgrund der visuellen Gestaltung, Wiedererkennungswert auf. Diese Elemente werden nun weiter gefördert. Dazu gehört, dass Veränderungen optischer und struktureller Art, die ihren Ursprung in der Eigeninitiative vor allem von Künstler/inne/n haben, gezielt vorangetrieben werden. Gleichzeitig wird versucht, einer Abwanderung derjenigen entgegenzuwirken, die im Kontext der Gentrifizierungstheorie ‚Pioniere' genannt werden und die für die Entwicklung des Viertels maßgeblich verantwortlich sind. Steigenden Immobilienpreisen begegnet man mit subventionierten Räumen, die als Ateliers und Ausstellungsräume genutzt werden können, um so das künstlerische Potenzial an diesem Ort zu halten. Dies wird von mir als ‚gesteuerte Gentrifizierung' bezeichnet. Die entstandenen Aufwertungsstrategien werden politisch genutzt und gefördert, um das Viertel auf eine spezifische Art und Weise zu gestalten und um seine gewachsene Identität zu erhalten. Über die äußere Erscheinung des Viertels, die sich maßgeblich in Gebäuden, Plätzen und deren Gestaltung manifestiert, wird so Kreativität im Sinn von Kunst und Kultur transportiert und kommuniziert. Unmittelbarer als in den Docklands zeigt sich in Temple Bar, u.a. aufgrund der gewachsenen Identität, ein Dublin-spezifischer Ausdruck in der Gestalt des Viertels.

Die Materialität der Stadt als Spiegel der Entwicklungen

Die Beispiele aus dem empirisch nutzbar gemachten Feld zeigen, dass der Architektur eine wichtige Rolle zukommt. Es findet eine spezifische Bedeutungszuschreibung an die architektonische Gestaltung statt: Wie das Beispiel der *Design Guidelines* der Docklands zeigt, wird Architektur als Träger von bestimmten Bedeutungen verstanden. In ihr findet der soziale Wandel, der in diesem Viertel antizipiert und geplant wird, seinen Ausdruck. In Temple Bar ging der soziale Wandel mit dem Prozess der Gentrifizierung einher. Die sich damit ursprünglich ungewollt vollziehenden Veränderungen im äußeren Erscheinungsbild des Viertels werden nicht zuletzt von der politischen Planung aufgegriffen und gefördert,[22] sodass eine Nutzung des vorangegangenen (sozialen) Wandels stattfindet. Sozialer Wandel findet so in beiden Fällen seinen Ausdruck in der Architektur und Materialität des Viertels.

Zudem lässt sich eine Beziehung zwischen einer spezifischen Architektur und einer bestimmten Identität eines Viertels bzw. einer Stadt feststellen. In Temple Bar ist es eine gewachsene Identität als künstlerisch-kulturelles Viertel, das eine spezifische Erscheinungsform aufweist. In den Docklands findet derzeit ein Identitätswandel hin zu einem innovativen Dienstleistungsviertel statt, welcher sich auch in der Gestalt des Viertels niederschlagen soll. Damit ist die Architektur Ausdruck und Sprache einer je nach Fall mehr oder weniger stark ausgeprägten Stadtplanung, welche wiederum spezifische Kreativitätsverständnisse als Leitbilder aufweist. Um der Annahme Rechnung zu tragen, dass die Architektur nie 1:1 die Sprache der Planungsstrategien spricht, möchte ich sie als ‚Dialekt‘ dieser Strategien bezeichnen. Die in diesem Kontext zusätzlich wichtigen Fragen, inwiefern die Beziehung zwischen Architektur und Identität eine wechselseitige ist und welche Rolle die Eigenlogik und Widerständigkeit des städtischen Raumes dabei spielt, müssen an anderer Stelle ausführlich behandelt werden.

Die Analyse meines fotografischen Materials zeigt, dass sich bestimmte Markierungen in der Stadt aufzeigen lassen, mit denen die Identität einer kreativen Stadt transportiert und kommuniziert wird. Es lassen sich zwei unterschiedliche Inhalte derartiger Markierungen ausmachen: Sie verweisen einerseits auf Kunst, andererseits auf technologische Innovation. Auch in der Form unterscheiden sie sich: In einem Fall liegen die Markierungen in architektonischer Form vor, zumeist als Gebäude. Im anderen Fall bestehen sie aus einer grafisch-visuellen Form, zum Beispiel als *Street Art*-ähnliche Bilder.

Wiederum können die beiden schon behandelten Stadtviertel als Beispiele dienen: In Temple Bar finden sich in erster Linie grafisch-visuelle Markierungen von Kreativität, die auf die künstlerische Produktivität des Viertels verweisen. Im Gegensatz dazu sind die Docklands in erster Linie durch architektonische Markierungen gekennzeichnet, welche auf die Innovationsfähigkeit dieses Viertels Bezug nehmen. Im Folgenden wird gezeigt, in welcher Weise in den beiden Stadtvierteln Bezug auf Kreativität genommen wird.

Die Docklands: Architektur als Ausdruck von Innovation

Wie bereits erwähnt, sind die Docklands vor allem durch architektonischen Wandel geprägt. Da diese Gegend physisch eine massive Transformation erfährt, entstehen viele neue Gebäude und Plätze. Dies allein reicht aber nicht, um charakteristisch für eine kreative Stadt zu sein. Es bedarf einer Spezifizierung für den Fall, dass mit diesen Markierungen die spezifische Identität der Stadt als eine kreative generiert und stabilisiert werden soll. Die Architektur in den Docklands ist durch eine (im globalen Sinn) stadtübergreifende Homogenität der Elemente gekennzeichnet: Glasfassaden, eine mittlere Höhe, eine Kombination als Glas, Stahl und in einigen Fällen Holz. Diese Art von Markierungen weckt Assoziationen von Modernität, Fortschritt, (technologischer) Innovation (*Abb. 2*).

Die *Shopfront and Signage Guidelines* der Dublin Docklands Development Authority, der Stadtteilverwaltung, weisen zur Kreativität folgenden Bezug auf: „It is anticipat-

Abb. 2:   Sir John Rogerson's Quay, Alto Vetro, 2008

ed that the promotion of creativity and good design within a unified concept will result in a vibrant, lively personality unique to the Docklands area."[23] ‚Kreativität' wird dabei als Leerstelle verwendet. Ohne eine Spezifizierung des Begriffs wird formuliert, dass innerhalb eines Rahmens – der durch die *Guidelines* abgesteckt wird – Neues, Innovatives gefördert werden soll, das eine spezifische Docklands-Identität unterstützen, wenn nicht sogar hervorbringen soll. Damit einher geht die Empfehlung der Verwendung spezifischer Materialien, die die Kreativität entsprechend zum Ausdruck bringen können. Diese Materialien sollen so das Verständnis von den Docklands als kreatives, weil innovatives Viertel transportieren.

Wie Kreativität weniger über Materialien als vielmehr mithilfe bildhafter Elemente ihren Ausdruck findet, zeigen die folgenden Beispiele, die typisch für Temple Bar sind.

Temple Bar: Gestaltung als Ausdruck von Kreativität

Temple Bar zeichnet sich im Gegensatz zu den Docklands vor allem durch visuelle Markierungen von Kreativität aus. Ein Grund dafür ist, dass die Gegend keine so bedeutende Umwandlung erfährt wie die Docklands, ein anderer liegt in der oben beschriebenen Tradition des Viertels. Diese Tradition als kulturelles Viertel führt dazu, dass sich dort auch viele visuelle Hinweise auf künstlerische Aktivitäten finden lassen. Die künstlerische Produktivität ist ein zentrales Element der Kreativität des Viertels. Sie manifestiert sich in unterschiedlicher Form; insgesamt sind bemalte Hauswände die am meisten verbreiteten Zeichen, die zu identifizieren sind. In keinem anderen Stadtteil finden sich die-

Abb. 3:   Auftragsarbeit der Freebird Records, Crown Alley/Cope Street, Temple Bar, und Barry Haugheys Beitrag zum „Invoke Street Art"-Wettbewerb, Eustace Street, Temple Bar; 2008

se in einem derartigen Ausmaß. Hinzu kommen Graffitis, die ebenfalls in hoher Zahl zu finden sind.[24] Sie liegen dabei entweder in traditioneller Form vor, das heißt, sie werden illegal an Wände gesprüht oder gemalt. Darüber hinaus werden sie gezielt eingesetzt und als Auftragsarbeiten von ansässigen Unternehmen oder der Stadtverwaltung an Künstler/innen vergeben. Im zweiten Fall wird ein Element, das ehemals Ausdrucksmittel von Subkulturen war, instrumentalisiert und zur Aufrechterhaltung einer bestimmten Identität und als Ausdruck der Kreativität des Viertels genutzt. Diese Markierungen der Kreativität dienen dann nicht zuletzt auch als (Wieder-)Erkennungsmerkmale und als Manifestation der spezifischen Identität.[25]

Die Beispiele auf *Abb. 3* zeigen eine Auftragsarbeit des Musikgeschäfts „Freebird Records" an einen Graffitikünstler und einen vom Künstler Barry Haughey gestalteten Ampelschaltkasten auf der Eustace Street am Rande Temple Bars. Letzterer ist einer von fünf Gewinnern eines Wettbewerbs, der 2008 unter dem Titel „Invoke Street Art" in Temple Bar stattfand. Resultat sind diese von Künstler/inn/en gestalteten Schaltkästen. Abermals wird sich der ursprünglich illegalen Tradition der *Street Art* bedient, um sowohl unattraktive, aber notwendige Elemente der Infrastruktur zu verschönern, als auch einen Wiedererkennungswert zu schaffen. Jeder dieser Kästen ist mit einem Schild versehen, das auf Temple Bar verweist. So wird der Bezug zu Dublin und dem spezifischen Stadtviertel hergestellt. Die Graffiti-ähnliche Zeichnung ist eine künstlerisch-ästhetische Markierung der Kreativität des Viertels, die auch eine Sichtbarmachung nach außen zum Ziel hat.

Dublins Dinge: Sprache der Stadtplanungsstrategien

Die vorangegangenen Ausführungen haben zwei Dinge deutlich gemacht: Erstens spielen Materialität und Architektur in Dublin eine große Rolle. An ihnen wird immer auch sozialer Wandel deutlich, und er wird mit ihnen markiert. Diese Markierungen wiederum werden zweitens dazu genutzt, die Identität als kreative Stadt zu festigen und nach außen zu verdeutlichen. Dazu werden architektonische und grafisch-visuelle Elemente eingesetzt, die je nach vorliegendem Kreativitätsverständnis und zu transportierender Aussage variieren.

Die programmatische Ausrichtung Dublins ist im Kontext der konstatierten Bedeutungszunahme von Kreativität innerhalb der Gesellschaft zu sehen: Die Stadt als ‚Lebensraum‘ verändert sich entsprechend der in der Gesellschaft vorherrschenden Leitbilder. Damit ist eine Transformation der Architektur und der Materialität verbunden. Das impliziert, dass sich die Entwicklung hin zu einer *Creative City* (auch) der Architektur bedient, um diese spezifische Identität zu entwickeln und zu bewahren, und dass sich eine solche programmatische Transformation auch auf die Architektur auswirkt.

Die Beispiele haben gezeigt, dass bei einem derartigen Umgang mit Architektur die jeweiligen materiellen Artefakte als Markierungen angesehen werden können, wobei sich die politische Planung nicht zuletzt der ursprünglich von Subkulturen entwickelten Ausdrucksformen wie Graffiti bedient. Sie verdeutlichen zudem, dass sich die unterschiedlichen Kreativitätsverständnisse, die in der Stadtplanung Dublins vorliegen, auch in der Architektur und der visuellen Gestaltung des Viertels widerspiegeln. Diese Spiegelungen wurden nach einem weiteren analytischen Schritt als Markierungen der Kreativität bezeichnet und sind damit Manifestationen der Entwicklungsprozesse der Stadt.
Damit spricht die materielle Gestalt der Stadt, hier mithilfe zweier Stadtviertel exemplarisch dargestellt, die Sprache der Stadtplanung, welche die Stadt Dublin nicht zuletzt unter Rückgriff auf die angeführten Stadtteile als eine kreative konstituieren will. Dazu nutzt sie – im übertragenen Sinn – nicht immer die Worte der Planung, sondern in vielen Fällen eigene, die durch die Geschichte und die Identität des Stadtteils geprägt sind. Daher kann man davon sprechen, dass die Dinge der Stadt Dublin einen ‚Dialekt‘ sprechen, der ihre eigene Geschichte, aber auch die politische Planung der Stadt ausdrückt und reflektiert. Der Begriff des Dialekts trägt zudem der Tatsache Rechnung, dass jeder Stadtteil seine spezifischen Merkmale besitzt, die die Umsetzung der Planungsstrategien beeinflussen und sie verändern. Damit ist die Sprache, die die Dinge der kreativen Stadt Dublin sprechen, ‚dialektal‘ gefärbt – und nicht immer finden die Worte der Planung ihre gewünschten Entsprechungen im Ausdruck der Dinge. Hinzu kommt, dass die Übersetzung in Architektur und räumliche Struktur mit Verschiebungen und Veränderungen einhergeht.[26] Außerdem ist, nimmt man diese Metaphern der Sprache ernst, ein Rezipient nötig. Das heißt, das, was kommuniziert wird, muss auf die eine oder andere Art verstanden werden. Der Komplexität dieser Beziehung von Planung, Materialität und Bewohner/inne/n wird an anderer Stelle auf den Grund zu gehen sein.

Anmerkungen

1   Vgl. dazu Simmel. 2006. Die Großstädte und das Geistesleben.
2   Interessanterweise hat es diese wissenschaftliche Diskussion auch in das Feuilleton geschafft: vgl. dazu z.B. Der Spiegel. 2007. Europas coole Städte.
3   Vgl. dazu Landry. 2000. The Creative City; Landry. 2006. The Art of City Making.
4   Florida. 2005. Cities and the Creative Class, z.B. S. 37f.
5   Scott. 2006. Creative Cities, S. 15 (Übersetzung d. Verf.).
6   Ebd., S. 11, ähnlich argumentiert auch Hospers. 2003. Creative Cities.
7   Heßler. 2007. Die kreative Stadt, z.B. S. 52, 247.
8   So z.B. Jayne. 2004. Culture That Works?; Lange. 2007. Die Räume der Kreativszenen; Currid. 2008. Warhol Economy.
9   Vgl. dazu z.B. Popitz. 2002. Wege der Kreativität; Joas. 2002. Die Kreativität des Handelns; Reckwitz. 2006. Das hybride Subjekt, bes. Kap. 4.
10 Florida. 2004. The Rise of the Creative Class, S. 31 und S. 68f.
11 Ebd., S. 68.
12 Zur Entwicklung Dublins vgl. z.B. Ellis / Kim. 2001. Dublin.
13 Mit politischer Stadtplanung sind die Strategien der unterschiedlichen politischen Verwaltungseinrichtungen gemeint, die auf der Mikroebene für die Stadtentwicklung verantwortlich sind. In Dublin sind dies in erster Linie das Dublin City Council, das Dublin City Development Board und unterschiedliche Planungseinrichtungen auf Stadtteilebene wie die Dublin Docklands Development Authority und der Temple Bar Cultural Trust (welcher sich allerdings in erster Linie mit inhaltlichen und weniger mit planerischen Fragen beschäftigt). Vgl. zu diesem Thema z.B. Streich. 2005. Stadtplanung in der Wissensgesellschaft.
14 Dublin City Council. K. J. City Development Plan 2005-2011, S. 35.
15 Ebd.
16 Vgl. dazu Aufnahmen z.B. aus dem Irish Architectural Archive in Dublin: www.iarc.ie (20.2.2009).
17 Vgl. dazu z.B. die Abbildung in der Rubrik „Dublin Docklands Architecture" auf der Website der Dublin Docklands Development Authority, die die architektonische Erscheinung recht gut wiedergeben.
18 Vgl. dazu z.B. Ibelings. 2003. Supermodernism; Sennott. 2004. Encyclopedia of 20th-Century Architecture, S. 681-685.
19 Vgl. dazu z.B. Jencks. 1988. Architektur heute, bes. S. 50-73.
20 Dublin Docklands Development Authority. Dublin Docklands – Urban Design Guidelines. S. 8.
21 Zum Phänomen der Gentrifizierung vgl. z.B. Lees / Slater / Wyly. 2007. Gentrification.
22 Vgl. den Auftrag der Freebird Records in der Crown Alley, Temple Bar, an den Künstler, zu sehen auf dessen Homepage www.jorgallery.com (25.2.2009)
23 Dublin Docklands Development Authority. Dublin Docklands – Urban Design Guidelines, S. 2.
24 Dabei ist natürlich zu berücksichtigen, dass die Unterscheidung zwischen bemalten Hauswänden und Graffiti eine fließende ist. Beispielhaft kann man das an den Arbeiten des erwähnten Künstlers sehen, der u.a. in Temple Bar arbeitet und dessen Arbeiten diese Bandbreite zeigen: www.jorgallery.com (25.2.2009).
25 Dass eine solche Identität vorliegt und sie nicht zuletzt unter den Stadtbewohner/innen kommuniziert wird, zeigen die Interviews mit Bewohner/inne/n Dublins. Dass Temple Bar auch offiziell als Kulturviertel Dublins gilt, lässt sich u.a. an der Website des Temple Bar Cultural Trust ablesen, auf der sich folgende Rubrik findet: „Temple Bar Cultural Trust – Dublin's Cultural Quarter".
26 Hier kann auch in Richtung der Iteration weitergedacht werden, mit der Jacques Derrida das Phänomen beschreibt, dass Wiederholungen immer mit Verschiebungen der Bedeutung einhergehen. Vgl. Derrida. 1988. Signatur Ereignis Kontext.

Bibliografie

Currid, Elizabeth. 2008. Warhol Economy: How Fashion, Art, & Music Drive New York City. Princeton: Princeton University Press.

Der Spiegel. 2007. Europas Coole Städte. Sonderheft.

Derrida, Jacques. 1988. Signatur Ereignis Kontext, in: Derrida, Jacques. Randgänge der Philosophie. Wien: Passagen. S. 291-314.

Dublin City Council. City Development Plan 2005-2011. http://www.dublincity.ie/Planning/DublinCityDevelopmentPlan/pages/citydevelopmentplan.aspx (4.3.2009).

Dublin Docklands Development Authority. Dublin Docklands – Architecture. http://www.dublindocklands.ie/index.jsp?p=95&n=218 (5.3.2009).

Dublin Docklands Development Authority. Dublin Docklands – Urban Design Guidelines. http://www.dublindocklands.ie/index.jsp?p=97&n=127 (5.3.2009).

Ellis, Geraint / Kim, Jong. 2001. Dublin, in: Cities. Bd. 18, Nr. 5, S. 355-364.

Florida, Richard. 2005. Cities and the Creative Class. New York / London: Routledge.

Florida, Richard. 2004. The Rise of the Creative Class: And How It's Transforming Work, Leisure, Community and Everyday Life. New York: Basic Books.

Heßler, Martina. 2007. Die kreative Stadt: Zur Neuerfindung eines Topos. Bielefeld: Transcript.

Hospers, Gert-Jan. 2003. Creative Cities: Breeding Places in the Knowledge Economy, in: Knowledge, Technology, and Policy. Bd. 16, Nr. 3, S. 143-162.

Ibelings, Hans. 2003. Supermodernism: Architecture in the Age of Globalization: Supermodernism. Rotterdam: NAI Publishers.

Jayne, Mark. 2004. Culture That Works? Creative Industries Development in a Working-Class City, in: Capital & Class. Bd. 84, S. 199-210.

Jencks, Charles. 1988. Architektur heute. Stuttgart: Klett-Cotta.

Joas, Hans. 2002. Die Kreativität des Handelns. Frankfurt a. M.: Suhrkamp.

jor freebird records. http://www.jorgallery.com/freebirdrecords1.html (20.3.2009).

jorgallery. http://www.jorgallery.com/ (20.3.2009).

Landry, Charles. 2000. The Creative City: A Toolkit for Urban Innovators. London / Sterling, VA: Earthscan.

Landry, Charles. 2006. The Art of City Making. London / Sterling, VA: Earthscan.

Lange, Bastian. 2007. Die Räume der Kreativszenen: Culturepreneurs und ihre Orte in Berlin. Bielefeld: Transcript.

Lees, Loretta / Slater, Tom / Wyly, Elvin. 2007. Gentrification. New York: Routledge.

Popitz, Heinrich. 2002. Wege der Kreativität. Tübingen: Mohr Siebeck.

Reckwitz, Andreas. 2006. Das hybride Subjekt. Eine Theorie der Subjektkulturen von der bürgerlichen Moderne zur Postmoderne. Weilerswist: Velbrück.

Scott, Allen J. 2006. Creative Cities: Conceptual Issues and Policy Questions, in: Journal of Urban Affairs. Bd. 28, S. 1-17.

Sennott, R. Stephen (Hg.). 2004. Encyclopedia of 20th-Century Architecture. Bd. 2. New York / London: Fitzroy Dearborn Publ.

Simmel, Georg. 2006. *Die Großstädte und das Geistesleben.* Frankfurt a. M.: Suhrkamp. (1. Aufl. 1903).

Streich, Bernd. 2005. Stadtplanung in der Wissensgesellschaft: Ein Handbuch. Wiesbaden: VS Verlag.

Temple Bar Cultural Trust – Dublin's Cultural Quarter. http://www.templebar.ie/culturalquarter (20.3.2009).

Karoline Noack

Authentizität und Kontextualisierungen

Der Gebrauch von Objekten, ihre Benutzungsspuren und Anwendungskontexte werden in diesem Kapitel auf vielfältige Art und Weise thematisiert. In den Blick geraten Neu- und Re-Kontextualisierungen sowie Umdeutungen und Aneignungen in den Konsumtionsprozessen von Objekten. Objekte bilden Netzwerke. Sie werden zu Medien der Konstruktion von Macht und sozialer Diskurse. Immer entstehen dabei neue Zusammenhänge. Die verschiedenen Kontextualisierungen, die in den folgenden Beiträgen angesprochen werden, stellen das Konzept der Authentizität bzw. einer festen Objektidentität in Frage. Dies geschieht auf mannigfaltige Weise. Zum einen wird das Museum in der Informationsgesellschaft zu einem virtuellen Raum und damit de-materialisiert. Gleichzeitig werden aber auch Objekte als wichtige Medien der Informationsorganisation in die virtuellen Welten hinein geholt. Die Biografie eines Objekts verweist auf die materielle Produktion und auf die Nutzung eines Dings. Sie geht darüber aber auch weit hinaus, denn Verwendung, Wahrnehmung, die Bedeutung, die ,symbolischen Strahlkraft' eines Objekts knüpft an die Lückenhaftigkeit einer solchen Biografie an. Genau dadurch können Dinge, die in einer weit zurückliegenden Vergangenheit produziert und benutzt worden sind, in der Moderne durchaus zu einem Kultobjekt werden. Auch Fälschungen erlangen ein neues Erklärungspotential, geben Sie doch zugleich Aufschluss über die Bedürfnisse, die eine historisch konkrete Gesellschaft an das Museum als politische Institution richtet und damit der ,Illusion von Authentizität' erliegt. Fälschungen zwingen zugleich dazu, nach ihren Kontextualisierungen und Akteuren zu fragen. Materielle Kultur und ihre Akteure erleben ihre Re-Kontextualisierung aber auch durch neue Praktiken, wie sie in dem Konzept der Translokalität zum Ausdruck kommen. Objekte werden zu materiellen Praktiken selbst und zu einem gegenständlichen Ausdruck sich wandelnder Interpretationen der Welt.

Das Spannungsverhältnis von Ding und Information in der Institution Museum, die von Beginn ihres Entstehens an auf Objekte konzentriert war, wird von Werner Schweibenz beleuchtet. Stefanie Samida stellt die „Karriere" der „Himmelsscheibe" von Nebra vor, die sowohl in der Wissenschafts- als auch in der Alltagskultur berühmt geworden ist. Beatrix Hoffmann zeigt auf, in welcher Weise die Identitäten von Objekten in den Museen verhandelt und so zu Medien sozialer Diskurse geworden sind. Die politischen Hintergründe für das fatale Scheitern der Experten beim Ankauf eines sich bald als Fälschung erweisenden Stuckkopfes hinterfragt Maria Gaida. Andrea Blumtritt verknüpft am Beispiel der Opferpraxis der bolivianischen Aymara die materielle Kultur mit indigenen Raumkonzepten in globalen Beziehungen.

Werner Schweibenz

Das Spannungsverhältnis von Ding und Information – Bezüge zwischen Museologie und Informationstheorie

Das Spannungsverhältnis von Ding und Information

Die neuere museologische Theorie und Praxis ist gekennzeichnet durch ein Spannungsverhältnis von Ding und Information, zwei scheinbaren Gegenpolen in der objektorientierten Institution Museum. Dieser Gegensatz ergibt sich aus der künstlichen Unterscheidung der dokumentationswissenschaftlichen Kultureinrichtungen, bei der das Museum als Ort der Dinge angesehen wird, in dem Artefakte und Naturafakte gesammelt werden, während Bibliotheken Informationen in publizierten Dokumenten speichern und Archive schriftliche Nachrichten als Belege für geschichtliche Verhältnisse bewahren, also Mentefakte.[1] Der wesentliche Unterschied besteht darin, dass Artefakte und Naturafakte als stoffliche Medien selbst Träger unmittelbarer Information sind, also nicht vervielfältigt werden können, während Mentefakte ohne Informationsverlust vervielfältigt werden können, weil ihre Bedeutung nicht in ihrer Materialität liegt, sondern in den Informationen, die sie tragen.[2] Diese Unterscheidung hat sich in den 1920er und 1930er Jahren herausgebildet[3] und konnte sich – obwohl sie nicht unwidersprochen blieb – über Jahrzehnte behaupten[4].

Mit der Verbreitung computergestützter Dokumentation und elektronischer Informationsquellen wird die historisch-materiell begründete Trennung zwischen Museen, Archiven und Bibliotheken zunehmend in Frage gestellt und eine Integration der digitalen Bestände dieser Institutionen gefordert.[5] Das bedeutet, dass durch die digitale Verfügbarkeit der Informationsaspekt der Digitalisate in den Vordergrund und der materielle Aspekt der zugrundeliegenden Objekte in den Hintergrund treten. Die Zugriffsmöglichkeit auf die Information über eine virtuelle Gedächtnisinstitution (*memory institution*) im Internet steht aus der Sicht der Nutzer/innen im Zentrum ihres Interesses, während die Frage der Herkunft der Information an Bedeutung verliert.[6] Robert Martin bringt es auf den Punkt, wenn er die Einstellung der Benutzer so beschreibt: „[…] [T]hese new users do not care, and may not even be aware, whether the original materials are in a library or a museum […] "[7]. Dies zeigt, dass sich nicht nur aus der Perspektive der Fachleute, sondern auch aus derjenigen der Benutzer/innen eine Entwicklung vollzieht, die zu einem Zusammenwachsen von Bibliotheken, Archiven und Museen zu einer Institutionen übergreifenden Gedächtnisinstitution im Internet führt.[8]

Die Virtualisierung des Museums und seiner Objekte

Parallel zu der oben dargestellten Entwicklung kommt es zu einer Virtualisierung des Museums in der Informationsgesellschaft. Diese Virtualisierung ist medienbedingt, weil in den digitalen Medien Unterschiede in Format, Kanal und Übertragungstechnik, die im analogen Bereich vorhanden waren, verschwimmen; die Übertragungskanäle sind nicht mehr getrennt, sondern in einem umfassenden Medium gebündelt. Die Folge ist eine zunehmende Ähnlichkeit der Inhalte in der Wahrnehmung: „[...] [E]verything becomes more similar to everything [...]"[9]. Allerdings gibt es Abstufungen, was den Grad der erreichbaren Virtualität betrifft, wie Gernot Wersig ausführt: So könne vielleicht eine Bibliothek virtuell werden, weil ihre Sammlungen nicht aus echten Objekten, sondern aus Zeichen bestünden, das Museum dagegen könne dies nicht, weil es an die Materialität seiner Objekte gebunden sei.[10]

Hier übersieht Wersig jedoch den Zwittercharakter des Museumsobjekts, das zwei Aspekte in sich vereint: den Aspekt als Ding der Sachkultur und den des Informationsträgers. Als Ding der Sachkultur entzieht sich das physische Objekt zwar der Virtualisierung, aber seine Informationseigenschaften, welche die Musealie nach Friedrich Waidacher mit einer Archivalie, einem Buch, einer Bild- oder Tonaufnahme gemeinsam hat[11], lassen sich sehr wohl digitalisieren und in den virtuellen Raum des Internets übertragen. Diese Informationsdimension des Objekts, wie es Suzanne Keene nennt[12], wird durch die Möglichkeiten der digitalen Verknüpfung genau so wichtig wie die physische Dimension des Objekts, denn sie erlaubt die Schaffung von Kontext in einer Weise, wie es bisher nicht möglich war[13]. Aus der Objektinformation, den Kontextinformationen, digitalen Surrogaten und Forschungsmaterialien zu den einzelnen Objekten entstehen digitale Sammlungen, die ein Gegenstück zu den physischen Sammlungen bilden und aus Museen Informationsanbieter machen.[14] Damit erhält die Museumsinformation, die auch im traditionellen Museum vorhanden – aber nur schwer handhabbar – war, bedingt durch ihre digitale Verfügbarkeit und Zugänglichkeit, einen neuen Stellenwert. Diese Umwertung spielt auch in der Diskussion um das Verhältnis von Museumsobjekt und Museumsinformation eine Rolle.

Der Paradigmenwechsel vom Museumsobjekt zur Museumsinformation

Die Diskussion um das Verhältnis von Museumsobjekt und Museumsinformation wurde nicht durch die Virtualisierung des Museums und die Digitalisierung seiner Objekte und Informationen angestoßen. Vielmehr lässt sich bereits seit den 1980er Jahren in der englischsprachigen Museologie ein Paradigmenwechsel vom Museumsobjekt zur Museumsinformation nachweisen.[15] Wie es für einen solchen Paradigmenwechsel als Wandel eingeführter Prinzipien und Denkmuster einer Disziplin typisch ist, vollzieht er sich schrittweise und über einen längeren Zeitraum hinweg.[16]

Von zentraler Bedeutung ist dabei die Diskussion, ob Museumsobjekt und Museumsinformation gleichberechtigt und gleichwertig sind oder ob die Information über das Objekt höher zu bewerten sei als das Objekt, auf das sie sich beziehe. Im Rahmen dieser

Diskussion zeichnet sich ab, dass das Objekt mehr und mehr seine Bedeutung verliert zu Gunsten der Idee, für die es steht, und zu Gunsten der Information, die es vermittelt. Deshalb spricht Friedrich Waidacher von einer Tendenz zur Konzeptionalisierung im Museum und einer Konzentration auf die Idee, die dem Objekt zugrunde liegt.[17] Mit der Fokussierung auf die Idee gewinnt die Vermittlung an Bedeutung. Dabei rücken die Besucher/innen in den Mittelpunkt des Vermittlungsinteresses und besonders die Museumserfahrung, die sie beim Besuch machen. Die individuelle Museumserfahrung wird zunehmend wichtiger – wichtiger als das materielle Objekt selbst, denn die Museumserfahrung kann durch verschiedene Werkzeuge ausgelöst werden, die nicht alle echt oder materiell sein müssen. Damit ist das Objekt nur eines unter vielen Instrumenten der Vermittlung.[18]

Sowohl in der theoretischen Museologie als auch in der Vermittlungspraxis im traditionellen und im virtuellen Museum im Internet lässt sich also dieser Paradigmenwechsel vom Museumsobjekt zur Museumsinformation nachweisen.[19] Während sich in der Museologie ein Trend hin zur Informationsdimension des Objekts vollzieht, lässt sich in der Informationstheorie eine quasi gegenläufige Entwicklung beobachten, bei der Information als Ding betrachtet wird.

‚Information als Ding' in der Informationstheorie

Wie bereits ausgeführt, gab es in den 1920er und 1930er Jahren in der Dokumentationswissenschaft eine kontroverse Diskussion darüber, was als Informationsobjekt anzusehen sei. Dabei spielten die so genannten „Objekte des Monsieur Otlet und die Antilopen der Madame Briet" eine zentrale Rolle. Der Ansatz von Paul Otlet und Suzanne Briet konnte sich in der vorherrschenden Dokumentationslehre zwar nicht durchsetzen, aber ihre Ideen und Konzepte wurden mit der Verbreitung von multimedialen Objekten wieder aktuell und von Michael Buckland in ein informationstheoretisches Modell überführt, in dessen Zentrum die Idee von Information als Ding steht. Diese Theorie und ihre Grundlagen werden nun dargestellt.

Im Gegensatz zu den traditionell orientierten Bibliothekaren und Archivaren der 1930er Jahre vertraten Otlet und Briet die Auffassung, dass Dokumente im dokumentarischen Sinne mehr seien als Textdokumente.[20] Otlet betrachtete auch natürliche und künstlich geschaffene Objekte als Dokumente, wenn der/die Betrachter/in durch sie informiert würde. Diese Auffassung vertrat auch Briet. Sie beschrieb am Beispiel von Antilopen in einem Zoo, wie ein Objekt, das aus seiner natürlichen Umgebung genommen und in eine andere Umgebung versetzt wird, zu einem Dokument werden kann. Die Antilopen sind nach Briet Dokumente erster Ordnung und zoologische Artikel über sie – da von ihnen abgeleitet – Dokumente zweiter Ordnung. Eine analoge Auffassung vertrat Briet auch 1933 in einem Bericht an die Terminologiekommission des Internationalen Instituts für Dokumentation, in dem sie Museumsobjekte als Dokumente bezeichnete. Allerdings setzte sich diese Sichtweise in der Informationstheorie nicht durch, stattdessen wurde der Fokus der praktischen Dokumentationsarbeit auf Textdokumente gelegt. Dieser textorientierte Ansatz war durchaus berechtigt, solange das Auffinden von Informationen (*retrieval*) aus Texten im Mittelpunkt stand. Mit dem Aufkommen von Hypermedia als Kombination von Text, Ton, Bild und bewegtem Bild haben sich jedoch die Anforderungen an das ‚Information Retrieval‘ verändert. Mit den neuen Formen der digitalen Repräsentation von Wissen entstand das Bedürfnis nach „Information Retrieval von mehr als Text"[21]. Deshalb propagiert Buckland eine Erweiterung des traditionellen Dokumentenbegriffs um ein Konzept, das er ‚Information als Ding‘ nennt. Bucklands Forderung gewinnt durch die Diskussion um die Definition des digitalen Objekts als solches sowie im Kontext des *World Wide Webs* und seiner Archivierung aktuelle Bedeutung, denn eine Web-Seite ist keineswegs eine einfache Textseite, sondern ein multimediales Konstrukt mit Verknüpfungen. So besteht eine durchschnittliche Web-Seite aus fünf Quellobjekten (zum Beispiel Text, Ton, Bild) und 15 Hyperlinks[22].

Ausgangspunkt von Bucklands Überlegungen ist die Frage, wie der Begriff Information gebraucht wird. Dabei stellt er fest, dass eben der Terminus, der für die Verringerung von Unwissen und Unsicherheit steht, selbst mehrdeutig ist und der Präzisierung bedarf. Deshalb schlägt Buckland drei mögliche Verwendungsweisen vor[23]: Erstens ‚Information als Prozess‘ (*information-as-process*): Diese Kategorie bezieht sich auf den Vorgang, in dem eine Person informiert wird und das, was sie weiß, verändert wird. Information ist der Akt des Informierens, die Kommunikation von Wissen oder Nachrichten über Tatsachen.

Zweitens ‚Information als Wissen‘ (*information-as-knowledge*): Dieser Aspekt bezeichnet das, was während des Informationsprozesses wahrgenommen wird. Information ist das Wissen, das über Tatsachen, Themen oder Ereignisse kommuniziert wird.

Drittens ‚Information als Ding‘ (*information-as-thing*): Diese Perspektive bezieht sich auf Objekte, beispielsweise Daten oder Dokumente, die als Information bezeichnet werden, weil sie als informativ betrachtet werden. Information ist eine Eigenschaft dieser Objekte.

Die dritte Verwendungsmöglichkeit ist im Museumskontext besonders interessant, weil sie den üblicherweise immateriellen Begriff der Information um einen physisch-materiellen Aspekt erweitert. Wissen ist grundsätzlich nicht greifbar, sondern immateriell, wie Buckland betont, denn Wissen, Glauben und Meinen sind subjektiver und begrifflicher Natur. Aber um sie zu kommunizieren, müssen sie ausgedrückt oder in einer physischen Art und Weise repräsentiert werden. Eine solche physische Repräsentation nennt Buckland ‚Information als Ding‘: „If you can touch it or measure it directly, it is not knowledge, but must be some physical thing, possibly information-as-thing."[24] Buckland geht davon aus, dass jede Repräsentation von Wissen notwendigerweise in eine greifbare, materielle Form überführt wird, beispielsweise in die Form eines Zeichens, eines Signals, eines Datums oder eines Textes, und auf diese Weise zwangsläufig zu ‚Information als Ding‘ wird. Immer wenn die Absicht besteht, eine Person zu informieren (‚Information als Prozess‘) und dieser Vorgang Wissen einbezieht (‚Information als Wissen‘), dann wird zu diesem Zweck physische Information (‚Information als Ding‘) eingesetzt, und diese physische Information wirkt auf diese Person ein.

Um herauszufinden, was informativ ist, schlägt Buckland eine umgekehrte Annäherung an den Begriff ‚Information‘ vor, nämlich durch die Betrachtung von ‚Information als Beleg‘ (*information-as-evidence*).[25] Diesem Ansatz liegt die Überlegung zugrunde, dass Wissen über verschiedene Medien transportiert werden kann, beispielsweise über Enzyklopädien, Texte, Fotografien, um nur einige zu nennen. Unabhängig vom Medium erscheint es deshalb als angemessen, ‚Information als Ding' als einen Beleg zu betrachten, der mit dem Vorgang des Verstehens verbunden ist und der, wenn er richtig verwendet wird, das Wissen einer Person verändert. Dieser Beleg selbst ist passiv, während die Person, die sich damit befasst, aktiv ist, indem sie ihn untersucht, beschreibt oder kategorisiert. Folglich kann ein Vermittlungsgegenstand, der nicht die Eigenschaften eines Belegs hat, schwerlich als Information angesehen werden. Wenn also ein solches Objekt einen Informationswert besitzt, dann liegt es nahe, dass es auch einen Nachweiswert für etwas hat und damit ‚Information als Beleg' und somit ‚Information als Ding' ist. Als Beispiel hierfür zieht Buckland das Museumsobjekt heran, das als authentischer Beleg für eine Tatsache der Natur oder Gesellschaft steht.

Während Buckland den Charakter von ‚Information als Ding' herausarbeitet, betont er aber auch den Informationscharakter solcher Objekte: „[…] [O]bjects that are not documents in the normal sense of being texts can nevertheless be information resources, information-as-thing. Objects are collected, stored, retrieved, and examined as information, as a basis for becoming informed"[26]. Denn Objekte sind, wie Buckland weiter ausführt, nicht zwangsläufig Belege für etwas, sondern werden dazu, indem sie für Informationszwecke bearbeitet und aufbereitet werden. Diese Sichtweise Bucklands deckt sich mit der museologischen Sichtweise bezüglich des Vorgangs der Musealisierung von Objekten nach Friedrich Waidacher[27]. Damit erweitert Bucklands Konzept von ‚Information als Ding' den traditionellen Informationsbegriff um einen wesentlichen Aspekt, der zentral für die Museologie ist. Zugleich zeigt er damit den materiellen Aspekt und den Informationsaspekt von dokumentarischen Sammlungen auf. Als Konsequenz aus der Tatsache, dass nicht alle Arten von informativen Objekten oder Ereignissen gesammelt, gespeichert und wiederaufgefunden werden können, schlägt Buckland vor, für Objekte, die an ihren ursprünglichen Orten verbleiben, digitale Repräsentationen in Form einer Beschreibung anzufertigen, die eine virtuelle Sammlung (*virtual collection*) dieser Objekte bilden. Aus dieser konzeptuellen Erweiterung ergeben sich die digitalen Sammlungen als Erweiterung der physischen Sammlungen des Museums, wie sie von Suzanne Keene und Harald Krämer beschrieben werden. Deshalb stellt sich die Frage, ob die eingangs vorgestellte Klassifizierung der dokumentarischen Objekte nicht um die Gruppe der Digitalisate erweitert werden müsste.

Von ‚Artefakten, Naturafakten und Mentefakten' zu ‚Digitalifakten'?

Wie eingangs dargestellt, unterscheiden sowohl die museologische als auch die dokumentarische Theorie und Praxis zwischen Artefakten, Naturafakten und Mentefakten. Dabei ist zu berücksichtigen, dass die Grundlage hierfür in der „Materialfixiertheit traditioneller Unterscheidungstheorien zwischen den Dokumentationsbereichen"[28] liegt und damit als rein stofflich orientierte Unterscheidung zu kurz greift. Denn diese Dokumente können für mehr als einen Dokumentationsbereich von Wert sein und für alle drei Dokumentationsbereiche mehr oder weniger ausgeprägte Nutzungsmöglichkeiten aufweisen[29]. Daraus leitet sich die Forderung ab, dass diese Dokumente dorthin gelangen sollten, wo sie den größten gesellschaftlichen Nutzen stiften, was allerdings durch den Unikatcharakter vieler Objekte verhindert wird. Mit der Verfügbarkeit digitaler Surrogate der Objekte und digitaler Informationen zu den Objekten, die beide ohne Qualitätsverlust beliebig vervielfältigt und auf verschiedene Orte verteilt werden können, wird das Problem der Zuordnung von Objekten zu einzelnen Dokumentationsbereichen gelöst und der Aufbau einer die drei Dokumentationsbereiche Bibliothek, Archiv und Museum übergreifenden Gedächtnisinstitution im Internet möglich.

Digitale Surrogate und die zugehörigen digitalen Informationen sind keine physische Repräsentation von Information, weil sie üblicherweise elektronisch und nicht materiell vorhanden sind. Nichtsdestoweniger sind sie auch in ihrer digitalen Form und entsprechend Bucklands Informationsbegriff ‚Information als Ding‘, weil sie informierend wirken können und damit ein Ausdruck von Information sind. Denn wenn eine Person informiert werden soll (‚Information als Prozess‘ nach Buckland) und dieser Vorgang Wissen einbezieht (‚Information als Wissen‘ nach Buckland), kann zu diesem Zweck nicht nur physische Information, sondern auch digitale Information eingesetzt werden. Folgt man dieser Argumentation, so muss die eingangs vorgestellte Klassifizierung der dokumentarischen Objekte in ‚Artefakte, Naturafakte und Mentefakte‘ um die Gruppe der ‚Digitalifakte‘ erweitert werden. Dabei ist zu beachten, dass Digitalisate und die zugehörige Information – obwohl Abbilder analoger Vorbilder – unabhängig von den originalen Objekten als eine Form mit eigener Existenzberechtigung gleichberechtigt mit den physischen Objekten sind. Denn so wie Objekte daraufhin untersucht werden müssen, ob „sie Objekte einer kulturellen Wahrnehmung und somit überhaupt des Aufhebens würdig sind“[30], müssen analog auch Digitalifakte bewertet werden. In der Konsequenz erfordern sie eine Bewahrungsinstitution eigener Art und eigenen Rechts, die bereits genannte digitale Gedächtnisinstitution im Internet.

Zusammenfassung

Mit der Entwicklung von Gedächtnisinstitutionen im deutschsprachigen Internet, wie BAM, dem gemeinsamen Portal zu Bibliotheken, Archiven, Museen, wird die Diskussion um den Paradigmenwechsel vom Museumsobjekt zur Museumsinformation aktualisiert. Dabei wird auch das Verhältnis von Museum und Internet bzw. der Übergang vom traditionellen zum virtuellen Museum diskutiert, wobei diese Diskussion durch die museologische und informationswissenschaftliche Literatur wesentliche Impulse erfährt, insbesondere was das Spannungsverhältnis von Ding und Information betrifft. Teil der Diskussion ist die in Museumskreisen weit verbreitete Furcht, dass sowohl das Museumsobjekt als auch das Museum durch die Virtualisierung in der Informationsgesellschaft ihre Bedeutung verlieren könnten. Diese Befürchtung scheint jedoch unbegründet, vor allem wenn man Gernot Wersigs These vom Museum als *countermedium*[31] zu den Virtualisierungstendenzen der Informationsgesellschaft betrachtet. Wersig weist dem Museum die Funktion als Gegenpart zu den postmodernen Medien zu, weil es durch die physische Präsenz seiner Objekte der zunehmenden Virtualisierung der Erlebniswelt in der Informationsgesellschaft entgegen wirkt und durch die physische Präsenz der Museumsobjekte die Möglichkeit der unmittelbaren Erfahrung erlaubt.

Anmerkungen

1 Waidacher. 1993. Handbuch Museologie, 286; Maroevic. 1998. Introduction to Museology, S. 103f.
2 Waidacher. 1996. Vom redlichen Umgang mit Dingen.
3 Leonhardt. 1989. Bibliotheks-, was Archiv- und Museumsgut, S. 213.
4 Ebd., S. 217; Rogalla. 1975. Archiv, Bibliothek und Museum als Dokumentationsbereiche, S. 93.
5 Rayward. 1998. Electronic Information, S. 207f.
6 Hedegaard. 2003. Benefits of Archives, Libraries and Museums, S. 2.
7 Martin. 2003. Cooperation and Change, S. 4.
8 Dempsey. 2000. Scientific, Industrial, and Cultural Heritage.
9 Wersig. 1996. The Information Service of the 21st Century.
10 Wersig. 1998. Museums for Far Away Publics, S. 12.
11 Waidacher. 1993. Handbuch Museologie, S. 169.
12 Keene. 1997. Becoming Digital, S. 301.
13 Keene. 1998. Digital Collections, S. 23.
14 Ebd., S. 25f.
15 Orna & Pettitt. 1980. Information Handling in Museums; Washburn. 1984. Collecting Information, Not Objects, S. 14f; MacDonald / Alsford. 1991. The Museum as Information Utility, S. 306; Hooper-Greenhill. 1992. Museums and the Shaping of Knowledge, S. 208.
16 Kuhn. 1973. Die Struktur wissenschaftlicher Revolutionen.
17 Waidacher. 1993. Handbuch Museologie, S. 24.
18 Hein. 2000. The Museum in Transition, S. 5, 7f.
19 Schweibenz. 2008. Vom traditionellen zum virtuellen Museum, S. 21-23.
20 Buckland. 1991. Information Retrieval of More Than Text, S. 586f.
21 Ebd., S. 588.
22 Lyman. 2002. Archiving the World Wide Web.
23 Buckland. 1991. Information as Thing, S. 351.
24 Ebd., S. 352.
25 Ebd., S. 353.
26 Ebd., S. 354.
27 Waidacher. 1993. Handbuch Museologie, S. 151.
28 Leonhardt. 1989. Bibliotheks-, was Archiv- und Museumsgut, S. 217.
29 Leonhardt. 1989. Was ist Bibliotheks-, was Archiv- und Museumsgut?, S. 220f.
30 Korff. 2005. Betörung durch Reflexion, S. 96.
31 Wersig. 1997. Museums and ‚Information Society'.

Bibliografie

BAM – gemeinsames Portal zu Bibliotheken, Archiven, Museen. http://www.bam-portal.de (26.1.2009).
Buckland, Michael K. 1991. Information as Thing, in: Journal of the American Society for Information Science. Bd. 42, Heft 5, S. 351-360.
Buckland, Michael K. 1991. Information Retrieval of More Than Text, in: Journal of the American Society for Information Science. Bd. 42, Heft 8, S. 586-588.
Dempsey, Lorcan. 2000. Scientific, Industrial, and Cultural Heritage. A Shared Approach: A Research Framework for Digital Libraries, Museums and Archives, in: Ariadne. Bd. 22. http://www.ariadne.ac.uk/issue22/dempsey/ (26.1.2009).
Hedegaard, Ruth. 2003. Benefits of Archives, Libraries and Museums Working Together, in: Access Point Library: Media – Information – Culture. Proceedings of the World Library and

Information Congress: 69th IFLA General Conference and Council in Berlin, Germany, August 1-9, 2003. http://www.ifla.org/IV/ifla69/papers/051e-Hedegaard.pdf (26.1.2009).

Hein, Hilde S. 2000. The Museum in Transition. A Philosophical Perspective. Washington, DC: The Smithsonian Institution Press.

Hooper-Greenhill, Eilean. 1992. Museums and the Shaping of Knowledge. The Heritage: Care – Preservation – Management. London: Routledge.

Keene, Suzanne. 1997. Becoming Digital, in: Museum Management and Curatorship. Bd. 15, Heft 3, S. 299-313.

Keene, Suzanne. 1998. Digital Collections. Museums and the Information Age. Oxford: Butterworth-Heinemann.

Korff, Gottfried. 2005. Betörung durch Reflexion. Sechs um Exkurse ergänzte Bemerkungen zur epistemischen Anordnung von Dingen, in: Heesen, Anke te / Lutz, Petra (Hg.). Dingwelten. Museum als Erkenntnisort. Wien: Böhlau. S. 89-107.

Krämer, Harald. 2001. Museumsinformatik und digitale Sammlung. Wien: WUV.

Kuhn, Thomas S. 1973. Die Struktur wissenschaftlicher Revolutionen. Frankfurt a. M.: Suhrkamp.

Leonhardt, Holm A. 1989. Was ist Bibliotheks-, was Archiv- und Museumsgut? Ein Beitrag zur Kategorisierung von Dokumentationsgut und -institutionen, in: Der Archivar. Bd. 42, Heft 2, S. 213-224.

Lyman, Peter. 2002. Archiving the World Wide Web, in: Council on Library and Information Resources (CLIR). Building a National Strategy for Preservation. Issues in Digital Media Archiving. (CLIR Report 106). Washington, D.C.: Council on Library and Information Resources. S. 38-51. http://www.clir.org/pubs/reports/pub106/web.html (26.1.2009).

MacDonald, George / Alsford, Stephen. 1991. The Museum as Information Utility, in: Museum Management and Curatorship. Bd. 10, S. 305-311.

Maroevic, Ivo. 1998. Introduction to Museology – The European Approach. München: Verlag Dr. Christian Müller-Straten.

Martin, Robert S. 2003. Cooperation and Change. Archives, Libraries and Museums in the United States, in: Access Point Library: Media – Information – Culture. Proceedings of the World Library and Information Congress: 69th IFLA General Conference and Council in Berlin, Germany, August 1-9, 2003. S. 1-10.

Orna, Elizabeth / Pettitt, Charles. 1980. Information Handling in Museums. London: K. G. Saur.

Rayward, W. Boyd. 1998. Electronic Information and the Functional Integration of Libraries, Museums, and Archives, in: Higgs, Edward (Hg.). History and Electronic Artefacts. Oxford: Clarendon Press. S. 207-225.

Rogalla von Bieberstein, Johannes. 1975. Archiv, Bibliothek und Museum als Dokumentationsbereiche. Einheit und gegenseitige Abgrenzung. (Bibliothekspraxis. Bd. 16). Pullach bei München: Verlag Dokumentation.

Schweibenz, Werner. 2008. Vom traditionellen zum virtuellen Museum. Die Erweiterung des Museums in den digitalen Raum des Internets. (DGI-Schrift Informationswissenschaft. Bd. 11) Frankfurt a. M.: Deutsche Gesellschaft für Informationswissenschaft und -praxis.

Washburn, Wilcomb E. 1984. Collecting Information, Not Objects, in: Museum News. Bd. 62, S. 5-15.

Waidacher, Friedrich. 1993. Handbuch der Allgemeinen Museologie. Wien: Böhlau.

Waidacher, Friedrich. 1996. Vom redlichen Umgang mit Dingen: Sammlungsmanagement im System musealer Aufgaben und Ziele. Vortrag auf dem Workshop zum Sammlungsmanagement Berlin, Institut für Museumskunde, 29.10.1996. http://www.dhm.de/~roehrig/demuseum/texte/dinge.htm (26.1.2009).

Wersig, Gernot. 1996. The Information Service of the 21st Century. Paper presented at SungKyunKwan University, Seoul, Korea, Sept. 10,1996. http://www.kommwiss.fu-berlin.de/439.html (21.4.2007).

Wersig, Gernot. 1997. Museums and ‚Information Society'. Paper presented at ictop '97 „Innovation in Media and Organizational Changes in Museums", Fachhochschule für Technik und Wirtschaft, Berlin, 22.9.97. http://www.kommwiss.fuberlin.de/444.html (21.4.2007).

Wersig, Gernot. 1998. Museums for Far Away Publics: Frameworks for a New Situation, in: Schuck-Wersig, Petra / Wersig, Gernot / Prehn, Andrea. 1998. Multimedia-Anwendungen in Museen. (Mitteilungen und Berichte aus dem Institut für Museumskunde, Staatliche Museen zu Berlin – Preußischer Kulturbesitz. Heft 13). Berlin: Institut für Museumskunde. S. 10-18.

Stefanie Samida

‚Objekte der Begierde': archäologische Dinge zwischen Forschung und Kommerzialisierung[1]

Nachdem das Interesse an den ‚Dingen' im Forschungsalltag viele Jahre eher gering war, erlebt es nunmehr eine Renaissance. Und es ist zu erwarten, dass dieses Forschungsfeld auch in Zukunft weiter intensiv bearbeitet wird. Im September 2008 fand in München eine Tagung zum Thema „‚Schläft ein Lied in allen Dingen ...' – Romantische Dingkulturen in Text und Bild" statt. Sie wurde von zwei Institutionen ausgerichtet, die man nicht unbedingt mit der Ding- oder Sachkulturforschung assoziieren würde: dem Sonderforschungsbereich „Erinnerungskulturen" der Universität Gießen sowie der „Stiftung für Romantikforschung" in Starnberg. Die Beschäftigung mit den Dingen nimmt also nicht nur zu, sondern dehnt sich auf immer mehr Fächer aus. Auch die Idee für die Tagung, die diesem Sammelband zugrunde liegt, ist auf die ‚Wiederentdeckung' der ‚materiellen Kultur' zurückzuführen. Möglicherweise wird man daher dereinst – in einer Rückschau auf den Beginn des 21. Jahrhunderts – von einer weiteren ‚Wende' oder einem neuen ‚turn' sprechen. Momentan scheint es mir aber noch zu früh, den ‚material turn' oder die ‚materielle Wende' auszurufen – von einem Paradigmenwechsel sind wir, zumindest in Deutschland – doch noch ein ganzes Stück entfernt.[2]

Unter den Oberbegriff „Archäologie" fasst man gewöhnlich verschiedene archäologische Einzelfächer mit ganz unterschiedlichem regionalen oder zeitlichen Forschungsschwerpunkt zusammen. So ist etwa zwischen Prähistorischer, Klassischer und Biblischer Archäologie – um nur drei Fächer anzuführen – zu unterscheiden. Was alle Archäologien – neben ihrem Selbstverständnis als historische Wissenschaften – eint, sind ihre Quellen: Es handelt sich dabei ausnahmslos um materielle Hinterlassenschaften vergangener Zeiten.[3] Als archäologische Objekte finden sie Eingang in das ‚Hier und Jetzt'. Die Aufmerksamkeit, die ihnen sowohl durch Wissenschaftler/innen als auch durch die Öffentlichkeit entgegengebracht wird, ist allerdings recht unterschiedlich.

Im Folgenden möchte ich exemplarisch die ambivalente Situation einer archäologischen ‚Dingkarriere' vorstellen. Dazu eignet sich die „Himmelsscheibe" von Nebra besonders gut; sie ist nicht nur in der Wissenschafts-, sondern auch in der Alltagskultur präsent – jedoch mit jeweils unterschiedlicher Bedeutung. Als ‚Objekt der Begierde' ist sie einerseits klassisches Forschungsobjekt, andererseits genießt sie derzeit auch außerhalb der Wissenschaft wie kaum ein anderer archäologischer Fund hohe Aufmerksamkeit.

Bevor ich mich jedoch mit der „Himmelsscheibe" beschäftige, erscheint es mir notwendig, in gebührender Kürze ein paar grundlegende Gedanken zum Konzept ‚Objektbiografie' voranzustellen. Erst danach werde ich mich mit meinem eigentlichen ‚Objekt der Begierde' – der „Himmelsscheibe" von Nebra – beschäftigen; dazu wird ihre ‚Biografie' bzw. ‚Karriere' nachgezeichnet. Die objektbiografische Analyse soll verdeutlichen, welche „Bedeutungsmetamorphose"[4] sie seit ihrer Herstellung durchgemacht hat. Reproduktion und Kommerzialisierung spielen in diesem Zusammenhang als vorerst letzte biografische Etappe eine wichtige Rolle.

Objektbiografien oder Lebensgeschichten von Objekten

Ein Konzept, wie wir der ursprünglichen Bedeutung von Dingen näher kommen können, ist die ‚Objektbiografie'. Ähnlich wie Menschen besitzen auch Dinge eine individuelle Geschichte. Sie existieren, abhängig von ihrer Beschaffenheit, nur kurz – manchmal wenige Tage oder Stunden – oder auch sehr lange, bisweilen Jahrtausende oder Jahrmillionen. Unter der Bezeichnung „Objektbiografie" oder „Lebensgeschichte von Objekten" versteht man also gewöhnlich die Lebensspanne eines Dings, d.h. die Zeit von seiner Herstellung bis zum Ende seiner Nutzung einschließlich der verschiedenen Positionen, die das Objekt im Zuge seiner ‚Geschichte' einnimmt.[5] Ein solches Verständnis greift aus meiner Sicht allerdings zu kurz. Weder beginnt die Biografie eines Dings erst mit seiner Herstellung, noch endet sie zwangsläufig mit der Phase des Nichtgebrauchs, des Wegwerfens oder intentionalen Zerstörens. Beginn und Ende eines Objekts sind relativ offen. Denn schon mit der Idee zur Herstellung beginnt sein eigentliches ‚Leben' und je nach Objekt kann es vorkommen, dass es beträchtliche Zeitspannen überdauert und als Reproduktion theoretisch sogar quasi ins Unendliche hinein fortbestehen kann (*Abb. 1*).

Die Biografie eines Objekts ist somit nur selten abgeschlossen. An Dingen, die ins Museum gelangen, lässt sich das am besten veranschaulichen – sie besitzen nämlich eine von der Dingbiografie „abweichende Biografie".[6] Um Objekte zu bewahren, nehmen Museen konservatorische Maßnahmen vor und verlängern damit die „Normalbiografie"[7] der Dinge. Anstelle von Alterung und Verfall tritt, so Hilke Doering und Stefan Hirschauer, eine „Fixierung des Ist-Zustandes, eine Art ewiger Jugend"[8].

Wenn wir auch das Ende eines Objekts nicht zu fassen vermögen, so können wir doch Kontextänderungen und „Bedeutungsmetamorphosen" feststellen, die es während seiner Lebensspanne durchläuft.[9] Gewiss ist auch hier wieder eine Einschränkung nötig, da wir in der Regel nicht alle Bedeutungen und damit nicht alle Metamorphosen erschließen können. Objektbiografien sind daher in vielen Fällen notgedrungen lückenhaft. Dies gilt vor allem für archäologische Objekte; zu einer lückenlosen Biographie wird man hier kaum gelangen, da wir den Kontext in vielen Fällen nur schwer rekonstruieren und damit auch die Bedeutung nicht mehr erschließen können.

Die wohl einfachste festzustellende Änderung des Kontexts ist die Musealisierung. Dadurch wird den Dingen nicht nur ihr ehemaliger Gebrauchs- und Tauschwert entzogen – sie werden in dieser Hinsicht ‚nutzlos' gemacht –, sondern es ändert sich auch ihre Umgebung und, wie schon angesprochen wurde, ihre ‚Lebensspanne'.[10] Als Semiophoren, die sie waren und sind, existieren sie weiter, ihr symbolischer Wert bleibt bestehen. Bisweilen erfahren sie durch ihre Musealisierung auch einen Bedeutungszuwachs. Das betrifft nicht nur außergewöhnliche Objekte, sondern auch ‚einfache', alltägliche Dinge.

Ein weiterer Aspekt ist der, dass die Lebensgeschichte von Dingen, wie es Hahn formuliert, „nicht linear mit der Zunahme oder dem Verlust von Wert oder Bedeutung"[11] verknüpft werden kann.[12]

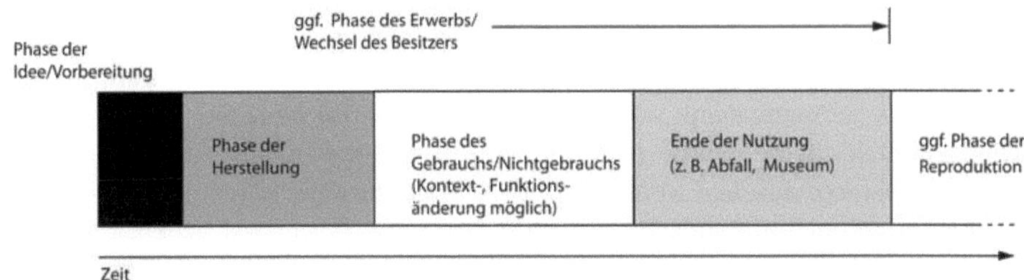

Abb. 1:   ,Lebensspanne' von Objekten

Da Dinge unsere Kultur gestalten und Menschsein ohne Dinge nicht denkbar ist, wie Hermann Heidrich es ausgedrückt hat[13], ist auch klar, dass Menschen und Dinge durch ihre Lebensgeschichte miteinander verbunden sind. Dinge – ob neu oder alt – sind unsere ständigen Begleiter, sie umgeben uns überall.[14] Die Erschließung einer Objektbiografie lasse daher immer auch Rückschlüsse auf den/die Hersteller/in und den/die Besitzer/in eines Dings zu. Aus Objektbiografien könne man im idealen Fall also Personenbiografien ablesen.[15]

Die Fragen, die wir bei einer Objektbiografie an den Gegenstand zu stellen haben, unterscheiden sich oft nicht von Fragen, die wir auch einem Menschen stellen würden[16], zum Beispiel: Wo kommt es her? Wie alt ist es? Wer hat es hergestellt? Andere Fragen machen deutlich, wie eng Mensch und Ding miteinander verwoben sind, etwa wenn wir fragen: Hat sich die Verwendung des Objekts mit der Zeit verändert? Was änderte sich, als es nicht mehr gebraucht wurde?

Mit der Objektbiografie besitzen wir ein Mittel, mit dem wir Gegenstände und ihre Eigenarten beschreiben können (zum Beispiel Stoff, Gestalt, Alter, Abnutzung), aber auch ihre Verwendung, Wahrnehmung und Bedeutung in den verschiedenen Phasen ihres Daseins.[17] Allerdings dürfen weder nur das Stoffliche oder Materielle noch die Bedeutung oder die Bedeutungen allein untersucht werden, vielmehr gehört beides – das ist bekanntlich keine neue Einsicht – zusammen.

,Objekt der Begierde': eine archäologische ,Dingkarriere'

Es gibt Dinge, die nie oder nur selten, und solche, die immer wieder ausgestellt werden bzw. die man der Öffentlichkeit einfach präsentieren muss.[18] Die auf dem Mittelberg bei Nebra in Sachsen-Anhalt entdeckte „Himmelsscheibe" ist ein solches Objekt. Nur wenige archäologische Funde haben in den letzten 100 Jahren eine so hohe wissenschaftliche, mediale und öffentliche Aufmerksamkeit erfahren wie die Bronzescheibe aus Mitteldeutschland. Sie ist ein klassisches ,Objekt der Begierde'.

Um zu verstehen, wie es dazu kam, möchte ich im Folgenden die Biografie der „Himmelsscheibe" von Nebra nachzeichnen. Ich hoffe, zeigen zu können, dass ein Objekt, selbst wenn es in seiner äußeren Form gleich zu bleiben scheint, durch den „Transfer in einen neuen kulturellen Zusammenhang, der zugleich ein neuer sozialer Handlungsrahmen ist, in etwas anderes transformiert"[19] wird. Da ich hier nicht auf gewiss diskussionswürdige archäologische Details zur Echtheit und zum Alter der Scheibe eingehen kann[20], setzen wir der Einfachheit halber einmal voraus, dass unser Objekt um 2000 v. Chr. – in der Frühen Bronzezeit – hergestellt wurde und dann etwa um 1600 v. Chr. in die Erde gelangte; damit wäre die Scheibe rund 4.000 Jahre alt.

Die „Himmelsscheibe" wurde 1999 von zwei illegal arbeitenden Sondengängern, die mit Metalldetektoren auf dem Mittelberg bei Nebra unterwegs waren, entdeckt. Angeblich war sie zusammen mit anderen Funden – zwei Schwertern, zwei Beilen, einem Meißel sowie Bruchstücken von Armspiralen – vergesellschaftet. Die beiden ‚Raubgräber' – so die zu Recht pejorative Bezeichnung für solche Leute in der Archäologie – verkauften die Objekte nur kurze Zeit später für 31.000 DM weiter. Noch im selben Jahr wurde die Scheibe einem Berliner Museum für eine Million DM zum Kauf angeboten. Der Berliner Museumsdirektor lehnte den Ankauf aus rechtlichen Gründen ab. Daraufhin wurde das Ensemble für 200.000 DM an einen Sammler veräußert. Drei Jahre lang gab es keine Spur über den Verbleib der Objekte, erst 2001 konnte der Besitzer ausfindig gemacht werden. Bei einem fingierten Treffen zwischen Harald Meller, dem Direktor des Landesamtes für Denkmalpflege und Archäologie in Sachsen-Anhalt sowie des Landesmuseums für Vorgeschichte, und den Hehlern in der Tiefgarage eines Basler Hotels kam es dann 2002 zum polizeilichen Zugriff. Die Hehler wurden festgenommen und die Objekte sichergestellt. Die beiden Raubgräber konnten später ebenfalls ermittelt und gefasst werden. Seitdem sind die „Himmelsscheibe" und die weiteren Fundstücke Eigentum des Landes Sachsen-Anhalt. Sie befinden sich seit 2008 in der Dauerausstellung im Landesmuseum für Vorgeschichte in Halle an der Saale.[21]

Bei der „Himmelsscheibe" handelt es sich um eine aus Bronze, einer Legierung aus Kupfer und Zinn, gefertigte Scheibe, die auf einer Seite mit 37 Goldblechen verziert ist. Die Scheibe ist kreisrund und besitzt einen Durchmesser von ca. 32 cm. Sie ist in der Mitte ca. 4,5 mm und an den Rändern nur ca. 1,5 mm stark. Ihr Gewicht beträgt etwas mehr als 2 kg.

Die Bronzescheibe zeigt, so die gängige Deutung, den Sternenhimmel – zu sehen seien Vollmond (oder die Sonne), zunehmender Mond (Sichelmond), das Sternbild der Plejaden, zwei Horizontbögen, ein stilisiertes Schiff sowie weitere Sterne. Demnach hätten wir es mit der weltweit ältesten astronomischen Darstellung des Sternenhimmels zu tun.[22] Allerdings wurde die Scheibe im Laufe ihrer bronzezeitlichen Biografie, wie materialkundliche Untersuchungen gezeigt haben, mehrfach umgearbeitet. Das Bildensemble, das wir heute betrachten, entspricht also nicht dem ursprünglichen Motiv.

Die für uns sichtbare Komposition geht naturgemäß auf die letzte Herstellungs- bzw. Nutzungsphase zurück. Man glaubt, insgesamt fünf solcher Phasen unterscheiden zu können. Ursprünglich war die Scheibe lediglich mit dem Vollmond bzw. der Sonne, dem Sichelmond sowie den Plejaden mitsamt den anderen Sternen – zusammen 32 Stück – verziert. Erst in einem zweiten Stadium kamen die Horizontbögen hinzu; in der dritten Phase wurde dann das Schiff angebracht. Die Durchlochung der Scheibe am Rand erfolgte in Phase vier, und zuletzt entfernte man offensichtlich wieder einen der Horizontbögen. Aufgrund der verschiedenen Phasen werden der Scheibe wiederum verschiedene Funktionen zugesprochen. Laut Meller diente sie zuerst „als Erinnerungshilfe zur Erstellung eines komplexen Mond-Sonnenkalenders", später als „Bauernkalender zur Bestimmung der Zeit der Aussaat" und zuletzt als „Kultgegenstand".[23]

Ob die vorgenommenen Veränderungen an der Scheibe in einem eher kurzen Zeitraum – mehrere Jahrzehnte – angebracht wurden, oder ob dazwischen etwa Jahrhunderte vergingen, lässt sich nicht mehr feststellen. Dies liegt vor allem daran, dass die Bronzescheibe selbst nicht datiert werden kann – auch nicht über naturwissenschaftliche Analysen. Wir können sie nur über die mutmaßlichen Beifunde zeitlich einordnen. Sie stammen aus einer Zeit um 1600 v. Chr. – die Herstellung der Scheibe wird daher gewöhnlich um diese Zeit herum oder früher angesetzt. Meller schließt als frühestes Datum sogar den Beginn des zweiten Jahrtausends v. Chr. und damit eine Nutzungsdauer von 400 Jahren nicht aus.[24] Letztlich können wir aber weder den Herstellungszeitraum näher bestimmen noch festlegen, wann sie deponiert wurde.

Unsere Kenntnis über die „Himmelsscheibe" ist alles in allem also eher gering; dies macht ihre Deutung äußerst schwierig. Wir wissen nicht, wann und von wem sie hergestellt wurde, wem sie gehörte, wie lange sie in Gebrauch war, wann die Veränderungen an ihr stattfanden sowie wann und ob die Scheibe damit einen – eventuell mehrfachen – Bedeutungswandel erfuhr. Letztlich können wir über all das nur spekulieren. Das gilt vor allem für die Funktion der „Himmelsscheibe". Wir besitzen durch das Bildprogramm zwar Hinweise, da wir aber die Bildkomposition nicht vollständig erschließen können, müssen alle Deutungen hypothetisch bleiben. Die oben angeführte Interpretation Mellers ist daher recht befremdlich. Seine Behauptung, mit der Scheibe könnten wir wie durch ein „Schlüsselloch einen Blick in die geistige Welt der Bronzezeit werfen"[25], wird der Sache nicht gerecht. Derlei befördert lediglich weitere Spekulationen. Erschwerend kommt hinzu, dass wir es bei diesem Objekt mit einem Unikat zu tun haben, das zudem noch aus unsicheren Fundverhältnissen stammt; wir wissen nicht, wie, durch wen und warum sie und die möglicherweise dazugehörigen anderen Gegenstände[26] in den Erdboden gelangten. Handelte es sich um eine absichtliche Deponierung der Stücke? Um ein Opfer? Sollten die Gegenstände vielleicht später wieder aus dem Versteck geborgen werden? Auch der Kontext, in dem die ‚Himmelsscheibe' verwendet wurde, kann nur vermutet werden. Letztendlich können wir ihre Bedeutung für die Menschen der Frühen Bronzezeit nicht mehr rekonstruieren, oder anders ausgedrückt: Wir können ihren kulturellen Code nicht mehr entziffern – die Scheibe ist und bleibt uns fremd.

Die „Himmelsscheibe" ist seit ihrer Entdeckung in aller Munde. Das liegt nicht nur daran, dass es sich bei ihr um ein einzigartiges Objekt handelt. Vielmehr verhalf ihr besonders die spektakuläre, im kriminellen Milieu angesiedelte Fundgeschichte zu hoher Aufmerksamkeit. Die Medien ‚stürzten' sich regelrecht auf das Objekt und seine Geschichte. Aber auch innerhalb der Prähistorischen Archäologie avancierte sie zum ‚Objekt der Begierde'. Schließlich handelt es sich um ein Stück, das die Fachwelt in dieser Form bisher noch nicht gesehen hatte und daher vor viele Fragen stellte. Aufgrund der ungeklärten Fundumstände kam daher im Fach schnell die Frage nach ihrer Echtheit und ihrem Alter auf. Bis heute ist die damit verbundene Diskussion nicht abgeschlossen, und es darf bezweifelt werden, dass diese Frage jemals geklärt werden kann.[27] Die Skeptiker werden sich wohl erst dann zufrieden geben, wenn weitere ähnliche Objekte unter klaren Fundverhältnissen zutage kommen.

Um zu Erkenntnissen über die Echtheit, das Alter, die Art der Herstellung, der Herkunft und vielem anderen mehr zu gelangen, war es nötig, an der Scheibe zahlreiche naturwissenschaftliche und materialkundliche Analysen durchzuführen. Es dürfte wohl nur wenige andere archäologische Objekte geben, die ähnlich intensiv ,durchleuchtet' wurden und immer noch untersucht werden. Sie gilt daher nicht nur Archäolog/inn/en als Forschungsobjekt, sondern auch Chemiker/innen, Physiker/innen und Materialkundler/innen; hinzu kommt das starke Interesse der Astronomie. Trotz der großen Zahl beteiligter Fächer und der bisher unternommenen Analysen wissen wir aber nur wenig über sie; ihre Biografie ist, wie wir gesehen haben, überaus lückenhaft.

Die Erkenntnisse, die uns die Wissenschaft über die ersten 4.000 Jahre der Existenz der „Himmelsscheibe" geliefert hat, sind somit mehr als dürftig und stehen im krassen Gegensatz zu den letzten knapp zehn Jahren ihres Daseins. Wir können diese vorerst letzte Etappe – bedingt durch die völlig andere Quellenlage – gleichsam lückenlos rekonstruieren und damit auch ihre kulturelle und soziale Transformation nachzeichnen. Diese Transformation setzte ein, als sie durch die Raubgräber entdeckt wurde, und dauert bis heute an. Woran lässt sich das festmachen? Zum einen an ihrem sich ständig ändernden Kontext. Sie war zuerst im Besitz der Raubgräber und gelangte dann an einen Sammler. Daraufhin wurde sie Objekt der Wissenschaft und in jüngster Zeit zudem ,Museumsding'. Je nach Kontext wechselte dabei auch ihre Bedeutung. Von den Raubgräbern wurde sie als Ware gesehen, die sich zu Geld machen ließ. Für den Sammler, der sie kaufte, war sie ein Objekt, mit dem er seine Leidenschaft für alte Dinge befriedigen konnte. Die Wissenschaft betrachtet sie als ein Zeugnis der Vergangenheit und damit als Objekt der Erkenntnis. Als Museumsding erlangt sie schließlich ,Unsterblichkeit' und wird zur Semiophore.

Zum anderen lässt sich die kulturelle und soziale Transformation auch an der recht schnell einsetzenden Reproduktion und Kommerzialisierung dieses polyvalenten bronzezeitlichen Objekts festmachen. Es ist mittlerweile zum ,Markenartikel' verkommen, der für jedermann erschwinglich ist.[28] Ihr Konterfei findet man überall – auf Uhren, Kleidern (zum Beispiel T-Shirts, Krawatten, Schals), Geschirr, auf Geschenkpapier, Sportgeräten, Geldbeuteln und vielem mehr.[29] Es gibt Imitate der Scheibe als Kette, und selbst als Weinmarke (Müller-Thurgau, Dornfelder) wird sie vertrieben. Die Post widmete ihr am 9. Oktober 2008 eine 55-Cent-Sonderbriefmarke und eine 10-Euro-Münze. Presseberichten zufolge gab es einen enormen Ansturm der Philatelisten auf die Briefmarke.[30]

Darüber hinaus ist die Scheibe immer wieder Gegenstand der Medien. Neben Artikeln im „Spiegel", der „Zeit", im „National Geographic" und anderen Printmedien schaffte sie es auch mehrmals in die TV-Nachrichten. Zuletzt war sie im Mai 2008 in einer Sendung der ARD-Tagesschau um 20 Uhr zu sehen, als die neue Dauerausstellung im für 5,4 Millionen Euro umgebauten Landesmuseum für Vorgeschichte in Halle eröffnet wurde.[31] Dort hat sie mittlerweile ihren dauerhaften Platz gefunden. Sie wird in einem runden, vollkommen schwarzen Raum ausgestellt. In dessen Mitte, so Meller, „steht ein tiefschwarzer Monolith. Das ist wie bei Kubricks ,2001 – Odyssee im Weltraum'. In dem Monolith gibt es einen hell erleuchteten Ausschnitt, in dem wie magisch die „Himmelsscheibe" schwebt. Kein Text lenkt ab, alle Informationen gibt es in einem Vorraum. Und wer nach oben blickt, der schaut auf einen strahlenden Himmel, an dem sich 70.000 Sterne bewegen".[32]

In einen strahlenden Himmel dürften auch die Besucher/innen des Erlebniszentrums „Arche Nebra" am Fuße des Mittelbergs schauen. Herzstück des 2007 eröffneten Zentrums ist das Planetarium. Es bietet, so kann man auf der Website nachlesen, eine „faszinierende Reise in das Universum der Bronzezeit: Unter der Planetariumskuppel wird das komplexe astronomische Wissen begreifbar, das auf der ‚Himmelsscheibe' verschlüsselt ist."[33] Die Show kommt offenbar beim Publikum an. 100.000 Besucher/innen konnte das Zentrum in nur elf Monaten anlocken.

Eine letzte Bedeutungsmetamorphose markiert die „Schimmelscheibe" von Bebra. Auf der Website der nicht ganz ernst zu nehmenden „Francesco-Parisi-Universität Styrum" wird uns die „älteste dem Menschen bekannte konkrete Himmelsdarstellung auf einem Vollkornbrot" vorgestellt.[34] Diese Persiflage auf die echte Scheibe zeigt zum einen, wie verankert die Scheibe in unserer Alltagswelt ist. Zum anderen hält uns diese Parodie einen Spiegel vor, macht sich gar lustig über die Auswüchse unserer Welt. Die hier angeführten Aspekte erlauben es, die „Himmelsscheibe" von Nebra als ‚Objekt der Begierde' anzusprechen. Befördert wurde die öffentliche ‚Begierde' an der Himmelsschreibe meines Erachtens vor allem in dem Augenblick, als sie im Jahr 2002 in die Obhut der Landesarchäologie von Sachsen-Anhalt überging: angefangen von der spektakulären Polizeiaktion in Basel – ein Coup, der in der Archäologie seinesgleichen sucht – bis hin zur Ausstellungseröffnung der neuen Dauerstellung im Mai 2008.

Schluss

Ich möchte meinen Beitrag mit einer kritischen These zur Lebensgeschichte der „Himmelsscheibe" abschließen. Nach ihrer Entdeckung rückte die Scheibe vom einst rituellen Objekt der Bronzezeit in nur kurzer Zeit zum ‚Kultobjekt' der Moderne auf. Hier, so könnte man lapidar sagen, schließt sich der Kreis. Sie war einst und ist wieder ein ‚Kultobjekt'. Für den/die Wissenschaftler/in ist ein so einzigartiges Objekt ein Glücksfall, der sich in der Regel auf die wissenschaftliche Reputation des/der Forschers/Forscherin und seine/ihre Bekanntheit außerhalb der Wissenschaft vorteilhaft auswirkt.[35] Als Museumsding besitzt die „Himmelsscheibe" eine symbolische Strahlkraft. Sie zeugt durch ihr Alter und ihre Aura von einer fernen Vergangenheit. Sie vermittelt uns scheinbar Einblicke in die geistige Welt vor etwa 4.000 Jahren. Zugleich verfremden wir aber das Museumsding, sei es durch die Inszenierung im Museum selbst oder durch seine Reproduktion. Die Bronzescheibe kommt auf diese Weise auch als Massenartikel daher, deren Zweck in der Befriedigung konsumtiver Bedürfnisse liegt. Vor dem Hintergrund dieser Vermarktung mag man sich damit trösten, dass Dinge äußerst ‚diskrete Wesen' sind und von der Geschäftigkeit um sie herum – wie der Zürcher Wissenschaftshistoriker Peter Geimer formuliert – nichts bemerken.[36]

Die „Himmelsscheibe" von Nebra zeigt eine über die übliche ‚Dingkarriere' hinausgehende Entwicklung. Sie hat zwar die für archäologische Objekte gängigen Stationen durchlaufen, von der Idee über die Herstellung und Nutzung bis zum Museumsding, wurde aber im Gegensatz zu vielen anderen Dingen schnell zu einem ‚Objekt der Begierde'. Dieses ‚Objekt der Begierde' wurde sowohl von Wissenschaftler/innen an Universitäten und Museen als auch – als letzte Instanz – von der Öffentlichkeit, in einem bislang ungeahnten Maße vereinnahmt.

Anmerkungen

1 Manfred K. H. Eggert danke ich herzlich für seine kritische Lektüre und zahlreichen Anmerkungen zu einer früheren Version dieses Textes.
2 Ob mit einer solchen Deklaration überhaupt etwas gewonnen wäre, bleibt ohnehin fragwürdig, da der ‚Wende‘-Begriff mittlerweile inflationär gebraucht wird. Die ‚Wenden‘ erscheinen häufig als hochtrabende Bezeichnungen zumeist kurzlebiger Wissenschaftsmoden.
3 Zu den verschiedenen Einzelarchäologien siehe Eggert. 2006. Archäologie, der das Trennende und Verbindende aller archäologischen Einzelfächer umfassend behandelt.
4 Parmentier. 2005. Bildungswert der Dinge, S. 261.
5 S. beispielsweise Kopytoff 1992. Things.
6 Doering. 2000. Dingkarrieren, S. 264.
7 Ebd.
8 Doering / Hirschauer. 1997. Biographie der Dinge, S. 279. Neben der künstlichen, absichtlich herbeigeführten Konservierung ist selbstverständlich auch die zufällige, auf natürliche Art und Weise einsetzende Konservierung möglich. Ein gutes Beispiel ist hier die Gletschermumie aus dem Ötztal, die sich zusammen mit den Ausrüstungsgegenständen und Kleidern im Gletschereis über Jahrtausende erhalten hat. Die ‚Normalbiografie‘ wurde in diesem Fall durch einen zufällig einsetzenden, natürlichen Prozess hinausgezögert.
9 Parmentier. 2005. Bildungswert der Dinge, S. 261. Dinge nehmen auf ihrer „Wanderung durch die verschiedenen Kontexte immer neue Bedeutungen an und fügen sie den bisherigen hinzu“ (ebd.).
10 In der Regel ist das Museum der letzte Aufenthaltsort von Dingen. Dort würden sie jedoch „semantisch hilfsbedürftig“ und benötigten „Sinn-Prothesen“, so Doering / Hirschauer. 1997. Biographie der Dinge, S. 275. Dem ist durchaus zuzustimmen. Allerdings trifft die semantische Hilfsbedürftigkeit nicht nur für Museumsdinge zu. Auch andere Dinge, wie archäologische Objekte, erschließen sich nicht von selbst. Ihre ehemalige Bedeutung zu entschlüsseln, ist kaum mehr möglich.
11 Hahn. 2005. Materielle Kultur, S. 41.
12 Bestes Beispiel dafür ist die so genannte *Rubbish Theory*, s. Thompson. 1981. Abfall.
13 Heidrich. 2000. Facetten, S. 13; Heidrich. 2007. Dinge verstehen, S. 225f.
14 Wir leben, wie es Korff (1999. Dinge, S. 274) treffend bezeichnet hat, nicht nur in aktuell erzeugten, sondern auch in „historisch akkumulierten Dingzusammenhängen“.
15 Hahn. 2005. Materielle Kultur, S. 45.
16 S. Kopytoff. 1992. Things, S. 66f.
17 Hahn. 2005. Materielle Kultur, S. 45.
18 Doering. 2000. Dingkarrieren, S. 270.
19 Feest. 2003. Materielle Kultur, S. 244.
20 Bis heute ist im Prinzip nicht schlüssig geklärt, wie alt die Bronzescheibe ist. Naturwissenschaftliche Untersuchungen liefern lediglich den Nachweis, dass sie älter als 100 Jahre ist. Ob die zusammen mit der Scheibe gefundenen übrigen Gegenstände tatsächlich aus einem Fundzusammenhang stammen, also einen Geschlossenen Fund bilden, kann nicht mit Sicherheit gesagt werden, stammen die Stücke doch aus einer illegalen Raubgrabung. Angaben zum Fundort sind bei solchen Fällen nur selten über jeden Zweifel erhaben. Diese Ungereimtheiten haben innerhalb des Fachs zur Diskussion um Echtheit und Alter der Scheibe geführt. S. dazu Eggert. 2008. Prähistorische Archäologie, S. 109f.; Meller. 2002. Nebra; Meller. 2004 a. Geschmiedeter Himmel; Pernicka u.a. 2008. Echtheit; Schauer. 2005. Kritische Anmerkungen.
21 Ihre Versicherungssumme ist zwar nicht bekannt, aber Meller hat ihren Wert in einem Interview mit einem Picasso-Gemälde verglichen – eine Summe von 100 Millionen Euro ‚geistert‘ durch die Presse.
22 S. dazu die Beiträge in Meller. 2004. Geschmiedeter Himmel; Schmidt-Kaler. 2006. Astronomische Deutung.
23 Meller. 2008. Mona Lisa.

24 Meller. 2004. Himmelsscheibe, S. 30.

25 Meller. 2008. Mona Lisa.

26 Vgl. Anm. 20.

27 Ebd.

28 Seit 2005 besitzt das Land Sachsen-Anhalt auch die Verwertungsrechte an der Scheibe. Zu einigen medialen Aspekten der Himmelsscheibe siehe auch Reichenberger. 2004. Faszination Himmelsscheibe.

29 S. dazu die Website des Museumsshops des Landesmuseums Halle unter http://www.kontaktform.de/museumsshop/shop/frameset.htm (20.7.2009).

30 http://www.ad-hoc-news.de/Ansturm-auf-Briefmarke-mit-Himmelsscheibe-von-Nebra--de/Regional/Sachsen-Anhalt/19733420 (20.7.2009).

31 In den Jahren zuvor war das Original nur in zwei Sonderausstellungen in den Jahren 2002 und 2005 zu betrachten.

32 Meller. 2008. Mona Lisa.

33 http://www.himmelsscheibe-erleben.de/ (20.7.2009).

34 http://www.uni-styrum.de/html/schimmelscheibe.html (20.7.2009).

35 Die wechselseitige Beziehung von Medienpräsenz und wissenschaftlicher Reputation hat Weingart (2001. Stunde der Wahrheit, S. 262ff.) eindrücklich dargelegt.

36 Geimer. 2005. Über Reste, S. 117.

Bibliografie

Doering, Hilke. 2000. Dingkarrieren: Sammelstück, Lagerstück, Werkstück, Ausstellungsobjekt. Zur Konstruktion musealer Wirklichkeit, in: Beier-de Haan, Rosmarie (Hg.). Geschichtskultur in der zweiten Moderne. Frankfurt a. M. / New York: Campus. S. 263-278.

Doering, Hilke / Hirschauer, Stephan. 1997. Die Biographie der Dinge. Eine Ethnographie musealer Repräsentation, in: Hirschauer, Stephan / Amann, Klaus (Hg.). Die Befremdung der eigenen Kultur. Zur ethnographischen Herausforderung soziologischer Empirie. Frankfurt a. M.: Suhrkamp. S. 267-297.

Eggert, Manfred K. H. 2006. Archäologie: Grundzüge einer Historischen Kulturwissenschaft. Tübingen, Basel: A. Francke.

Eggert, Manfred K. H. 2008. Prähistorische Archäologie: Konzepte und Methoden. Tübingen, Basel: A. Francke (3. Aufl.).

Feest, Christian F. 2003. Materielle Kultur, in: Beer, Bettina / Fischer, Hans (Hg.). Ethnologie. Einführung und Überblick. Berlin: Dietrich Reimer (5. Aufl.). S. 239-254.

Geimer, Peter. 2005. Über Reste, in: te Heesen, Anke / Lutz, Petra (Hg.). 2005. Dingwelten. Das Museum als Erkenntnisort. (Schriften des Deutschen Hygiene-Museums Dresden. Bd. 4). Köln u.a.: Böhlau. S. 109-118.

Hahn, Hans-Peter. 2005. Materielle Kultur. Eine Einführung. Berlin: Dietrich Reimer Verlag.

Heidrich, Hermann. 2000. Facetten zu einer Theorie der Dinge, in: Ders. (Hg.). Sachkulturforschung. (Schriften und Kataloge des Fränkischen Freilandsmuseums. Bd. 32). Bad Windsheim: Verlag Fränkisches Freilandmuseum. S. 8-18.

Heidrich, Hermann. 2007. Dinge verstehen. Materielle Kultur aus Sicht der Europäischen Ethnologie, in: Zeitschrift für Volkskunde. Bd. 103, Heft 2, S. 223-236.

Kopytoff, Igor. 1992. The Cultural Biography of Things: Commoditization as Process, in: Appadurai, Arjun (Hg.). The Social Life of Things. Commodities in Cultural Perspective. Cambridge: University Press (Nachdruck). S. 64-91.

Korff, Gottfried. 1999. Dinge: unsäglich kultiviert. Notizen zur volkskundlichen Sachkulturforschung, in: Grieshofer, Franz / Schindler, Margot (Hg.). Netzwerk Volkskunde. Ideen und Wege. Festgabe für Klaus Beitl zum siebzigsten Geburtstag. (Sonderschriften des Vereins für Volkskunde Wien. Bd. 4). Wien: Selbstverlag des Vereins für Volkskunde Wien. S. 273-290.

Meller, Harald. 2002. Die Himmelsscheibe von Nebra – ein frühbronzezeitlicher Fund von außergewöhnlicher Bedeutung, in: Archäologie in Sachsen-Anhalt. Bd. 1, S. 7-20.

Meller, Harald. 2004. Die Himmelsscheibe von Nebra, in: Ders. (Hg.). Der geschmiedete Himmel. Die weite Welt im Herzen Europas vor 3600 Jahren. Stuttgart: Konrad Theiss. S. 22-31.

Meller, Harald. 2008. „Genauso echt wie Mona Lisa". Interview in Spiegel Online vom 22. Mai 2008. http://www.spiegel.de/wissenschaft/mensch/0,1518,554338,00.html (20.7.2009).

Parmentier, Michael. 2005. Der Bildungswert der Dinge oder: Die Chancen des Museums, in: Archäologisches Nachrichtenblatt. Bd. 10, S. 257-267.

Pernicka, Ernst u.a. 2008. Zur Echtheit der Himmelsscheibe von Nebra – eine kurze Zusammenfassung der durchgeführten Untersuchungen, in: Archäologisches Korrespondenzblatt. Bd. 38, S. 331-352.

Reichenberger, Alfred. 2004. Die Faszination der Himmelsscheibe, in: Meller, Harald (Hg.). 2004. Der geschmiedete Himmel. Die weite Welt im Herzen Europas vor 3600 Jahren. Stuttgart: Konrad Theiss. S. 22-23.

Schauer, Peter. 2005. Kritische Anmerkungen zum Bronzeensemble mit „Himmelsscheibe" angeblich vom Mittelberg bei Nebra, Sachsen-Anhalt, in: Archäologisches Korrespondenzblatt. Bd. 35, S. 323-328, 559.

Schmidt-Kaler, Theodor. 2006. Zur astronomischen Deutung der Himmelsscheibe von Nebra, in: Jahresschrift für Mitteldeutsche Vorgeschichte. Bd. 90, S. 235-265.

Thompson, Michael. 1981. Die Theorie des Abfalls. Über die Schaffung und Vernichtung von Werten. Stuttgart: Klett-Cotta.

Weingart, Peter. 2001. Die Stunde der Wahrheit. Zum Verhältnis der Wissenschaft zu Politik, Wirtschaft und Medien in der Wissensgesellschaft. Weilerswist: Velbrück Wissenschaft.

Beatrix Hoffmann

Unikat oder Dublette? Zum Bedeutungswandel musealisierter Sammlungsgegenstände aus dem Bestand des einstigen Museums für Völkerkunde Berlin

„[...] [D]ie mir zu Gesicht gekommenen Gegenstände stellen eine solche Fülle von einem unschätzbaren Material dar, [...], dass kein Zweifel darüber bestehen kann, dass unser Museum alles daran setzen muß, diese Stücke zu erwerben. [...] Nach meiner vorläufig möglichen Schätzung würden etwa für 20.000 – 30.000 Mark Dubletten abzugeben sein."[1]

Dieser Auszug aus einem Brief an Wilhelm Bode (1845-1929), den Generaldirektor der Königlichen Museen zu Berlin, bezieht sich auf ein Konvolut peruanischer Archäologica, das im Dezember 1906 zum Verkauf stand. Die Sammlung war von dem Hannoveraner Kaufmann Wilhelm Gretzer (1847-1926) Ende des 19. und zu Beginn des 20. Jahrhunderts in Peru zusammengetragen worden.[2] Nach seiner Rückkehr nach Deutschland bot er sie dort den Völkerkundemuseen zum Kauf an. Da außereuropäische Archäologica zum Sammlungsprofil des Berliner Völkerkundemuseums gehörten, hatte Max Schmidt (1874-1950), Mitarbeiter der Amerikanischen Abteilung des Königlichen Museums für Völkerkunde Berlin und späterer Kustos der Südamerika-Sammlung, nach Bekanntwerden dieses Angebotes die Gretzer-Sammlung sofort in Augenschein genommen. Er war von der Fülle und Qualität des Materials tief beeindruckt, wie aus seinem Bericht an den Generaldirektor hervorgeht. Sein Streben, von diesem die Genehmigung zur Erwerbung des Konvoluts zu erhalten, bestimmte Ton und Inhalt des oben zitierten Briefes – wie wohl er wahrscheinlich wusste, dass die vom Verkäufer geforderte Summe von 100.000 Mark zunächst abschreckend wirken würde. Um diesen Eindruck zu entschärfen, verwies Schmidt darauf, dass aus dieser Sammlung Stücke in einem Wert von bis zu einem Drittel der Ankaufsumme als so genannte Dubletten wieder veräußert werden könnten.

Im Vergleich zur Sammlungsethik heutiger Museen[3] erscheint der Vorschlag, bereits musealisierte Gegenstände wieder zu veräußern, ebenso ungewöhnlich wie der Begriff der Dublette zur Bezeichnung von kulturhistorischem Museumsgut. Letzteres um so stärker, da sich der Begriff auf Gegenstände bezog, die sich nicht nur aufgrund ihrer physischen Erscheinung, ihrer Bedeutungen und Funktionen, sondern auch aufgrund ihrer Biografie und Beziehungen zur Umwelt durch einen hoch individuellen Charakter auszeichnen, der hier unter dem Begriff der Objektidentität gefasst wird.

Im Jahre 1906 jedoch waren beide, die Idee der Veräußerung von Museumsgut und der Begriff der Dublette, unter deutschen Museumsfachleuten gängige Vorstellungen und zudem eng miteinander verwoben. Das belegen nicht nur zahlreiche Veräußerungen von Museumsgut, die als Tausch oder Verkauf von Dubletten vorgenommen wurden, sondern auch die Aufzeichnungen von damals aktiven Museumsverantwortlichen.

In seinen Memoiren erwähnt Bode eine Aussonderung solcher Dubletten aus der Berliner Gemäldesammlung, welche er 1884 selbst vorgenommen hatte. Dabei handelte es sich um Werke „minderer Qualität", welche, wie Bode schrieb, an Provinzialmuseen, Universitätssammlungen und an Auktionshäuser abgegeben wurden.[4] Der Hinweis auf die mindere Qualität der Werke als eigentlichem Grund für deren Aussonderung und die damit einhergehende Klassifikation als so genannte Dublette deutet auf ein Problem hin, das sich durch eine Vielzahl von Veräußerungen kulturhistorischer Museumsobjekte Ende des 19. und bis in die Mitte des 20. Jahrhunderts zieht.[5]

Der Begriff „Dublette" geht ursprünglich auf das lateinische Wort *duplus*, doppelt, zurück und meint in Bezug auf eine konkrete Sammlung ein Objekt, zu dem es mindestens ein weiteres identisches Exemplar gibt. Die Klassifikation eines Gegenstandes als Dublette suggerierte somit, dass es sich um das Doppelstück zu einem weiteren in derselben Sammlung vorhandenen Stück handele, was *de facto* jedoch nur äußerst selten der Fall war. Die Klassifikation eines musealen Gegenstandes als Dublette, zu dem es meist kein weiteres identisches Stück in der Sammlung gab, stellte daher eine Negierung von dessen Objektidentität dar. In deren Folge wurde nicht nur das solchermaßen klassifizierte Stück veräußert, sondern es wurde zugleich auch mit einer neuen Identität ausgestattet. Diese konnte von der Identität musealer Gegenstände als Zeugnisse des kulturellen Gedächtnisses einer Gesellschaft stark abweichen, indem als Medien der museumspolitischen und sozialen Interaktion und der Machtkonstruktion eingesetzt wurden. Das soll im Folgenden anhand von Beispielen aus der Sammlungs- und Veräußerungsgeschichte des Museums für Völkerkunde Berlin näher beleuchtet werden. Ziel ist es dabei, die Folgen einer Negierung der Objektidentität für museale Sammlungen aufzuzeigen. Zum besseren Verständnis der Problematik werden den Beispielen zunächst Überlegungen zum Begriff der Dublette vorangestellt.

Zum Begriff der Dublette

Während der ersten 100 Jahre nach dessen Gründung Ende des Jahres 1873 wurden aus dem Sammlungsbestand des Museums für Völkerkunde Berlin rund 30.000 Objekte in den Besitz anderer Museen und öffentlicher Institutionen, Händler und Privatsammler transferiert.[6] Es handelte sich dabei um Stücke, die zuvor bereits in die Sammlungen des Museums integriert worden waren. Die Initiativen zu diesen Veräußerungen gingen vom Museum für Völkerkunde Berlin, von dessen Abnehmern sowie auch von dritter Seite aus, das heißt von übergeordneten Institutionen wie der Finanzverwaltung der Königlichen Museen zu Berlin und dem Preußischen Ministerium der geistlichen, Unterrichts- und Medizinalangelegenheiten.[7] Mit nahezu allen Transaktionen von Museumsgut war der Begriff der Dublette verknüpft. Dies ist in juristischer Hinsicht auf eine bis 1931 gültige Regelung zurückzuführen, die 1878 in den Ergänzungsbestimmungen zum Statut der Königlichen Museen Berlin niedergelegt worden war und die den Umgang mit dem musealen Sammlungsgut festlegte.[8] Im Abschnitt IV war dort die grundsätzliche Möglichkeit der Veräußerung von Museumsgut gegeben worden, unter der Voraussetzung, dass es sich dabei um „Dubletten" handelte. Diese Regelung wies jedoch einen eklatanten Mangel auf: Es fehlte eine inhaltliche Definition des Begriffes „Dublette", die auch andernorts nicht verbindlich gegeben wurde. Da diese Regelung jedoch für Museumsverantwortliche die einzige Legitimation darstellte, um – unabhängig von den realen Gründen – bereits in den Sammlungsbestand integrierte Objekte an einen neuen Besitzer zu transferieren, erforderte deren Einsatz individuelle Interpretationsleistungen.

Im Laufe der Geschichte des Sammelns hatten sich zwei verschiedene Konzepte der Dublette herausgebildet, von denen sich eines auf die Bewertung naturhistorischer Gegenstände und das andere auf die Beurteilung kunsthistorischer Objekte bezog. Beide Konzepte gehen gleichermaßen auf das lateinische Wort *duplus* zurück, sie unterscheiden sich jedoch in den Kriterien, die der Feststellung einer Duplizität zugrunde gelegt sind. Das Konzept, welches zur Bewertung naturhistorischer Sammlungsgegenstände herangezogen wurde, gelangte zu einer weitgefassten Definition der Duplizität. Zur Klassifizierung von Naturalien wurden vorrangig diejenigen Eigenschaften berücksichtigt, die zur Bestimmung von Arten und Varietäten herangezogen wurden, nachgeordnet auch solche, die durch den Einfluss der natürlichen Umwelt geprägt worden waren. Hierzu zählten beispielsweise zwei sich in ihrer physischen Erscheinung aufgrund des individuellen Wachstums deutlich voneinander unterscheidende Pflanzen, die jedoch derselben Art angehören und aus demselben Biotop stammen und somit als Dublette gelten. Dagegen werden zwei nahezu gleich aussehende Exemplare derselben Art aus unterschiedlichen Biotopen nicht als Dublette klassifiziert. Die Prozesse, die eine Naturalie als Sammlungsgegenstand konstituieren, bleiben dabei vollkommen unberücksichtigt. Die kunstwissenschaftliche Interpretation hingegen gelangte zu einem engen Begriffsverständnis, indem sie dem artifiziellen Ursprung materieller Gegenstände Rechnung trägt, die sich anthropogenen Modifizierungen verdanken.

Aus den Dokumenten über die Veräußerungen aus dem Sammlungsbestand des heutigen Ethnologischen Museums Berlin geht hervor, dass sich die zuständigen Entscheidungsträger auf diese beiden Konzepte bezogen, um den Begriff der Dublette inhaltlich zu füllen und zwischen ihnen oszillierten. Dies lag vor allem in der Geschichte der ethnologischen Disziplin begründet, die in ihren Anfängen zunächst den Naturwissenschaften zugeordnet wurde, bevor sie sich als kultur- und geisteswissenschaftliches Fach durchsetzte. Zu Beginn des 19. Jahrhunderts wurden Ethnographica noch als Naturalien gesammelt,[9] und erst ab der Mitte des 19. Jahrhunderts nahm man sie eindeutig als Artefakte wahr. Archäologica hingegen galten zwar nie als naturhistorische Gegenstände, doch waren die archäologischen Sammlungsprinzipien stark von denen der naturhistorischen Fächer beeinflusst. So wurden beispielsweise evolutionistische Konzepte angewandt, um die Geschichte der frühen Menschheit anhand von typologischen Reihen zu rekonstruieren, ähnlich den Systematisierungen biologischer Arten. Da jedoch Ethnographica wie auch Archäologica bereits seit Mitte des 19. Jahrhunderts eindeutig als Objekte mit einem kulturhistorischen Charakter wahrgenommen wurden, hätte der Klassifikation von Dubletten ausschließlich das kunstwissenschaftliche Konzept zugrunde gelegt werden müssen. Danach gilt als Dublette ein Gegenstand, der mindestens in zweifacher Realisierung von ein und derselben Idee aus ein und derselben Hand existiert. Bezogen auf eine konkrete ethnologische oder archäologische Sammlung setzt dies die Existenz von mindestens zwei absolut gleichartigen Stücken voraus, die eindeutig ein und demselben Schöpfer zugeordnet werden können. Dies ist angesichts des individuellen Charakters kulturhistorischer Sammlungen und deren eklektischer Entstehungsgeschichte kaum je möglich, so auch nicht in Bezug auf den Bestand des Berliner Museums für Völkerkunde. Dennoch wurden aus dessen Sammlungen in großer Anzahl Objekte als Dubletten transferiert. Das deutet darauf hin, dass dem Begriff der Dublette im Kontext dieser Veräußerungen eine andere Bedeutung zugewiesen worden war. Er diente vor allem dazu, Objekte, die aus dem Sammlungsbestand ausgesondert werden sollten, als abgebbar zu markieren.

Museale Objekte als Medien der Netzwerkbildung

Bereits für die Gründungsphase des Museums für Völkerkunde Berlin sind die ersten Transferaktionen von Sammlungsgut belegbar. Dazu gehört ein Tausch mit dem British Museum in London, der schon 1872 realisiert wurde.[10] Nachdem Adolf Bastian (1826-1905) die Verantwortung für die ethnologische Sammlung der Königlichen Museen zu Berlin im Jahre 1869 übernommen hatte, begann er sich für die Gründung eines eigenständigen Völkerkundemuseums zu engagieren. Wichtig war ihm dabei nicht nur die Vernetzung mit wissenschaftlichen Institutionen auf lokaler Ebene, zum Beispiel mit der Berliner Gesellschaft für Anthropologie, Ethnologie und Urgeschichte, sondern auch auf internationaler Ebene. Der Tausch von Sammlungsgegenständen mit dem British Museum in London sollte zum Beispiel diese Funktion erfüllen. Gleichzeitig führte er dazu, dass die Berliner Sammlung seitens der prestigeträchtigen und mehr als 120 Jahre älteren britischen Institution eine Anerkennung als gleichwertiger Tauschpartner erfuhr. Dies unterstützte Bastians Bemühen um den Aufbau einer international geachteten Reputation der ihm unterstellten Sammlung, um in Berlin deren Etablierung als unabhängige wissenschaftliche Institution vorantreiben zu können. Die durch den Transfer tatsächlich mit London ausgetauschten Stücke waren dabei lediglich der visuelle Ausdruck der aufgenommenen Beziehungen und der gegenseitigen Anerkennung. Sie konnten für keinen der beiden Tauschpartner und dessen Sammlungen von herausragendem Wert sein. Aus Berlin erhielt das Londoner Museum acht mexikanische Archäologica.[11] Es handelte sich dabei um vollständig dekontextualisierte Stücke aus der Sammlung von Carl Uhde, einem deutschen Kaufmann aus der Nähe von Heidelberg. Sie war 1862 für Berlin erworben worden und galt damals als die umfangreichste der bis dahin nach Europa gelangten Sammlungen mexikanischer Archäologica. Infolge des Mangels an Informationen zu den Fundumständen der einzelnen Objekte war ihr Wert in wissenschaftlicher Hinsicht jedoch beträchtlich eingeschränkt.[12] Im Gegenzug erhielt die Berliner Sammlung mindestens zwölf Stücke aus dem Londoner Museum, die ihrerseits aus verschiedenen Regionen des amerikanischen Doppelkontinentes stammten. Sie ließen untereinander keinen inhaltlichen Zusammenhang erkennen und besaßen keinen besonders herausragenden Einzelwert.[13] Somit waren weder der Umfang der beiden ausgetauschten Konvolute noch deren Zusammensetzung geeignet, die Sammlungen der beiden Tauschpartner essentiell zu bereichern. Auch wenn die Berliner Sammlung durch diesen Tausch einen Zuwachs von vier Stücken verbuchen konnte, kann auf beiden Seiten die qualitative oder quantitative Aufwertung der Bestände nicht das angestrebte Ziel dieses Transfers über internationale Grenzen hinweg gewesen sein.

Museale Objekte als Medien der Kulturdiplomatie

Nachdem es Bastian mit Unterstützung der Berliner Gesellschaft für Anthropologie, Ethnologie und Urgeschichte im Jahr 1873 gelungen war, beim preußischen König die Gründung des Museums für Völkerkunde durchzusetzen, engagierte er sich unermüdlich für die Erweiterung der Sammlungsbestände. Mit deren zunehmendem Umfang steigerte sich auch die Anzahl der Tauschaktionen mit anderen Institutionen. Vor allem sollten sie der regionalen Komplettierung des Sammlungsbestandes dienen. Zugleich nutzte sie Bastian aber auch, um das Museum in eine exponierte Position gegenüber anderen Konkurrenten zu bringen und um ihm dadurch weiteren Sammlungszuwachs zu sichern.

Im Jahre 1884 war in den Amtlichen Berichten aus den Preußischen Kunstsammlungen, die im Jahrbuch der Königlich-Preußischen Kunstsammlungen veröffentlicht wurden, zu lesen: „Dr. Netto, Direktor des Museums in Rio de Janeiro" – gemeint war Ladislau Souza Mello e Netto, der von 1870 bis 1893 das Museo Nacional in Rio de Janeiro leitete (Anm. d. Verf.) – „hat, vermittelt durch den Kaiserlichen Legationsrat Le Maistre, eine Sammlung nach Berlin gesandt." Bei dieser durch Tausch in den Bestand des Berliner Völkerkundemuseums gelangten Sammlung handelte es sich um ein Konvolut von etwa 100 Objekten brasilianischer Indianer.[14] Dies ist ein Sammlungsumfang, dessen Erwerbung kaum den Einsatz eines Mitglieds des diplomatischen Korps und die Übernahme der Finanzierung seiner kostspieligen Fernreise überzeugend hätte rechtfertigen können, wenn dieser Transfer nicht über die zweifellos angestrebte Erwerbung der brasilianischen Ethnographica hinaus einem weiteren Ziel Bastians gedient hätte. Von Anfang an war Bastian an der internationalen Vernetzung des jungen und seit 1876 von ihm als dessen Direktor geleiteten Museums interessiert. Diese Vernetzung betrieb Bastian vor allem durch die Herstellung persönlicher Kontakte während seiner langjährigen Reisen, aber auch durch den Austausch von Sammlungsgegenständen mit anderen Institutionen. Um Letzteres zu erreichen, scheute er nicht davor zurück, diplomatische Vertreter gegebenenfalls für die Anbahnung des Transfers von Sammlungsgut zu engagieren. Indem Bastian einen offiziellen diplomatischen Vertreter in die Verhandlungen über einen Tausch mit dem Brasilianischen Nationalmuseum einbezog, wurde der Transfer von Museumsgut schließlich zu einem Akt der internationalen Kultur- und Wissenschaftsdiplomatie. Damit sicherte Bastian ‚seinem' Museum eine prominente Position, die bestens geeignet war, der noch jungen Berliner Institution den Zugang zu weiteren Sammlungen zu sichern. Ähnlich dem Sammlungstausch mit dem British Museum in London kam dabei den transferierten Gegenständen die Funktion zu, die Interaktion zwischen den beiden beteiligten Partnern, insbesondere auch deren diplomatisches Engagement, zu visualisieren.

Museale Objekte als Medien der Machtkonstruktion und -demonstration

Zu Beginn des 20. Jahrhunderts stiegen die Veräußerungsaktivitäten des Museums wie auch die Anzahl der dabei transferierten Gegenstände sprunghaft an. Dies beruhte unter anderem auf mehrfachen Interventionen von übergeordneten Institutionen, die dem Museum für Völkerkunde die Auflage erteilten, Sammlungsgut auf der Grundlage der Aussonderung von Dubletten zu veräußern.[15] Da an die Erfüllung der Auflagen die Freigabe des Ankaufsetats geknüpft war, begünstigte sie eine großzügige Interpretation des Begriffes der Dublette. Dies zeigte eine nachhaltig negative Wirkung auf den Umgang mit den Sammlungsbeständen des Museums. Sie äußerte sich in einer zunehmend großzügigen Bereitschaft der zuständigen Sammlungsverwalter, Museumsgut zu veräußern – und dies nicht nur unter dem Einfluss äußerer Zwänge, sondern auch im Interesse persönlicher Ziele. Diese Entwicklung kulminierte in der zeitweiligen Verfügungsgewalt Hermann Baumanns (1902-1972) über große Teile der Sammlungen des Berliner Museums und in dessen Einflussnahme auf Entscheidungen über die Veräußerung von Gegenständen.

Der Afrikanist Baumann war von 1925 bis 1939 am Museum für Völkerkunde in der Abteilung Afrika angestellt und ein ebenso ehrgeiziger wie karrierebewusster Mensch. Als solcher hatte er das Pech, kaum jemals Aussichten zu haben, in näherer Zukunft am Museum eine nennenswerte Karriere machen zu können und in eine Position zu gelangen, in der er Entscheidungsbefugnis erhalten würde. Insbesondere scheint ihm dabei an einer Kustodenstelle und an der damit verbundenen Verfügungsgewalt über die Sammlungsgegenstände als Ausdruck einer Machtposition gelegen zu haben. Da jedoch Baumanns 15 Jahre älterer Kollege Alfred Schachtzabel (1887-1981) die Kustodenstelle in der Abteilung Afrika innehatte, war für ihn dieser Posten bis auf Weiteres unerreichbar. Zudem war Schachtzabel, wie auch Baumann, bereits vor 1933 Mitglied der NSDAP geworden, sodass auch nach der Machtübernahme der Nationalsozialisten keine Aussicht auf eine Änderung dieser Sachlage bestand. In dieser Situation kam Baumann die Ideologie der neuen Machthaber im Staat zu Hilfe. Im Jahre 1934 wurde eine Abteilung Eurasien am Museum für Völkerkunde gegründet und Baumann mit deren Aufbau betraut.[16] Er wusste, dass dieser Aufgabe vor dem Hintergrund der von den Nationalsozialisten anvisierten Erweiterung des Deutschen Reiches nach Osten eine hohe ideologische Bedeutung zukam, und nutzte dies geschickt für sich aus. Noch vor der eigentlichen Gründung der Abteilung Eurasien formulierte Baumann bereits am 19. November 1934 „[V]orläufige Vorschläge für den Aufbau einer europäischen Abteilung".[17] Gegliedert in vier Punkte schlägt er unter dem letzten vor: „Die Sammlungen für eine künftige europäische Abteilung müssen schon jetzt, wenn irgend möglich und trotz der Devisenschwierigkeiten – eventuell durch Tausch von Dubletten aus den Berliner Naturvölkersammlungen [...] gegen Stücke aus Hamburg, Leipzig, Basel [...] erweitert werden."[18] Er bereitete damit seine später weitreichende Verfügungsgewalt über die Sammlungsbestände des Museums vor. Ausgenommen davon waren all jene Sammlungen, die dem Generaldirektor Otto Kümmel direkt unterstanden, der als Ostasienspezialist in Personalunion die Asiatische Abteilung des Museums für Völkerkunde und das Museum selbst leitete. Auf die Sammlungen der Amerikanischen, Afrikanischen und Ozeanischen Abteilung hatte Baumann jedoch in seiner neuen Funktion nach 1934 indirekten Zugriff. Mehrfach mussten die zuständigen Sammlungsverwalter aus den von ihnen betreuten Beständen Stücke hergeben, damit Baumann im Tausch dafür eurasische Gegenstände erwerben konnte. Eine der in diesem Zusammenhang umfangreichsten Tauschaktionen fand 1937 mit dem Rautenstrauch-Joest-Museum Köln statt.[19] Im Zuge dessen erhielt das Berliner Museum die Kölner Europa-Sammlung mit insgesamt 633 Objekten[20], abgegeben wurden dafür 317 Ethnographica aus der ozeanischen, der afrikanischen und der amerikanischen Sammlung. Im Zusammenhang mit deren Auswahl kam es zwischen dem damaligen kommissarischen Direktor des Kölner Museums, Andreas Scheller (1894-1977), und Emil Heinrich Snethlage (1897-1939), Kustos der Südamerika-Sammlung am Berliner Museum, zu einem Schriftwechsel. Daraus geht hervor, dass Snethlage die Objekte aus der Amerikanischen Abteilung nur mit „feuchten Augen"[21] nach Köln gehen ließ. Dies deutet auf eine deutliche Zwangslage hin, in die Baumann seine Kollegen brachte, indem er deren Unterstützung für den Aufbau der Eurasien-Sammlung einforderte und sie zur Bereitstellung von Sammlungsgut für Tauschzwecke drängte.

Ein fachliches Interesse an der Region Eurasiens war bei Baumann jedoch nicht eindeutig zu erkennen, zumindest fand es keinen Niederschlag in seiner Publikationstätigkeit. Die einzige Arbeit mit einem regionalen Bezug zu Eurasien veröffentlichte Baumann 1934 noch vor Antritt seines Amtes. Es war eine Einführung in die Sonderausstellung „Vom Grabstock zum Pflug. Frühformen des Bodenbaues". Das unterstützt die These, dass Baumann vorrangig an der Verfügungsgewalt über die Sammlungsgegenstände interessiert war und kaum an diesen selbst. Diese Verfügungsgewalt suchte er sogar noch auszuüben, als er bereits aus dem Berliner Museumsdienst ausgeschieden war und seit 1939 den Lehrstuhl für Ethnologie an der Wiener Universität übernommen hatte.[22] Obwohl die Stadt Wien über ein großes Museum für Völkerkunde verfügte, wandte sich Baumann im April 1940 mit der Bitte an den Generaldirektor der Berliner Museen, das von ihm geleitet Ethnologische Institut an der Wiener Universität mit Anschauungsmaterial für den Hochschulunterricht zu versorgen. Mit den aus Berlin erbetenen Sammlungsgegenständen plante Baumann den Aufbau einer Lehrsammlung. Um seinem Anliegen Nachdruck zu verleihen, verwies er auf einen Objekttransfer an das Institut für Ethnologie der Göttinger Universität. Dieses hatte durch die Vermittlung seines ehemaligen Museumskollegen Schachtzabel einige Jahre zuvor vom Berliner Museum für Völkerkunde bereits eine Lehrsammlung erhalten.[23] In diesem Zusammenhang äußerte Baumann die Hoffnung, dass dem Wiener Institut „mindestens eine gleichgroße Sammlung geschenkweise überlassen werden kann."[24] Baumann war höchst erfolgreich und erhielt schließlich weit mehr als 1.000 Objekte aus verschiedenen Abteilungen des Berliner Museums. In Übereinstimmung mit den Verwaltungsbestimmungen handelte es sich dabei angeblich um so genannte Dubletten.[25] Doch lässt sich zumindest in Bezug auf die Amerika-Sammlung eindeutig belegen, dass die Stücke erst entsprechend der Wunschliste von Baumann[26] als Dubletten klassifiziert worden sind. Nicht eines der nach Wien abgegebenen Objekte gehörte zu denen, die im sogenannten Dublettenkatalog der Amerika-Sammlung verzeichnet worden waren.[27] Darin waren all jene Objekte aufgelistet worden, die während der Inventarisierung einer Sammlung von vornherein als Dublette ausgesondert worden waren, um sie gegebenenfalls wieder zu veräußern. Das Beispiel Hermann Baumanns zeigt, dass die Anwendung des Begriffes „Dublette" mangels einer inhaltlichen Definition allmählich an die Grenze eines missbräuchlichen Einsatzes geriet. Nachdem 1964 ein Teil der Sammlung an das Berliner Museum zurückgegeben worden war, wurde die vollständige Rückgabe erst nach langwierigen Verhandlungen im Jahr 2005 abgeschlossen.

Zusammenfassung

Die Sammlungsgeschichte des Ethnologischen Museums ist nicht nur eine der Konzentration von Gegenständen, sondern auch eine der Distribution. In zahlreichen Transaktionen wurde Museumsgut transferiert – für etwa die Hälfte der veräußerten Gegenstände erhielt das Berliner Museum andere Objekte im Tausch. Diese Tauschaktionen waren bis 1973 am damaligen Museum für Völkerkunde Berlin Bestandteil einer gängigen Praxis und dienten dem systematischen Sammlungsaufbau. Dieser erfolgte nach Kriterien, welche weitgehend eigenständig von den jeweils verantwortlichen Sammlungsverwaltern entwickelt wurden. Diese eigenständige Gestaltung der Sammlungspolitik implizierte auch die Auswahl von Stücken, die als Dubletten zur Veräußerung freigegebenen wurden. Da es keine verbindlichen Richtlinien zur Identifizierung einer Dublette gab, unterlag deren Markierung dem individuellen Urteil der jeweiligen Sammlungsverwalter und betraf in der überwiegenden Mehrzahl Gegenstände, zu denen es kein weiteres Doppelstück in der Sammlung gab. Durch die Klassifizierung als Dublette wurde dem betroffenen Stück jedoch der Charakter der Einmaligkeit abgesprochen und somit dessen Objektidentität negiert. Die als solche Dubletten ausgesonderten Gegenstände wurden daher mit einer neuen Identität ausgestattet, die es zum Beispiel erlaubte, sie als Medien sozialer Diskurse zum Wohl des Berliner Museums einzusetzen, etwa durch eine internationale Vernetzung und Anerkennung auf der Ebene der wissenschaftlichen Mitarbeiter, aber auch zu dessen Nachteil, wie dem Verlust von wertvollen, um die berufliche Karriere eines Einzelnen voranzubringen.

Anmerkungen

1   SMB-PK, EM. Max Schmidt am 28. Dezember 1906, in: Acta IB Amerika, Bd. 69. Bericht an die Generaldirektion der Königlichen Museen, E 22158/06.
2   Raddatz. 1985. Ein Sammlerleben, S. 5-7.
3   Diese ist für alle Museen, die Mitglied im Internationalen Museumsrat (ICOM) sind, verpflichtend im ICOM-Statut formuliert. Darin wird im Artikel 3.1 das Sammeln, Bewahren, Erforschen, Vermitteln und Ausstellen des jeweiligen Sammlungsgutes als zentrale Aufgabe eines Museums formuliert (http://www.icom.museum/definition.html).
4   Von Bode. 1997. Mein Leben, S. 182-184.
5   Veräußerungen nahmen zudem nicht nur die Berliner Museen vor, sondern auch andere deutsche Institutionen, insbesondere wenn sie als Tauschpartner in Erscheinung traten.
6   Vgl. SMB-PK, EM. Acta Tausch und Abgabe von Dubletten IIIb, Bde 1-9.
7   Vgl. SMB-PK, EM. Acta Tausch und Abgabe von Dubletten IIIb, Bd. 1, E 321/99; Bd. 2, Anweisung der Generaldirektion, E 2077/06.
8   Vgl. SMB-PK, ZA, D-Slg. 001, Bestimmungen über die Stellung der Abteilungsdirektoren, IV.8.
9   Vgl. Hermannstädter. 2001. Frühe Ethnographie, S. 313-315.
10 Vgl. SMB-PK, EM. Acta Erwerbungen Amerika IB, Bd. 2, E 390/72.
11 Es handelt sich dabei um zwei Steinmesser, zwei Rillsteine, zwei Keramikgefäße, sowie eine Steinmaske und eine Flöte (IV Ca 1101, 1526, 3308, 3564, 3426, 3609, 3714 sowie ein nummernloses Stück).
12 Eisleb. 1973. Abteilung Amerikanische Archäologie, S. 178, 186f.
13 Es handelt sich dabei unter anderem um eine Maquari-Peitsche, eine Maultierglocke, eine Steinwaffe, ein Muschelobjekt, ein Textilstück, eine Holzfigur, eine Chuspa mit Cocablättern aus einem Grab bei Arica und eine Holzfackel (VA 397-402, IVCa 4015-4016, IV B 1942, IVCb 22-24, VB 189).

14 Vgl. SMB-PK, EM. Acta Erwerbungen Amerika IB, Band 8, Objektliste, E 2859/83. Es handelt sich um folgende Stücke: VB 705-801.

15 Vgl. SMB-PK, EM. Anweisung der Generaldirektion, in: Acta Tausch und Abgabe von Dubletten IIIb, Bd. 2, E 2077/06.

16 Vgl. SMB-PK, EM. Otto Kümmel am 3.12.1934, in: Acta Erwerbungen Eurasien IB, Bd. 1, ohne Vorgangsnummer.

17 SMB-PK, EM. Acta Erwerbungen Eurasien IB. Band 1, ohne Vorgangsnummer.

18 Ebd.

19 Vgl. SMB-PK, EM. Acta Tausch und Abgabe von Dubletten IIIb, Bd. 8, E 610/37.

20 Mesenhöller. 2005. Die Europasammlung, S. 4ff.

21 SMB-PK, EM. Emil Snethlage am 25.8.1937, in: Acta Tausch und Abgabe von Dubletten IIIb, Bd. 8, E 610/37.

22 Straube. 1972. Hermann Baumann, S. 1-15.

23 Vgl. SMB-PK, EM. Acta Tausch und Abgabe von Dubletten IIIb, Band 8, E 1018/38, E 1191/38.

24 SMB-PK, EM. Hermann Baumann am 12.4.1940, in: Acta Tausch und Abgabe von Dubletten IIIb, Bd. 9, E 76/40.

25 Vgl. SMB-PK, EM. Krickeberg, ohne Datum, in: Acta Tausch und Abgabc von Dubletten IIIb, Bd. 8, E 76/40.

26 Vgl. SMB-PK, EM. Liste der gewünschten Objekte vom 7.5.1940, in: Acta Tausch und Abgabe von Dubletten IIIb, Bd. 8, E 76/40.

27 Vgl. SMB-PK, EM: Am. Arch. Verzeichnis VII E Dubletten Amerika, Bde. 1-3.

Quellen

Staatliche Museen zu Berlin – Stiftung Preußischer Kulturbesitz, Ethnologisches Museum, Archiv (SMB-PK, EM):
> Acta betreffend die Erwerbung der Sammlung peruanischer Altertümer von W. Gretzer. Pars IB Amerika. Band 69.
> Acta betreffend Tausch und Abgabe von Dubletten der ethnologischen Sammlung, Pars IIIb. Bände 1-9.
> Acta betreffend die Erwerbungen ethnologischer Gegenstände aus Amerika. Pars IB Amerika. Band 2, 8.
> Acta Erwerbungen ethnologischer Gegenstände aus Eurasien. Band 1. Pars IB Eurasien.

Staatliche zu Berlin – Stiftung Preußischer Kulturbesitz, Ethnologisches Museum, Fachreferat Amerikanische Archäologie (SMB-PK, EM: Am. Arch.):
> Verzeichnis VII E Dubletten Amerika, Bände 1-3.

Staatliche Museen zu Berlin – Stiftung Preußischer Kulturbesitz, Zentralarchiv (SMB-PK, ZA):
> Bestimmungen über die Stellung der Abteilungsdirektoren und die Verwendung der sächlichen Fonds bei den Königlichen Museen zu Berlin. Ergänzung zum Statut der Königlichen Museen zu Berlin von 1868 (ZA SMB D-Slg. 001).

Bibliografie

Bastian, Adolf. 1884. Amtliche Berichte E. Ethnologische Abteilung, in: Jahrbuch der Königlich Preussischen Kunstsammlungen. Bd. 5, S. VI-VIII.

Baumann, Hermann. 1934. Vom Grabstock zum Pflug. Frühformen des Bodenbaues. Einführung in die Sonderausstellung im Staatlichen Museum für Völkerkunde, Berlin.

Bode, Wilhelm von. 1997. Mein Leben. Textband. Hg. v. Gaethgens, Thomas / Paul, Barbara. Berlin: Nicolai.

Eisleb, Dieter. 1973. Abteilung Amerikanische Archäologie, in: Krieger, Kurt / Koch, Gerd (Hg.). Hundert Jahre Museum für Völkerkunde Berlin. Baessler-Archiv N.F. Bd. 21, S. 175-217.

Hermannstädter, Anita, 2001: Frühe Ethnographie in Brasilien 1815-1831: Die Sammlung Friedrich Sellow und Ignaz von Olfers – eine Berlin-Brandenburgische Kooperation, in: Wolff, Gregor (Hg.). Die Berliner und Brandenburger Lateinamerikaforschung in Geschichte und Gegenwart: Personen und Institutionen. Berlin: Wissenschaftlicher Verlag. S. 313-328.

ICOM-Statut in der aktuellen Fassung vom 24. August 2007, http://www.icom.museum/definition.html (17.4.2009).

Mesenhöller, Peter, 2005: Die Europa-Sammlung des Rautenstrauch-Joest-Museums – Ein volkskundlicher Annex?, in: Kölner Museums-Bulletin. Heft 3, S. 4-12.

Pearce, Susan M. 1992. Museums, Objects and Collections: A Cultural Study. Leicester, London: Leicester University Press.

Pomian, Krzysztof, 1998: Der Ursprung des Museums. Vom Sammeln. Berlin: Verlag Klaus Wagenbach.

Pützstück, Lothar. 1995. „Symphonie in Moll" Julius Lips und die Kölner Völkerkunde. Paffenweiler: Centaurus.

Raddatz, Corinna, 1985: Ein Sammlerleben: Christian Theodor Wilhelm Gretzer (1847-1926) in Hannover, in: Ein Hannoveraner in Lima. Der Sammler praecolumbischer Altertümer Christian Theodor Wilhelm Gretzer (1847-1926). (Ausstellungskatalog, Niedersächsisches Landesmuseum Hannover). S. 5-10.

Straube, Helmut, 1972: Hermann Baumann, 9. Februar 1902 – 30. Juni 1972, in: Paideuma. Bd. 18, S. 1-15.

Westphal-Hellbusch, Siegrid, 1973: Zur Geschichte des Museums, in: Krieger, Kurt / Koch, Gerd (Hg.), Hundert Jahre Museum für Völkerkunde Berlin. Baessler-Archiv N.F. Bd. 21, S. 1-99.

Maria Gaida

Echt oder nicht echt? Der (falsche) Maya-Stuckkopf im Ethnologischen Museum Berlin

Ein authentisches archäologisches Objekt ist von einem bestimmten Hersteller, an einem bestimmten Ort, in einer bestimmten Zeit, aus einem bestimmten Material und zu einem bestimmten Zweck angefertigt worden. Die Fälschung ist das Objekt, das dem Original nachgearbeitet wurde und in täuschender Absicht als authentisch ausgegeben wird. Es ist zu vermuten, dass sich in vielen archäologischen Sammlungen auch Stücke befinden, die als „authentisch" angeboten, nicht als Fälschung erkannt und daher als vermeintliche Originale erworben wurden. Im Ethnologischen Museum Berlin gibt es – neben anderen – den interessanten Fall eines gefälschten Stuckkopfes (IV Ca 44330) (*Abb. 1*).

Mit der Nachzeichnung der Biografie und Korrespondenz im Zusammenhang mit der Erwerbung dieses nicht echten Maya-Stuckkopfes bis zu dessen „Enttarnung" wird der Versuch unternommen, die Umstände zu beleuchten, die zu dem „Missverständnis" geführt hatten. Lässt sich rekonstruieren, welche Faktoren dafür verantwortlich waren, dass das Selbstverständnis des Expertentums im Museum unwirksam wurde?

Die klassische Maya-Kultur erlebte ihre Blüte 250-900 n. Chr. in den heutigen mexikanischen Bundesstaaten Chiapas und Tabasco, auf der Halbinsel Yukatan, in Guatemala, Belize und Teilen von Honduras und El Salvador. Im letzten Viertel des 19. Jahrhunderts trug der Sammler Florentino Jimeno in Mexiko ein großes Konvolut klassischer Archäologica der Maya-Kultur zusammen, das vom damals Königlichen Museum für Völkerkunde in Berlin erworben wurde – überwiegend Tonfiguren. Diese Sammlung bildete den Grundstock der Berliner Maya-Sammlung. Hinzu kamen im Laufe der Zeit beritzte und polychrom bemalte Tongefäße, Grünstein-Objekte, Stelen-Fragmente, Köpfe aus Stuck und vieles mehr.

1960 wurde dem damaligen Völkerkundemuseum ein beeindruckender, aber eben gefälschter Stuckkopf der ‚Maya-Klassik' zum Kauf angeboten, und zwar in jeder Hinsicht zu einem hohen Preis. Am Anfang dieser Geschichte stehen logischerweise der Fälscher und seine Fähigkeit, mit seinem Werk die Illusion von Authentizität zu erzeugen. Der Fälscher ist ein Anonymus; wer ihn beauftragt hat, liegt im Dunkeln. Der Kunsthändler gab zur Provenienz in einem Schreiben vom 5.12.1960 an: „Found in the State of Chiapas as an offering in a tomb built into an oyster mound in the Sierra de Palenque [...]".[1] Nicht wirklich rekonstruieren lässt sich, ob der Galerist selbst der suggestiven Kraft des vermeintlichen Originals erlegen war oder ob er sich darüber im Klaren war, dass es sich bei dem von ihm angebotenen Stück um eine Fälschung handelt.

Bei einem Ankauf dieser Größenordnung ist es damals wie heute eine Selbstverständlichkeit, im Vorfeld Experten hinzuzuziehen und Gutachten zur Authentizität und Provenienz bei ausgewiesenen Fachleuten einzuholen. Dies geschah zunächst durch ein in Auftrag gegebenes Gutachten der Konstandt Laboratories in New York, in dem die

Authentizität des Stückes „nachgewiesen" wurde. In der Expertise heißt es: „The top surface layer is part of the original sculpture. The variation in efflorescence indicates that the sculpture was exposed for a considerable time to the elements. This variation is indicative of an ‚oxide' or weathered layer being present. The colors found are identical to those found on authenticated pieces. The colors are not of recent origin and do not, in our opinion, approximate present day paints. We are of the opinion that the sample is genuine and authentic."[2] Ob der Galerist selbst dieses Labor für die Untersuchung vorschlug, ist nicht bekannt, aber anzunehmen. So weit zu dem naturwissenschaftlichen Gutachten.

Mehrere Spezialisten, denen die stilistische Einschätzung oblag, kamen ebenfalls zu positiven, ja geradezu überschwänglichen Begutachtungen. In einem Schreiben des damaligen Amerikanisten am Berliner Völkerkundemuseum, Hans-Dietrich Disselhoff, heißt es, der Porträtkopf eines Maya-Fürsten aus der klassischen Zeit sei ein „überaus schönes und kostbares Stück […]. Man darf unübertrieben von einem Spitzenwerk der Weltkunst sprechen, welches einen besonderen Anziehungspunkt und eine einmalige Bereicherung für das Berliner Museum bilden würde. Als Museumsdirektor halte ich mich geradezu dazu verpflichtet, den Ankauf anzustreben. […] Ich darf hinzufügen, daß die weltbekannte altamerikanische Sammlung des Berliner Museums gerade in den letzten Kriegstagen ihre kostbarsten Spitzenstücke verloren hat, die im Flakturm Friedrichshain gelagert waren, [...] lauter unersetzliche Stücke. [...] Begutachtet wurde das Stück bisher von Herrn Dr. Kutscher [...] und von dem einschlägigen Kenner Herrn von Kleist." Der Vorgänger von Disselhoff, Walter Krickeberg, wurde ebenfalls um eine Begutachtung gebeten, war zu diesem Zeitpunkt jedoch leider bettlägerig. „Doch ich bin sicher", so fährt Disselhoff fort, „daß auch Prof. Krickeberg den Ankauf dieses einmaligen Stückes wärmstens befürworten würde. Außerdem liegt ein Materialgutachten der Konstandt Laboratories New York vor." Der Bitte an den Generaldirektor, Mittel beim Berliner Zahlenlotto für den Ankauf zu beantragen, folgten erneut Sätze höchster Bewunderung: „[...] [D]enn es handelt sich [...] um ein Spitzenstück der Weltkunst, dessen Besitz dem Berliner Völkerkundemuseum zum Besten gereichen würde. Die beiliegenden Photographien geben nicht annähernd die wirkliche Schönheit des Stückes wieder, das ich als Amerikanist ohne Bedenken eben so hoch wie die Nofretete einschätze."[3]

Die Sammlung des Ethnologischen Museums gilt heute als wichtigste öffentliche Sammlung klassischer Maya-Keramik in Europa. Das war nicht immer so. Im Zweiten Weltkrieg waren schwerwiegende Verluste zu beklagen. Zu den bekanntesten, bis heute verschollenen Objekten der mesoamerikanischen Kulturen gehören sicherlich die so genannte Humboldt-Scheibe und die Humboldt-Axt. Seit damals wird auch eine Reihe herausragender Stücke der klassischen Maya-Kultur, wie der gut erhaltene Türsturz 56 aus Yaxchilan oder das berühmte Chama-Gefäß, vermisst. Erst ab den 1960er Jahren versuchte man mit dem Ankauf bedeutsamer Stücke die durch unersetzliche Kriegsverluste dezimierte Maya-Sammlung wieder auszubauen. Zu den ersten Nachkriegserwerbungen aus dem Kunsthandel gehörte der Ankauf eben dieses überlebensgroßen ‚Maya'-Kopfes (Höhe 30 cm) aus Stuck mit Resten roter und blauer Bemalung.[4] Der Kopf wurde 1960 aus Lottomitteln für 23.000 US Dollar – damals 92.000 DM – angekauft. Man sollte sich an dieser Stelle in Erinnerung rufen, dass vor fast 50 Jahren 92.000 DM eine sehr stattliche Summe waren!

Bemerkenswert am obigen Zitat aus dem Schreiben von Disselhoff an den Generaldirektor Kurt Reidemeister ist, dass der Museumsdirektor als Amerikanist den ‚Maya'-Kopf ebenso hoch wie die Büste der Nofretete im Ägyptischen Museum einschätzte – wohlgemerkt wie das wahrscheinlich berühmteste Einzelkunstwerk der Staatlichen Museen zu Berlin. Wie ist diese Aussage zu werten?

Das Begehren nach dem Besitz des in alter Tradition stehenden Objektes für die, wie er in seinem Brief schreibt, „weltbekannte altamerikanische Sammlung"[5], der dringende Wunsch nach einer Wertschöpfung, die angesichts der ebenfalls in dem Schreiben beklagten Kriegsverluste herbeigesehnt wurde, dieses Begehren muss in diesem Fall auch in Zusammenhang mit einer spektakulären archäologischen Entdeckung in den 1950er Jahren gesehen werden.

Bei Grabungen in der Ruinenstätte Palenque in Chiapas/Mexiko, einem der wichtigsten und größten Stadtstaaten der Maya-Klassik, entdeckte der Archäologe Alberto Ruz Lhuillier 1949 im „Tempel der Inschriften" einen Tunnel, der vom Boden im rückwärtigen Raum des Gebäudes nach unten führte. 1952 erreichte er an der Basis der Pyramide eine verborgene Grabkammer, die nun geöffnet wurde. Bis zum heutigen Tag kann man die Feststellung aufrechterhalten, dass Alberto Ruz auf etwas gestoßen war, das eine der zwei wichtigsten archäologischen Entdeckungen war, die bis dato im Maya-Gebiet gemacht wurden: Neben den Wandgemälden von Bonampak war die Grabkammer mit dem heute weltbekannten reliefierten Sarkophag des großen palenquanischen Herrschers Pakal eine absolute Sensation. Die Kunde von dem Aufsehen erregenden Fund ging wie ein Lauffeuer um die ganze Welt. Schon vor dieser Entdeckung standen Palenque und die archäologischen Entdeckungen an diesem Ort für allerhöchste Qualität, aber das, was jetzt unerwarteterweise zum Vorschein kam, war spektakulär!

Wie verlockend und fantastisch mag da die Vorstellung gewesen sein, gewissermaßen als Ersatz für „lauter unersetzliche Stücke", die man im Krieg verloren hatte, gerade einmal acht Jahre nach dieser einzigartigen Entdeckung einen in seiner Bedeutung der Nofretete gleichzusetzenden Stuckkopf aus diesem sagenhaften Zentrum der klassischen Maya erwerben zu können. Hier scheint auch das Unbewusste am Wirken gewesen zu sein. Der Wunsch, die Vorkriegsbedeutung der Sammlung wiederherzustellen, und der Bann, der von den palenquanischen Funden ausging, waren anscheinend so dominant, dass die Experten sich gründlich haben täuschen lassen.

Von einem „Spitzenstück der Weltkunst" und vergleichbaren Lobpreisungen war die Rede. „[...] Begutachtet wurde das Stück bisher von Herrn Dr. Kutscher von der Iberoamerikanischen Bibliothek und von dem ebenfalls einschlägigen Kenner Herrn von Kleist [...]"[6] wie aus demselben Schreiben hervorgeht. Schließlich konnte der Museumsdirektor am 15.10.1960 an den Senat für Volksbildung die Abschrift eines Schreibens des früheren Direktors des Münchener Staatlichen Museums für Völkerkunde, Ubbelohde-Doering, hinzufügen, welches die Seltenheit dieser Plastik im Vergleich zu anderen Spitzenwerken der Weltkunst hervorhebt. „[...] Maya-Kunstwerke einer Spitzenklasse von internationalem Rang, vor allem Stuckplastik dieser Größe und Qualität, sind seltener als fast alles andere, was an Weltkunst im Handel auftaucht, einschließlich chinesischer Shang-Bronzen. [...] Aber Maya-Stuckbildwerke sind noch seltener und das wissen diejenigen, die ein solches Stück anbieten [...]."[7]

Der Fälscher und der Kunsthändler wussten das natürlich auch. Dem Fälscher war sicherlich bekannt, dass es aufgrund der Seltenheit solcher Objekte nicht leicht sein dürfte, gründliche stilistische Vergleiche anzustellen. Wir können nur erahnen, welche unternehmerische Geschicktheit vorhanden gewesen sein muss, um den Experten dieses Stück als echt verkaufen zu können.

„Spitzenklasse", „internationaler Rang", „Seltenheit" – diese Begriffe verdeutlichen die Begehrlichkeiten, nach denen die Nachkriegsgeneration so sehr strebte. Allein die in dem Schreiben angesprochene, zum damaligen Zeitpunkt absolute Seltenheit solcher Stuckplastiken, wodurch kaum Vergleichsmaterial vorhanden war, hätte die Fachleute auf den Plan rufen müssen. „Wie dem auch sei", so fuhr Ubbelohde-Doering fort, „ich halte nach Ihrer Schilderung den Kopf für eines dieser großartigen Bildwerke altamerikanischer Kunst und finde jede Anstrengung gerechtfertigt, ihn für die ehemals Staatlichen Museen Berlins zu erwerben [...]." Die Formulierung „nach Ihrer Schilderung" lässt befürchten, dass diese folgenschwere Expertise anhand von Schilderungen und wahrscheinlich Fotografien, nicht jedoch durch eigene Inaugenscheinnahme zustande kam.

Außerdem konnte Disselhoff die Mitteilung machen, dass er nun in der Lage sei, auch ein Gutachten „des international als hervorragender Kenner der altmexikanischen Kulturen renommierten Professors Krickeberg"[8] vorzulegen. Walter Krickeberg war derjenige, dem die Aufgabe zukam, die im Krieg ausgelagerten Konvolute aus den *Art Collecting Points* zurückzuführen. „Nach Beendigung des Krieges wurden die in Grasleben und Kaiserroda lagernden Bestände von den Alliierten in den *Art Collecting Point* in Wiesbaden und nach Schloss Celle verbracht, wo sie bis 1948 unter der Verantwortung der amerikanischen und englischen Kunstschutzabteilungen standen. [...] unter ihnen unwiederbringliche Unikate."[9] Gleich nach Kriegsende versuchte Krickeberg die ausgelagerten Bestände nach Berlin zurückzuholen, aber auch bei diesen Aktionen waren. Verluste zu beklagen.

In seinem Gutachten vom 14.10.1960 schreibt Krickeberg: „Der [...] Menschenkopf gehört [...] zu den hervorragendsten Werken der älteren Maya-Kunst des siebenten nachchristlichen Jahrhunderts, als die Stuckplastik in der im mexikanischen Staat Chiapas liegenden großen Ruinenstadt Palenque ihre Blütezeit erlebte [...] [I]n der Rundplastik aus Stuck ist aber die Kunst Palenques nicht wieder erreicht worden, wie man seit der Entdeckung eines Fürstengrabes in der Krypta des ‚Inschriftentempels' von Palenque durch Alberto Ruz im Jahre 1952 weiß [...]." Unter dem Sarkophag wurden zwei dieser Menschenköpfe gefunden, „die in ihrer Größe, Gesichtsform und der in Resten erhaltenen Bemalung dem vorliegenden Menschenkopf so sehr ähneln, daß ich auch ihm dieselbe Herkunft zuschreiben möchte [...] Wäre der – ursprünglich zweifellos vorhandene – reiche Kopfputz bei dem vorliegenden Stück nicht abgebrochen, so würde die Ähnlichkeit der drei Köpfe noch mehr in die Augen fallen"[10].

Ein wichtiges Medium der Darstellung bei den klassischen Maya war Stuck, der halb- oder vollplastisch modelliert wurde. Stuck war leicht zu formen und eignete sich deswegen besonders auch zur Nachbildung individueller Züge und physiognomischer Merkmale. Die realistischen Porträtköpfe aus der Spätklassik, wie etwa jene aus Palenque, bekunden dies eindrucksvoll (*Abb. 2*).

Eingehende stilistische Betrachtungen im Vergleich zu den damals bekannten palenquanischen Stuckköpfen, die tatsächlich in ihrer Feinheit, Ausdrucksstärke und Vollkommenheit mit der Nofretete vergleichbar sind, hätten bei den Experten Zweifel aufkommen lassen müssen – so geschehen in Kopenhagen.

Parallel zu den Vorgängen um den Ankauf des (vermeintlichen) Maya-Stuckkopfes in Berlin gab es seitens des Galeristen ein Angebot von zwei weiteren Köpfen an das Nationalmuseet-Etnografisk Samling in Kopenhagen. Der Direktor Jens Yde zeigte sich ebenfalls sehr interessiert, wollte aber die endgültige Entscheidung von einigen Auskünften, „die wir in diesem Augenblick noch suchen", abhängig machen.[11]

Die Lieferung des Kopfes an das Museum für Völkerkunde Berlin erfolgte am 21.11.1960. Drei Wochen später informierte man die Öffentlichkeit mit einem Foto dieses sensationellen Ankaufs in der Tageszeitung Berliner Tagesspiegel.[12]

Im Gegensatz zu Berlin trat Kopenhagen seinerzeit allerdings von dem Kaufangebot zurück. In einem Schreiben, das leider nicht mehr auffindbar ist, scheinen ernsthafte Zweifel zumindest an der Authentizität und Provenienz des in Kopenhagen angebotenen Stuckkopfes angedeutet worden zu sein. Disselhoff beantwortete jenen Brief des Kopenhagener Kollegen am 10.4.1961 folgendermaßen: „Ihre Mitteilung werde ich selbstver-

Abb. 2:
Stuckkopf, Palenque/Mexiko, Maya-Klassik (7. Jh. n. Chr.), Museo Nacional de Antropología, Mexiko

ständlich mit aller Vertraulichkeit behandeln. Unser Kopf [also der Berliner, Anm. d. Verf.], der ja viel weniger prächtig ist als der ‚Ihre‘, ist auf sein Material hin und auch sonst von mehreren Seiten untersucht worden. Wenn Ihre Feststellungen stimmen, kann die Angabe, daß beide Köpfe aus einem Grabe kommen, nicht richtig sein. [Den Galeristen, Anm. d. Verf.] Herrn Stolper halte ich eigentlich für zuverlässig. Hoffen wir, daß, wenn eine Täuschung vorliegt, er selbst getäuscht wurde! Ich danke Ihnen sehr herzlich für Ihre vertrauliche Mitteilung.“[13]

Trotz der Zweifel in Kopenhagen an dem dort angebotenen Stuckkopf, der aus demselben Fundzusammenhang stammen sollte, kamen offenbar keine Zweifel an dem Berliner Stück auf. Schließlich hatten ihn mehrere Fachleute positiv begutachtet. Der Berliner Stuckkopf wurde im Museum ausgestellt und von vielen Menschen achtungsvoll in Augenschein genommen, u.a. von dem damaligen Bundespräsidenten. Es ist nicht unbedingt an der Tagesordnung, dass ein Bundespräsident sich einen Neuankauf der Staatlichen Museen vorstellen lässt. Dies belegt daher die auch politische Dimension des Geschehens. Der Wertzuwachs durch ein (vermeintlich) solch bedeutendes archäologisches

Stück war von nationalem Interesse. Man wollte sozusagen auf Gedeih und Verderb an die Bedeutung der Vorkriegssammlung anknüpfen.

In dem Beitrag „Neuerwerbungen mexikanischer Altertümer" in der Museumszeitschrift Baessler-Archiv von Disselhoff war der neu erworbene Stuckkopf natürlich das prominente Objekt. Einige Sätze aus dem Artikel seien hier zitiert: „Weit an erster Stelle steht die Erwerbung eines überlebensgroßen Kopfes der Klassischen Periode der Mayakunst". Nach dem Dank an die Deutsche Klassenlotterie folgt die Provenienzangabe, die der Autor mit dem Wort „angeblich" versieht. „[Das Stück, stammt angeblich aus einem Grab in der ‚Sierra de Palenque', wo es Anm. d. Verf.] zusammen mit einem zweiten Kopf aus Stuck gefunden worden sein soll. [...] Wenn die Herkunftsangabe stimmt, so besteht eine Parallele zu den beiden vollplastischen Köpfen aus dem gleichen Material, die 1952 von Alberto Ruz Lhuillier als Totenbeigaben in der Krypta der Pyramide des Inschriftentempels zu Palenque gefunden wurden [...] Auch der Berliner Kopf war allem Anschein nach ursprünglich vollplastisch. Angeblich wurde er schon in zwei Hälften zerbrochen aufgefunden. Die Meißelspuren, die er auf der Rückseite aufweist, deuten auf modernes Metallgerät als Werkzeug." Es folgt eine detaillierte Beschreibung, die mit dem Satz endet: „Mandelförmig wölben sich die Augäpfel unter den Lidern. Die Augen sind groß und so sorgfältig modelliert wie bei keinem anderen mir bekannten Mayaportrait."[14]

Aus heutiger Sicht stellt sich natürlich die Frage, ob der Museumsdirektor und Autor nicht vielleicht doch etwas verunsichert war durch die Zweifelsäußerungen seines Kopenhagener Kollegen, wenn er in seiner Antwort an ihn auch keine Veranlassung sah, diese Zweifel auf das Berliner Stück zu übertragen. Gleichwohl sind in dem wenige Monate später veröffentlichten Artikel von Disselhoff mehrere Ausdrücke auffallend, die nicht gerade geeignet sind, seine feste Überzeugung von der Authentizität zu untermauern, wie „angeblich", „gefunden worden sein soll", „wenn die Herkunftsangabe stimmt", „allem Anschein nach", „modernes Metallgerät", „vielleicht".

1964, also erst vier Jahre nach der Präsentation im Museum, kamen ernsthafte Zweifelsäußerungen zur Echtheit des Berliner Stuckkopfes auf, und zwar von dem sehr renommierten damaligen Kurator am American Museum of Natural History, Gordon F. Ekholm. Dieter Eisleb, inzwischen am Berliner Museum in der Abteilung Amerikanische Archäologie tätig, tat das einzig Richtige und bat Ekholm daraufhin um die erneute Untersuchung einer Stuckprobe. Hierbei erwies sich die Beschaffenheit des Gipses als absolut untypisch für die angegebene Herkunftsgegend, aber sehr wohl ähnlich der Beschaffenheit solcher Stücke, die in den letzten Jahren auftauchten und sich aus verschiedenen Gründen als falsch herausstellten. In der Probe war zum Beispiel reichlich *calcium sulphate* enthalten, was bei hunderten von chemisch analysierten Proben aus Palenque nie nachgewiesen worden war. Zu allem Überfluss fand Eckholm in der Stuckprobe des Kopfes unter dem Mikroskop ein Stück Haar („perfectly fresh and pliable"), das von einem Hausschwein stammte[15] – und Hausschweine gab es im vorspanischen Amerika definitiv nicht. Das sprichwörtliche „Haar in der Suppe" war gefunden, das negative Urteil bestätigt, die Fälschung enttarnt. Das Ergebnis also war klar: „[...] The above considerations combined with the general appearance of your head lead me to believe without any doubt that your head is not a genuine piece".[16]

Es musste reagiert werden. Zunächst wurde der Galerist unterrichtet. Dann musste der Generaldirektor von der neuen Sachlage in Kenntnis gesetzt werden.[17] Man teilte ihm mit, dass man neben den naturwissenschaftlichen und stilistischen Untersuchungen durch Ekholm auch José Luis Franco, einen Experten aus Mexiko, hinzugezogen habe. Beide beanstandeten unabhängig voneinander im Wesentlichen die gleichen stilistischen Merkmale. Der Verkäufer des Stuckkopfes war aufgrund dieser Tatsachen *nolens volens* bereit (denn er hielt den Kopf nach wie vor für authentisch), den Stuckkopf gegen ein Objekt mexikanischer Kunst zum gleichen Preis einzutauschen.

Als Tauschobjekt wurde eine Stele der vorspanischen Huaxteca-Kultur ausgesucht. Nach den peinlichen Erfahrungen übersandte Eisleb das Foto dieses Steinreliefs an Ekholm und bat um eine Einschätzung bezüglich der Echtheit, die positiv ausfiel: „In my opinion the piece you are considering is definitely genuine and I think its acceptance would be an excellent solution of the problem of the stucco head."[18] Nach der Blamage für das Museum ebenso wie für die externen Gutachter meldeten sich natürlich nun Stimmen, die weiterhin die Authentizität der eingetauschten Stele anzweifelten. Ein Irrtum bzw. eine Fehleinschätzung kann in diesem Fall jedoch ausgeschlossen werden. Der schon im Zusammenhang mit der Begutachtung des Stuckkopfes erwähnte mexikanische Experte José Luis Franco C. bestätigte im August 1967, wie vorher schon Ekholm, dass die Stele aus der Huaxteca im mexikanischen Bundesstaat Veracruz authentisch sei.

Die Zerstreuung letzter Zweifel an der Echtheit der Stele verdanken wir einem Pappmaché-Abklatsch, den der Berliner Mexikanist Eduard Seler 65 Jahre vor diesem Tauschvorgang an das Museum sandte.[19] Da der im Ethnologischen Museum noch vorhandene Seler'sche Abklatsch, angefertigt auf seiner letzten Reise 1902/1903 in Mexiko, vollkommen deckungsgleich mit der 1967 erworbenen Stele ist, inklusive einer etwas erhabenen Steinader, war damit jeder Restzweifel an der Authentizität ausgeräumt.

Schlussbetrachtung

Das den Museumskuratoren und externen Fachleuten zugeschriebene Expertentum hat beim Ankauf des vermeintlichen Maya-Stuckkopfes versagt. Am Beginn dieses verhängnisvollen Vorgangs standen der kenntnisreiche anonyme Fälscher und seine Fähigkeit, mit dem Werk die Illusion von Authentizität zu erzeugen. Denn unbestritten ist der Stuckkopf eine durchaus solide bildhauerische Arbeit, deren Herstellung einiges an Kenntnissen über die Stuckarbeiten der Maya-Klassik voraussetzt. Immerhin muss man dem Fälscher die Intelligenz bescheinigen, mit seinem Werk Merkmale hervorgebracht zu haben, die eine suggestive Kraft entwickelten. Aus welchem Milieu kam der Fälscher? War er ein Maya? Handelte es sich um eine Auftragsarbeit? Eine Einzeltat? Welchen Anteil der Ankaufssumme hat der Fälscher erhalten? Diese Fragen bleiben unbeantwortet.

Der unglückliche Umstand einer fehlerhaften naturwissenschaftlichen Erstanalyse stand am Anfang der Verkettung mehrerer Faktoren. Zu hinterfragen gewesen wäre hier allerdings die scheinbar objektiv ausgelegte Naturwissenschaft.

Man wollte unbedingt durch spektakuläre Neuerwerbungen die Verluste im Zweiten Weltkrieg wettmachen und an die Bedeutung der Sammlung vor dem Krieg anknüpfen, was ein psychologisch relevanter Punkt zu sein scheint. Denn dies u.a. führte zu einer

unkritischen Selbstüberschätzung der Experten, die offenbar zum Teil anhand von bloßen Schilderungen ihr positives Votum abgaben, obgleich kaum Vergleichsstücke zum
damaligen Zeitpunkt bekannt waren. Jegliche Hinweise auf Zweifel wurden ignoriert. Im
Gegenteil: Man kann fast sagen, die Experten versuchten, sich jeweils an die Qualität des
Vorgutachters anzulehnen, beziehungsweise sich in ihren Gutachten gegenseitig zu über-
bieten. Einer versuchte, den anderen zu ‚toppen', wodurch natürlich eine Wertsteigerung
herbeigeführt wurde. Abgelöst vom Objekt schien der Wert zu steigen, je länger die se-
rielle Expertenkette wurde. Es entstand sozusagen eine nicht gewollte Komplizenschaft.
Dem Ding, das keine Sprache hatte, wurde eine gegeben. Einzig der später verantwortli-
che Kurator Eisleb war in der Lage, den Vorgang mit professioneller Distanz zu betrachten.

Die Psychologie der Wahrnehmung scheint aber auch wirksam gewesen zu sein bei
dem allzu verlockenden Angebot, einen Kopf ausgerechnet aus der berühmten Maya-
Stadt Palenque anzukaufen, die schon damals für ihre große Kunst weltbekannt war.
Man stand unter dem Eindruck des wenige Jahre vorher entdeckten Sarkophages in der
Grabkammer des dortigen Inschriftentempels und ließ sich von der suggestiven Kraft
des vermeintlich aus Palenque stammenden Stuckkopfes in die Irre führen.

Die Erwerbsverhandlungen begannen Ende der 1950er Jahre. Forschungsgeschicht-
lich betrachtet fügt sich der Vorgang damit deutlich in die Nachkriegsgeschichte des
Ethnologischen Museums ein. Um auf „Die Sprache der Dinge" zurückzukommen: Hier
kann man nur sagen, die Dinge sprechen nicht immer die Wahrheit!

Anmerkungen

1   SMB-PK, EM. Schreiben des Kunsthändlers an das Museum vom 5.12.1960, in: Erwerbungsakte,
    Nr. 1B/60/15.
2   Ebd. Gutachten der Konstandt Laboratories vom 31.8.1960.
3   Ebd. Schreiben Disselhoffs an den Generaldirektor Reidemeister vom 5.10.1960.
4   Ident. Nr. IV Ca 44330; SMB-PK, EM, in Erwerbungsakte, Nr. 1B/60/15
5   SMB-PK, EM. Schreiben Disselhoffs an den Generaldirektor Reidemeister vom 5.10.1960, in: Er-
    werbungsakte, Nr. 1B/60/15.
6   Ebd.
7   Ebd. Schreiben von Ubbelohde-Doering an Disselhoff vom 4.10.1960.
8   Ebd. Disselhoff an den Oberregierungsrat Günther vom 15.10.1960.
9   Eisleb. 1973. Hundert Jahre Museum für Völkerkunde Berlin, S. 198.
10 SMB-PK, EM. Gutachten von Krickeberg vom 14.10.1960, in: Erwerbungsakte, Nr. 1B/60/15.
11 Ebd. Schreiben von Yde an Disselhoff vom 25.10.1960.
12 Tagesspiegel, 10.12.1960.
13 SMB-PK, EM. Disselhoff an Yde vom 10.4.1961, in: Erwerbungsakte, Nr. 1B/60/15.
14 Disselhoff. 1961. Neuwerwerbungen mexikanischer Altertümer, S. 5-7.
15 Eisleb.1997. Mündliche Mitteilung an d. Verf.
16 SMB-PK, EM. Schreiben von Ekholm an Eisleb vom 15.10.1964, in: Erwerbungsakte, Nr.
    1B/67/13.
17 Ebd. Schreiben von Eisleb an Reidemeister vom 29.6.1967.
18 Ebd. (26.10.1964). Schreiben von Ekholm an Eisleb vom 26.10.1964.
19 SMB-PK, EM. Seler, Pars IB 26, E 651/1904.

Quellen

Staatliche Museen zu Berlin – Preußischer Kulturbesitz, Ethnologisches Museum, Archiv (SMB-PK, EM):
> Erwerbungsakte der Abt. Amerikanische Archäologie, 1960, Erwerbungsnummer: 1B/1960/15.
> Erwerbungsakte der Abt. Amerikanische Archäologie, 1967, Erwerbungsnummer: 1B 1967/13.
> Acta betreffend die Reise des Direktors Prof. Dr. Seler nach Amerika in den Jahren 1890 bis 1907, Pars IB 26, E 651/1904.

Bibliografie

Disselhoff, Hans Dietrich. 1961. Neuerwerbungen mexikanischer Altertümer, in: Baessler-Achiv N.F. Bd. 9, S. 5-7.

Disselhoff, Hans Dietrich. 1967. Geschichte der Altamerikanischen Kulturen. München: Verlag R. Oldenbourg (2. Aufl.). Abb. Tafel 20.

Eisleb, Dieter. 1973. Hundert Jahre Museum für Völkerkunde Berlin. Abteilung Amerikanische Archäologie, in: Krieger, Kurt / Koch, Gerd (Hg.). Hundert Jahre Museum für Völkerkunde Berlin. Baessler-Archiv N.F. Bd. 21, S. 175-217.

Greene-Robertson, Merle. 1983. The Sculpture of Palenque Bd. 1, The Temple of Inscriptions. Princeton, New Jersey: Princeton University Press.

Lehmann, Walter. 1921. Mexikanische Kunst. (Orbis Pictus. Bd. 8). Berlin: Ernst Wasmuth A.G.

Ruz Lhuillier, Alberto. 1973. El templo de las inscripciones, Palenque. Mexico City: INAH.

Seler, Eduard.1960. Die Monumente von Huilocintla im Canton Tuxpan des Staates Vera Cruz, in: Gesammelte Abhandlungen zur Amerikanischen Sprach- und Altertumskunde, Band III. Graz: Akademische Druck- und Verlagsanstalt. S. 514-521.

Andrea Blumtritt

Von Menschen, Räumen und Dingen: materielle Praxis im Kontext translokaler Raumwahrnehmung

Kann man Dinge nach Räumen befragen?

Lange Zeit war das Interesse an der materiellen Kultur in der ethnologischen Forschung in den Hintergrund gerückt. Die derzeitige Relevanz bzw. das *Revival* des Themas in aktuellen Forschungsprojekten erklärt sich u.a. durch die Verknüpfung mit neuen Kategorien und veränderten Fragestellungen, wie sie beispielsweise der *spatial turn* aufwirft. Angeregt durch die kritische Auseinandersetzung mit bestehenden Raumvorstellungen entstanden neue Raumkonzepte, die menschliche Mobilität stärker berücksichtigen. Solch ein neues Konzept verbirgt sich hinter dem Begriff ‚Translokalität‘, der im Folgenden den Rahmen für meine Überlegungen vorgibt.

Am Beispiel einer Opferpraxis der bolivianischen Aymara[1] soll überprüft werden, inwieweit ein besseres Verständnis der materiellen Kultur durch die Konfrontation mit einem Raummodell möglich wird, das die Vorstellung binärer Oppositionen unterläuft. Diese Überlegungen basieren nicht auf einer systematischen Erhebung, sondern sind vielmehr Ausgangpunkt für ein neues Forschungsthema, das sich mit indigenen Raumkonzepten befasst. Es widmet sich indigenen räumlichen Praktiken und Konzepten, die sich vor dynamischen globalen Zusammenhängen entwickeln. In diesem Fall ist es die dauerhafte Mobilität vieler Aymara zwischen unterschiedlichen lokalen Bezugspunkten, die translokale Lebenswelten entstehen lässt, in deren heterogenem Kontext eine permanente Variation der Opfergaben und -rituale zu beobachten ist. Dabei wird die Bedeutung von Dingen in von Bewegung geprägten Räumen rekonzeptualisiert. Anhand der Veränderungen der materiellen Kultur des Opfers und der Intentionen der Akteure/Akteurinnen lässt sich demzufolge der komplexe und dynamische Zusammenhang von Menschen, Räumen und Dingen entwickeln. Als wichtige Quelle bei diesem Vorhaben dient mir dabei die 1995 erschienene Publikation „Banquete Aymara: mesas y yatiris" von Gerardo Fernández Juárez. Als eine der umfassendsten Studien zur *mesa* Aymara verweist sie explizit auf Varianten und Veränderungen der *mesa* im urbanen Kontext und vergleicht zwischen bäuerlichen und urbanen Opferpraktiken.

Die *mesa* Aymara

Im südamerikanischen Andenraum sind zahlreiche Varianten von Opferpraktiken dokumentiert, die als *mesas, despachos, recados, irantes, encargos* oder auch *pagos* bezeichnet werden.[2] Um die Vielfalt der Opfer und Opferrituale einzugrenzen, werde ich mich im Folgenden nur auf kulturelle Praktiken der Aymara beziehen, die bis heute die Verbrennung von *mesas* als Form des Opfers praktizieren. In der bolivianischen Aymara-Kultur spielen Opfergaben an wirkmächtige Orte eine bedeutsame Rolle; sie sind Teil eines Dialogs mit der übergeordneten Welt. Für dieses Zwiegespräch werden Opfergaben in komplexen Arrangements angeordnet und an Orten verbrannt, denen göttliche Präsenz oder überirdische Kräfte zugesprochen werden. In einem Akt der Reziprozität werden diese Orte, die als *huacas*[3] bezeichnet werden, mit Gerichten ‚gespeist‘, die veränderlicher Ausdruck andiner Kosmovision und Lebenswelt sind. Die rituelle Form des Speisens von *huacas* hat eine lange Geschichte im gesamten Andenraum und wurzelt tief in der Kultur der Aymara, wo diese Praxis in zeitgenössischen Varianten fortlebt.

Unter den zahlreichen Beschreibungen von *mesas* stellt Fernández Juárez die äußerst minimalistische Definition Hans van den Bergs an den Anfang seiner Recherchen, denn sie erlaubt eine erste, wenn auch verhaltene Annäherung an das Phänomen der *mesa*: Van den Berg versteht unter *mesa* eine komplexe Opfergabe, die sich aus zahlreichen Zutaten zusammensetzt. Je nachdem welche Absicht hinter dem Opfer steht, werden pflanzliche, tierische und mineralische Elemente auf einem Blatt Papier angeordnet. Die Bestandteile der *mesa* sollen die übernatürliche Welt versöhnen und symbolisieren darüber hinaus konkrete Bitten um Wohlergehen und Liebe, um Schutz vor schädlichen Einflüssen und um Hilfe bei der Bewältigung schwieriger Lebensphasen.[4]

Fernández Juárez selbst versteht die *mesas* der Aymara als *platos rituales* – als rituelle Speisen, in deren formellem Universum die Beziehung zwischen Menschen und ‚Göttern‘ gefasst ist, als Ausdruck der Kosmovision, durchaus vergleichbar mit symbolischen Repräsentationen auf Textilien.[5]

Genauso wichtig wie das Opfer selbst ist der Ort, an dem es stattfindet. Die *huacas*, die die Opfergaben empfangen, blicken auf eine lange Tradition zurück. Ohne im Weiteren die präkolumbischen Kulturen zu berücksichtigen, deren vielfältige Opferpraktiken von der Archäologie dokumentiert werden und als Vorgänger der heutigen *mesa* verstanden werden könnten, soll hier nur darauf hingewiesen werden, dass der Begriff *huaca* zur Zeit der Eroberung im gesamten Inkareich bedeutsam war[6], was auf die weite Verbreitung dieser Opferpraktiken hinweist. Als Orte ‚heidnischer‘ Kulte wurde die Verehrung der *huacas* während der Kolonialzeit verfolgt[7], die Kultplätze, soweit möglich, zerstört und nicht selten mit christlichen Gebäuden überbaut. Aber der ‚Kontakt‘ zu bestimmten *huacas* wurde trotz aller Verfolgung weiterhin gepflegt und in sich erneuernden Formen bis heute fortgeführt. Obwohl das indigene sakrale Raumwissen von einer christlichen Kosmovision überlagert wurde, imaginiert die Topografie der *huacas* nach wie vor eine machtvolle Einschreibung des Heiligen in die Landschaft des Altiplano.

Wie muss man sich nun rezente rituelle Praktiken im Zusammenhang mit *huacas* vorstellen? *Mesas* sind Opfergaben, die die bolivianischen Aymara zu verschiedensten Anlässen zubereiten und verbrennen. Sie richten sich als Opfergabe an höhere (Schutz-) Wesen in Form von Speisen – ein rituelles Essen, das von Spezialist/inn/en zubereitet und in einem Brandopfer als Akt der Reziprozität und der Kommunikation mit einer höheren Seinsebene Orten dargebracht wird, denen eine besondere Kraft zugeschrieben wird.

Die Intentionen dieser Opfer umfassen persönliche Anliegen, unterliegen andinen Reziprozitätsvorstellungen und orientieren sich an kirchlichen Festen. Wichtige Termine sind Allerheiligen, bestimmte Tage im Monat August, Neujahr, Karneval oder auch San Juan. Abhängig vom Anlass des Opfers und den Präferenzen der *huacas* variiert die Zusammenstellung der ‚Speisen'. Häufig erfassen sie die Vision des Kosmos *en miniature* und machen über die Rekomposition der dinglichen Welt räumliche Konzepte sichtbar; das heißt aber auch, dass sie als Raumrepräsentanten Veränderungen in der Raumkonzeption einer Kultur wiedergeben. Dinge können in den Opfergaben als Abbild, Übersetzer, Wissensübermittler und Katalysatoren von kulturellen Transformationsprozessen in Erscheinung treten. Die Ingredienzien stammen aus verschiedenen ‚Sphären', der bäuerlichen Welt der Viehzucht und Landwirtschaft, der andinen Natur, der städtischen und globalen Produktion usw. Insofern spiegeln die Dinge als Bestandteile der *mesa* auch von Mobilität geprägte Räume einer vernetzten Welt. Sie integrieren darüber hinaus geschichtliche Veränderungen, also eine diachrone Perspektive, indem sie beispielsweise nach der Eroberung neue Produkte aufnahmen. Die von den Spaniern eingeführten Nutztiere repräsentierten als *pars pro toto* die neuen Herren, während Lamaföten und Lamafett in den *mesas* weiterhin für das ‚Andine' standen.[8] Auch im Gebrauch von *vinintu*, dem Wein, der für Libationen wichtig ist, zeigen sich Einflüsse der christlich-europäischen Welt.

Aus der unglaublichen Vielfalt der verwendeten Zutaten lassen sich einige zentrale Ingredienzien für eine *mesa* aufzählen: Coca-Blätter, bestimmte Kräuter (*wira q'uwa*), Lamafett (*llamp'u*), Fellstücke von Feliden, Figürchen aus unterschiedlichsten Materialien (insbesondere Steinfigürchen aus einem weißen Stein, *mullu*), Zinn- und Bleifigürchen (*chiwchi*), Süßigkeiten, Zuckerfigürchen (*k'isa, muxa*) und Tierföten (*sullu*). Außerdem werden farbige oder ungefärbte Wolle, goldenes und silbernes Lametta (*quri t'ant'a, qullqi t'ant'a*), Harz (*insinshu, kupala*) und Alkohol (*vinitu* oder *puritu*) für die Libation benötigt sowie Papier, auf dem die *mesa* angerichtet und in das sie anschließend verpackt wird.[9]

Bei der konkreten Auswahl, die Fernández Juárez in diesem Fall getroffen hat, ließe sich eine erste Revision dieser Objektgruppe nach der Herkunft oder Zuordnung, also nach räumlich-kulturellen Aspekten vornehmen. Die konkreten Arrangements hängen dann vom Wissen der religiösen Spezialist/innen ab, deren Kontext lokal mehr der Stadt oder der *comunidad* verbunden sein kann. Als Opfergaben oder ‚Speisen' für die *huacas* entwickeln sie komplexe Collagen, die nicht nur ein tieferes Verständnis der Reziprozitätsbeziehung zwischen Mensch und göttlicher Welt widerspiegeln. Sie integrieren auch aktuelle Aspekte, Produkte und Bedürfnisse in den Kanon ihrer Zutaten. Eine systematische Analyse der räumlichen und zeitlichen Zuordnung der Ingredienzien der *mesa* steht jedoch bisher aus. Erst durch diese Interpretation der einzelnen Bestandteile wären genauere Aussagen über die räumlichen Veränderungen und historischen Einflüsse möglich. Bisher wurden die ‚Dinge', aus denen sich die *mesa* zusammensetzt, in erster Linie als Repräsentationen eines wohlgeordneten, ausgeglichenen Kosmos bzw. als ausgleichende und die *mesa* selbst als stabilisierende Gabe verstanden. Eine wichtige Aufgabe der religiösen Spezialist/innen ist es somit, das Negative umzukehren und mit dem Opfer wieder Ordnung in das Leben der Menschen zu bringen: „Die ‚Wendung' richtet sich im eigentlichen Sinne an die gesamte Welt, ausgedrückt und angeordnet in der Ausgestaltung der *mesa*; es ist die Umkehrung einer gegen Regeln verstoßenden, von Leid veränderten Welt, die durch den Spezialisten aus der Opfergabe heraus von Neuem geordnet wird [...] Das kollektive Opfer der *mesa* fügt das Universum wieder in bestehende Ordnungsprinzipien ein; es korrigiert das Ungleichgewicht, das durch Leid hervorgerufen wurde und gestaltet erneut einen wohlgeordneten und heilbringenden Kosmos."[10]

Da diese Ordnung eine veränderliche ist, die zunehmend in globale Kontexte eingebunden wird und damit neue Formen der Verunsicherung und Destabilisierung mit sich bringt, liegt es nahe, diese Veränderungen auch in der dinglichen Ausgestaltung zu suchen.

Die *mesa* wird als Opfergabe für einen einmaligen Gebrauch konzipiert, nämlich die Kommunikation mit einer übergeordneten Welt. Sie spricht im Moment ihrer Herstellung durch den religiösen Spezialisten bzw. die religiöse Spezialistin mit den Gläubigen und im Feuer mit dem überirdischen Bereich. Mit dem Verlust ihrer Materialität erreicht sie eine spirituelle Ebene, die diesen Dialog zulässt. Man könnte sagen, dass das Objekt eine nonverbale Kommunikation durch seine Zerstörung im Feuer eingeht. Da die *mesa* vergänglich ist, bleibt kein materielles Vor- oder Abbild bestehen, an dem sich andere Spezialist/inn/en orientieren könnten. Das Wissen darüber, wie eine *mesa* hergestellt wird, kann also nur aus der Praxis – in Zusammenarbeit mit „Einem, der weiß", einem so genannten *yatiri* – vermittelt werden. Er ist derjenige, der die Bestandteile kennt und sie für den Anlass arrangiert, der die Gebete spricht, während die *mesa* entsteht und wenn sie verbrannt wird. Eine Chronologie der Veränderung ihrer Zutaten wird dadurch jedoch erschwert.

Kulturelle Dynamiken im translokalen Raum

Die Aymara-Gesellschaft muss als äußerst mobil charakterisiert werden, wobei sich die Ziele der Mobilität im Laufe der Jahrhunderte veränderten. Seit den 1950er Jahren migrierten Aymara in großem Maßstab in die Städte La Paz, El Alto und seit den 1980er Jahren auch zunehmend nach Santa Cruz de la Sierra. Aber die Migranten/innen fühlen sich ihren Herkunftsorten oder denen der Eltern und Großeltern im Hinterland von La Paz oder El Alto eng verbunden. Landbesitz, ein identitätsstiftendes Element, ist in diesen Orten nicht ohne die Übernahme von Verantwortung für die Dorfgemeinschaft denkbar, sodass sie über ständige Reisen den Kontakt zu den *comunidades* aufrechterhalten. Die hohe Mobilität zwischen Herkunfts- und Migrationsorten wirkt unmittelbar auf die Entstehung und die Qualität von kulturellen Räumen. Der translokale Raum, der sich hier generiert, wird also nicht allein durch Imaginationen und die Innovationen der Informationstechnologie produziert, sondern ganz entscheidend durch Mobilität. Die Aymara-Kultur Boliviens ist somit durch translokale Beziehungen gekennzeichnet, die durch ständiges Reisen hervorgebracht bzw. transformiert werden.

In Anlehnung an die post-territoriale[11] Perspektive des *spatial turn* wird Translokalität dementsprechend als „relationale Konzeptionalisierung von Ort und Raum" definiert[12], als „Ergebnisse von Zirkulation und Transfer [...], die also aus konkreten ‚Bewegungen‘ von Menschen, Gütern, Ideen und Symbolen hervorgehen, soweit diese mit gewisser Regelmäßigkeit räumliche Distanzen und Grenzen überwinden"[13]. So liegt es nahe, jenseits von räumlichen Imaginationen für den Andenraum die faktische Präsenz des Ortes im Leben vieler *residentes* hervorzuheben. Da die Menschen im Kontext von mehrfachen Verortungen und vielfältigen Loyalitäten ein großes Ensemble kultureller und lebensweltlicher Heterogenität erfahren und mitgestalten, überlagern sich hier differente, gleichzeitige und mehrfach gebrochene Realitäten, verändern sich die räumlichen Koordinaten und somit auch das Interaktionsfeld der Akteure/Akteurinnen. Dadurch wird eine Rekontextualisierung kultureller Praktiken in diese unterschiedlichen Kontexte notwendig. Wissen wird von Ort zu Ort transportiert, verändert sich und die Orte, an denen es wirkt. Das gilt auch für Wissen über Opferpraktiken, wie wir sie gerade kennen gelernt haben. Durch anhaltende Mobilität und die Übersetzung von Ritualwissen sowie kosmologischen Kenntnissen in verschiedene lokale Zusammenhänge entstehen translokale Lebenswelten. Auch die Praxis der *mesa*-Gestaltung und ihres rituell-kommunikativen Einsatzes unterliegt demnach kontinuierlichen Veränderungen und Resignifikationen in diesen Räumen.

Das Konzept der Translokalität, das die Dynamiken der globalisierten Welt ebenso integriert wie Relokalisierungen und damit verbundene Resignifikationen kultureller Praktiken, gewährt einen Blick auf die *mesa* der Aymara jenseits dichotomer Modelle. Werden Opferpraxis und Opfergabe aus dieser ,neuen' Sicht reflektiert, dann erhalten beide ein größeres Gewicht in ihrer Relevanz für räumliche Aneignungen.

Seit Längerem schon wird in der wissenschaftlichen Literatur zwischen bäuerlichen und urbanen *mesas* unterschieden. Das macht auch Gerardo Fernández Juárez, indem er die bäuerliche *mesa* als differenzierter in ihrer Ausgestaltung der Repräsentation kosmologischen Wissens[14] und konkreter auf den Anlass bezogen beschreibt. Im Kontrast dazu charakterisiert er die städtische Variante der *mesa* eher als Mischform, nicht zuletzt, weil sich viele urbane Spezialist/inn/en Kompetenzen unterschiedlichster Art angeeignet haben. Allerdings ist die urbane *mesa* nach Fernandez Juárez auch Ausdruck einer anderen Lebenswirklichkeit der *residentes* (in der Stadt etablierte Migrant/inn/en). Glück und Erfolg sind ihnen wichtiger als Fleiß, bäuerliche Ausdauer und Genauigkeit werden von der Eile der Stadt verdrängt, und das spiegelt sich in der urbanen *mesa*, die schnell gemixt und gegrillt wird, anstatt sie langsam zu kochen.[15]

Mit der Idee einer translokal organisierten Aymara-Gesellschaft im Kopf ist diese dichotome Trennung[16] nicht aufrecht zu erhalten. Aus diesem Grund möchte ich ein Beispiel für die Überlagerung von Wissen und die Kooperation von Akteur/inn/en aus verschiedenen Wissenskontexten dagegensetzen.

Ein Opfer für die Pachamama

Im Monat August, wenn der Winter endet und das Leben neu beginnt, wird besonders der Pachamama, der Mutter Erde, geopfert. Die Erde ist jetzt hungrig, es ist Zeit, ihr ein rituelles Mahl zu bereiten. So starten Anfang August in der Provinz Omasuyos/Departamento La Paz die Wallfahrten, und auch von El Alto aus machen sich Pilgergruppen auf die Reise. Im August 2001 habe ich an einer solchen Wallfahrt zum Pajchiri, einem Berg am südöstlichen Ufer des Titicaca-Sees, teilgenommen, auf dem drei wichtige *huacas* verehrt werden.

Abb. 1:
Vorbereitung der *mesas* durch den
yatiri Juan Angel Yujra

Eingeladen hatten mehrere Kulturzentren von El Alto, deren Mitglieder Migrant/inn/
en der ersten oder zweiten Generation sind, und die besonderen Wert auf den Erhalt
von andinen Bräuchen und Religion legten. Begleitet wurden die Gruppen von einem
yatiri aus der Provinz Omasuyus, Juan Angel Yujra. Einerseits war er als religiöser Spezi-
alist einer bäuerlichen Aymara-Gesellschaft verpflichtet, andererseits interessierte er sich
auch für wissenschaftliche ethnologische Forschungen, die er in La Paz vorantrieb, wodurch er ebenso Teil der urbanen Lebenswelt war. Bereits hier wird klar, dass sich die
Trennung in Stadt und Land nicht ohne Weiteres aufrechterhalten lässt.

In Vorbereitung auf die Pilgerfahrt arrangierte Juan Angel Yujra in einem Raum des
Kulturzentrums zwei *mesas* und schloss, während er die *mesas* legte, die anwesenden
Pilger in seine Gebete ein (*Abb. 1*). In Form eines (sehr persönlichen) Dialogs mit den
Anwesenden formulierte er ihre Wünsche und Anliegen auf den *mesas*. Die Walnüsse,
die in der bäuerlichen *mesa* Stabilität symbolisieren, wurden in diesem Fall zur Vorher-
sage herangezogen, was Fernández Juárez als typisch urbanes Phänomen beschreibt.[17]
Die rechteckigen *misterios*, die obenauf liegen, aber auch die Varianten der Anordnung
und Zutaten charakterisieren die Besonderheit der *mesas*, die sich mit ihren Wünschen
an verschiedene *huacas* richten. Es sind bunte und süße *mesas* (*muxa mesa*) für die

Abb. 2:   Libation der *mesa* vor der *huaca*

Pachamama, die nach der Kategorisierung von Fernández Juárez einer urbanen Tradition zuzurechnen sind.

Nach ihrer Vollendung wurden die *mesas* in weißes Papier verpackt und zu den *huacas* gebracht. Der Weg dorthin war weit und beschwerlich. Zwar fuhr ein gecharterter Bus die Pilgerreisenden in die Nähe des Berges, er blieb allerdings mitten in der Nacht im Morast stecken. In bitterer Kälte, in Dunkelheit und durch den frisch gefallenen Schnee kämpfte sich die Gruppe der Wallfahrer/innen mehrere Stunden lang querfeldein Richtung Gipfel, wo sich nach und nach im ersten Licht der Dämmerung alle um eine auffällige Felsformation versammelten. Es war die erste von drei *huacas* der Pachamama: *achachila* und *awicha*, Großvater und Großmutter.[18]

Vor der *huaca* wurde ein Scheiterhaufen errichtet – das Brennholz dazu war von den Pilger/inne/n unter großen Mühen auf den Berg geschleppt worden – der *yatiri* „dirigierte" den Ablauf der Opferung, in der Hand den *purito* für die *ch'alla*/Libation (*Abb. 2*).

Als alles vorbereitet war, sprach er seine Gebete vor der *huaca*, und während die ersten Strahlen der Sonne durch die Wolken blitzten, entzündete er den Scheiterhaufen unter der *mesa*. Danach speiste er als erster die *huaca* mit Fett, Zigaretten und Alkohol, und betete noch einmal für alle, bevor jede/r Einzelne sich still vor die Felsen stellte und sein persönliches Anliegen noch einmal verbunden mit einer Opfergabe vorbrachte. Die *mesa* verbrannte währenddessen – ein gutes Zeichen, denn die ‚Verfüh-

Abb. 3:   Blick auf die *huaca achachila* und *awicha*

rung' zum Essen wurde angenommen. Die Kommunikation mit den *huacas* hatte stattgefunden, so die Interpretation des *yatiri*. *Awicha* und *achachila* standen bereits im hellen Licht der Sonne, als sich die Pilgergruppe auf den Weg zur nächsten *huaca* machte (*Abb. 3*).

Da die *huaca* eine Art Koordinate der sakralen Topografie der bolivianischen Aymara darstellt, wird durch die Opfer an diesem konkreten Ort eine Beziehung zum Raum in einem Akt der Reziprozität zelebriert. Im Beispiel der Pilger/innen bindet die *mesa* Menschen und Orte in eine Kosmovision ein, deren integrierende Kraft dichotomische Raumkonzepte überwinden kann. So ist die Zwiesprache mit den steinernen Ahnen über die Opferhandlung auch ein Akt der Herstellung territorialer Bezüge. Ein Aspekt, der bei der Opferung der *mesa* nicht übersehen werden darf, ist demnach die Imagination einer kosmologischen Raumvorstellung, die über die *huacas* als konkrete Orte angesprochen wird.

Translokale Opferpraktiken?

Wie macht sich nun im vorangegangenen Beispiel der Einfluss von translokalen Erfahrungshorizonten auf Handlungspraktiken und Inhalte bemerkbar?

Die Unterschiede in der Performanz ritueller Abläufe, der Zusammenstellung der *mesa* und die lokale Verbundenheit der Akteure/Akteurinnen bleiben nicht an fixe Orte gebunden. Bestes Beispiel hierfür ist die *mesa*, wie eingangs beschrieben; sie wurde von einem *yatiri* aus einem Dorf der Provinz Omasuyos hergestellt, der sich in der Stadt La Paz mit Ethnologiestudien beschäftigt. Außerdem wurde die *mesa* in der Stadt El Alto für ein urbanes Kulturzentrum zusammengestellt, dessen Mitglieder – alle Migrant/innen aus dem Hinterland von La Paz – eine Pilgerreise an den Titicaca-See unternehmen wollten, um einigen der wichtigsten *huacas* der Region zu opfern. Mit ihrer Reise integrierten sie sich in einen größeren räumlichen Zusammenhang.

Die Verortung des Objektes in einem begrenzten lokalen Zusammenhang wäre schwierig. Das zeigt sich schon an dem Wissenskontext und den Interessen der Pilger. Allerdings ist durchaus zu beobachten, wie lokale Bedürfnisse, zum Beispiel die kulturelle Identifikation der Migrant/inn/en in den großen Migrationsmetropolen des Andenhochlandes und die Bedürfnisse des städtischen Lebens, die Gestaltung der *mesa* und die Opferpraktiken verändern.

Gleichzeitig versuchen religiöse Spezialisten, wie Juan Angel Yujra, im urbanen Raum die verborgene sakrale Topografie (wieder) zu entdecken. In einem Interview stellte er mir sein Projekt vor, urbane *huacas* zu identifizieren, was ihm bisher in 36 Fällen gelungen ist.[19]

Seine Beschreibung der *huacas* von La Paz und El Alto gleicht einer Wiederaneignung des städtischen Raumes, der in der Wahrnehmung aufs Engste mit der spanisch-kreolischen Welt der Eroberer, des Christentums, assoziiert wird. Die Idee, den Gründungstag von La Paz als Publikationsdatum zu wählen, legt nahe, wie bewusst und zielgerichtet diese Wiederaneignung vorangetrieben wird. Die Herstellung und Legitimation territorialer Bezüge über das Opfer der *mesa* wird auf diese Weise ausgedehnt und soll alle translokalen Bezugspunkte erreichen. Die von vielen Aymara bewohnten Großstädte La Paz und vor allem El Alto werden so in den Kosmos der Aymara-Kultur reintegriert. Juan Angel Yujra identifiziert aber nicht nur *huacas* im urbanen Raum, vielmehr setzt er Städte und Herkunftsorte miteinander in Beziehung.[20] Dadurch entsteht ein relationaler, ein translokaler Raum. Mit der Vorstellung eines solchen Raumes wäre die dichotome Systematik von urban oder rural, in die die *mesa* bisher eingeordnet wird, aufgebrochen.

Fazit: Materielle Praxis im Kontext translokaler Raumwahrnehmung

Die *mesa* ist ein Objekt, das für einen speziellen Moment kreiert und in eine andere Ebene, die der Immaterialität, überführt wird. Für jeden Akt der Kommunikation muss die ‚Speise' neu zubereitet werden, sie ist also ein Objekt, das konsumiert wird. Wir wissen aus unserem eigenen Alltag, dass jeder ein wenig anders kocht, jeder besondere Anlass verlangt nach besonderen Rezepten, und auch regional unterscheiden sich die Küchen. Das Gleiche gilt für die *mesa*, auch sie ist Ausdruck regionaler und persönlicher Eigenheiten, sie variiert von Anlass zu Anlass. Das macht sie zu einem sehr direkten Ausdruck kultureller Dynamiken, die vor allem durch die Mobilität der Aymara vorangetrieben werden. Obwohl an die überlieferten *huacas* als wirkmächtige Orte gebunden, kann sich die Praxis des *mesa*-Opfers offensichtlich in einem größeren räumlichen Zusammenhang etablieren. Sie wird Ausdruck translokaler Lebenswirklichkeiten. Das führt zu immer neuen Veränderungen dieser kulturellen Praxis, die auf die Bedürfnisse in veränderten räumlichen Zusammenhängen antwortet. Die Gestaltung unterliegt den (trans-)lokalen Akteur/innen, die nach ihren Bedürfnissen und Fähigkeiten in einem permanenten Prozess kulturelle Praktiken und Wissensformen reinterpretieren. Die Interpretation der Zutaten, basierend auf lokal variablen Erfahrungszusammenhängen, wäre ein interessanter Versuch, Raumkonzepte aus der Perspektive der materiellen Kultur zu verstehen. Denn vor dem Hintergrund einer mobilen Gesellschaft werden Handlungsmuster und Wissen in neue erweiterte Erfahrungshorizonte integriert und nach individuellen Bedürfnissen kreativ kombiniert. Kontextbezogenes Wissen, das meist auf lokale Bedürfnisse zugeschnitten ist, wird so für ein verändertes Umfeld nutzbar gemacht.

Was bedeutet das konkret für das vergängliche Objekt *mesa*? Die *mesa* bleibt als Opferpraxis erhalten, variabel hingegen sind ihre Zusammensetzung, abhängig von Wissen/Kontext der religiösen Spezialist/inn/en, und die Resignifikationen, die translokalen Anforderungen/Bedürfnissen antworteten. In dieser Anpassungsfähigkeit, der sich ständig wandelnden Interpretation und Gestaltung, liegt die Fähigkeit zur *longue durée*. Anders als langlebige Objekte, die, auch wenn sich die Zuschreibungen ändern, materiell Bestand haben, kann/muss die *mesa* als materieller Ausdruck veränderlicher Interpretationen der Welt ständig neu und anders generiert werden. Und so möchte ich dieses Objekt dann auch abschließend charakterisieren: Die *mesa* ist die zeitlich befristete Verdinglichung einer religiösen Idee und kosmologischen Abstraktion – darin liegt sowohl ihre Beständigkeit als auch die Transformationskraft.

Anmerkungen

1 Die Aymara sind neben den Quechua eine der bedeutendsten Sprachgruppen des Andenraums, die zum größten Teil in Bolivien, aber auch in den Anrainerstaaten Peru, Chile und Argentinien zu Hause sind.
2 Fernández Juárez. 1995. El banquete aymara, S. 428.
3 Jan Szemiński (1993. S. 131) definiert *huaca/guaca/waka/wakʼa/vaca* mit Hinweis auf Bertonio Ludovico 1984 [1612] und Diego González Holguín 1993 [1608] als „uno compuesto de dos, antepasado fundador de linaje, divinidad, dios, cualquier manifestación del poder sobrenatural cuando es asociado con el mundo abajo, lugar donde se manifiesta el poder, templo, lugar sagrado, individuo u objeto excepcional, monstruo, monstruosidad, hombre o animal deformados, de nariz partido, de labio hendido, con seis dedos". (Übersetzung d. Verf.: „eine Entität, zusammengesetzt aus zwei Einheiten; Vorfahr und Gründer einer *Lineage*; Gottheit, Gott, jedwede Manifestation übernatürlicher Macht, soweit sie mit der unteren Welt assoziiert wird; Ort, an dem sich Macht manifestiert, Tempel, heiliger Ort; Individuum oder außergewöhnliches Objekt, Monstrum oder Monstrosität, deformierter Mensch oder Tier; mit gespaltener Nase, gespaltener Lippe und sechs Fingern.).
4 Hans van den Berg erklärt *huaca* als „la palabra más común para la ofrenda compleja, es decir para la ofrenda con varios o muchos ingredientes. Es una hoja de papel sobre la cual se colocan, según la intención de la ofrenda, una cierta cantidad de elementos vegetales, animales, minerales, alimenticios y diversos. Estos ingredientes constituyen dones olfatorios, alimenticios o especiales para los seres sobrenaturales y simbolizan un determinado deseo (protección, suerte, amor, malifi-

cio etc.)" (Übersetzung d. Verf.: *Huaca* ist „das geläufigste Wort für eine komplexe Opfergabe, d.h. für eine Gabe mit mehreren oder vielen Zutaten. Es ist ein Blatt Papier, auf das, je nach Intention des Opfers, eine bestimmte Menge an pflanzlichen, tierischen, mineralischen Elementen angeordnet wird, sowie Nahrungsmittel und andere Dinge. Diese Zutaten stellen duftende Gaben dar, Nahrungsmittel oder ganz spezielle Geschenke für die übernatürlichen Wesen und symbolisieren einen bestimmten Wunsch (Schutz, Glück, Liebe, Zauberei usw.))." (van den Berg. S. 123, zit. nach Fernández Juárez.1995. El banquete aymara, S. 23f.).

5   Fernández Juárez. 1995. El banquete aymara, S. 428f.

6   Sowohl in den Quechua- als auch den Aymara-Wörterbüchern der frühen Kolonialzeit (s. Bertonio. 1984 [1613]. Vocabulario de la lengua aymara / Gonzalez Holguín 1993 [1608]. Vocabulario de la lengua general de todo el Perú, llamada lengua Qquichua, o del Inca) wird der Begriff *huaca* übersetzt und definiert.

7   Eine der wichtigsten frühkolonialen Quellen über *huacas* ist Bernabé Cobos „Historia del nuevo mundo" aus dem Jahr 1653. Sie enthält eine Beschreibung des *ceque*-Systems von Cusco, an dessen sternförmig angeordneten Linien zahlreiche *huacas* aufgereiht waren. Cobo trug Informationen über mehrere 100 *huacas* zusammen. Ursprünglich zur Identifizierung und Zerstörung der inkaischen Kultstätten gedacht, hilft diese Erhebung heute bei der wissenschaftlichen Rekonstruktion des *ceque*-Systems (siehe dazu Bauer. 1998. The Sacred Landscape of the Inca).

8   Fernández Juárez. 1995. El banquete aymara, S. 414f.

9   Ebd. S. 231ff.

10 Ebd. S. 427. (Übersetzung d.Verf.: „El vuelco afecta propiamente al ‚mundo' expresado y reordenado en la configuración de la *mesa*; es el vuelco de un ‚mundo' irregular, alterado por la aflicción que es ordenado de nuevo por el especialista en el seno de la ofrenda. [...] El sacrificio colectivo de la *mesa* reintegra al universo a la disciplina pertinente; consigue corregir el desequilibrio por la aflicción, configurando un cosmos nuevamente ordenado y saludable."

11 „Post-territorial" bedeutet hier nicht etwa die Negation der Existenz konkreter Orte, sondern die Berücksichtigung menschlicher Raumkonstruktionen, die über den konkreten Ort hinausweisen und Räume entstehen lassen, die territoriale Grenzen überwinden.

12 Berndt. 2004. Globalisierungs-Grenzen, S. 15.

13 Freitag. 2005. Translokalität, S. 2.

14 Als Beispiel kann die Darstellung komplementärer Oppositionen genannt werden, die als zentrales Element die Kosmovision der Aymara-Kultur bestimmen (vgl. van den Berg / Schiffers (Hg.). 1992. La cosmovisión Aymara, S. 301ff.).

15 Fernández Juárez. 1995. El banquete aymara, S. 370ff.

16 Fernández Juárez betont zwar die Abhängigkeit bäuerlicher und städtischer Opfergaben von den sehr unterschiedlichen Interessen und Lebenswelten, er ist sich aber durchaus bewusst, dass beide Sphären sich beeinflussen. So schreibt er: „El proceso creciente de emigración que afecta a las áreas rurales en beneficio de la ciudad, ha modificado las normas de comportamiento propias del campo, así como el propio sistema de creencias tradicionales que presentaban, en un principio los recién llegados a los núcleos urbanos. Este proceso adaptiativo ha supuesto un cambio sustancial en los hábitos gastronómicos de los campesinos, al irse consolidando paulatinamente como „residentes"." (Übersetzung d. Verf.: Die zunehmende Abwanderung vom Land in die Stadt modifizierte die auf dem Land üblichen Verhaltensnormen ebenso, wie deren traditionelle Glaubenssysteme, die anfänglich auch in den neuen urbanen Siedlungen präsent waren. Dieser Anpassungsprozess setzte einen substantiellen Wandel in den Essgewohnheiten der bäuerlichen Bevölkerung voraus, die sich ganz allmählich als *residentes* etablierten.) Allerdings vernachlässigt er die Rückwirkung auf die bäuerlichen Gemeinschaften, indem er vorrangig die Auswirkungen auf die *residentes* analysiert, und entwickelt ein sehr unidirektionales Bild. (Fernández Juárez. 1995. El banquete aymara, S. 403).

17 Fernández Juárez. 1995. El banquete aymara, S. 265.

18 Juan Angel Yujra erklärte mir einige Wochen später: „En el mundo Aymara subir a un cerro es ir a recoger la samana, el aliento del achachila. Y cuando recoges el aliento del achachila te llenas de eses aliento, ya hablas con esa fuerza, con ese aliento de los demás" (Interview vom 17.9.2001) (Übersetzung d. Verf.: „In der Welt der Aymara bedeutet auf einen Berg zu steigen, die Lebenskraft / den Atem des Vorfahren (*achachila*) aufzunehmen. Und wenn du den Atem des *achachila* aufgenommen hast, füllst du dich mit dieser Lebenskraft und sprichst mit dieser Kraft, mit dieser Lebenskraft der übrigen.")

19 Juan Angel Yujra: „[...] [H]e descubierto hasta ahorita 36 huacas en la ciudad de La Paz. Pero no son pukaras, las pukaras están ligadas a lo que era la iglesia de San Francisco, la iglesia de San Pedro, de San Sebastian, de la plaza Murillo. Esos son sectores de pukaras ligadas a [...] o sea tuneles subterráneas. Así. Pero habíamos encontrado alrededor de la ciudad de La Paz 35 huacas, con sus nombres, sus conceptualizaciones. Entonces yo quiero publicar el día 12 de octubre, decir no, el 12 de octubre se ha fundado La Paz [ ]“ (Interview vom 17.9.2001) (Übersetzung d. Verf.: „[...] [B]is jetzt habe ich 36 *huacas* in La Paz entdeckt. Aber das sind keine *pukaras*, die *pukaras* sind verbunden mit dem, was früher die Kirchen San Francisco, San Pedro, San Sebastian und die Plaza Murillo waren. Das sind Sektoren von *pukaras*, verbunden [...] mit unterirdischen Tunneln. Genau so. Aber wir haben im Umland von La Paz 35 *huacas* gefunden, mit ihren Namen, ihren Konzeptualisierungen. Von daher möchte ich das am 12. Oktober publizieren, das heißt, am 12. Oktober wurde La Paz gegründet [...]“).

20 Wie detailliert Juan Angel Yujras Raumkonzept ist, beweist der folgende Interviewausschnitt: „Sabe que cada lugar tiene un espacio ligado a un pueblo. Así que cada huaca en la ciudad, que está aquí en la ciudad de La Paz, corresponde a cada pueblo. A la Ceja por ejemplo corresponde a cierto sector de Omasuyos, [...] Murillo corresponde a cierta región de Los Andes, por decir, los de Ballivan corresponden a cierta región de la provincia Murillo. Así, así van ubicandose los espacios. O sea, no todos los sectores de Plaza Murillo donde hay yatiris, la Ceja, donde hay yatiris, la Ballivan, donde hay yatiris, en Villa Harmonia, donde hay yatiris, no todos esos están ligados a una huaca no más, sino a distintas huacas que están ligadas a los pueblos. Pero estas huacas están cerca de donde ellos viven, donde ellos también trabajan, donde ellos leen su coca. Están ligadas. Lo que succede en esos lugares, algunos lugares se han vuelto medio parque, medio miradores, pero detrás de esos está todavía muchos espacios libres. Como en Vino Tinto arriba, se llama la huaca de KiriKiri se llama, si. Y KiriKiri tiene una dualidad, la que va más hacia la ciudad es el Huayna Kirikiri, y el de más arriba es el Awki Kirikiri. Estos todavía están vacios.“ (Interview vom 17.9.2001) (Übersetzung d. Verf.: „Wissen Sie, jeder Ort hat einen Raum, der mit einem Dorf verbunden ist. So dass jede *huaca* in der Stadt, die sich hier in der Stadt La Paz befindet, jeweils einem Dorf entspricht. Die Ceja entspricht beispielsweise einem bestimmten Sektor der Provinz Omasuyos, [...] Murillo entspricht einer bestimmten Region von Los Andes, ich will damit sagen, die von der Ballivan entsprechen einer bestimmten Region der Provinz Murillo. So, genau so verorten sich die Räume. Besser gesagt, nicht alle Sektoren der Plaza Murillo, wo *yatiris* sind, der Ceja, wo *yatiris* sind, der Ballivan, wo *yatiris* sind, in Villa Harmonia, wo *yatiris* sind, nicht alle diese sind einfach mit einer *huaca* verbunden, sondern mit verschiedenen *huacas*, die wiederum mit Dörfern verbunden sind. Aber diese *huacas* befinden sich dort, wo sie leben, wo sie arbeiten, wo sie ihre Koka lesen. Sie sind verbunden. Was mit diesen Orten passiert ist Folgendes, einige Orte verwandelten sich teils in einen Park, teils in einen Aussichtspunkt, aber dahinter liegt noch viel freier Raum. Wie in Vino Tinto oben, die *huaca* dort heißt Kiri Kiri, ja so heißt sie. Und Kiri Kiri hat eine Dualität, die weiter in Richtung Stadt geht ist Huayna Kiri Kiri und die von weiter oben ist Awki Kiri Kiri. Diese sind noch leer.“)

Bibliografie

Bauer, Brain S. 1998. The Sacred Landscape of the Inca. The Cusco Ceque System. Austin: University of Texas Press.

Berg, Hans van den / Schiffers, Norbert (Hg.). 1992. La cosmovisión Aymara. (Biblioteca andina. Bd. 14). La Paz: UCB/hisbol.

Berndt, Christian. 2004. Globalisierungs-Grenzen: Modernisierungsträume und Lebenswirklichkeiten in Nordmexiko. (Kultur und soziale Praxis). Bielefeld: transcript.

Bertonio, Ludovico P. 1984 [1612]. Vocabulario de la lengua aymara. (CERES: Documentos Históricos, No. 1; MUSEF: Fuentes Primarias No. 2; IFEA: Travaux de l' IFEA, Tomo XXVI). Cochabamba / Lima: CERES, IFEA, MUSEF.

Fernández Juárez, Gerardo. 1995. El banquete aymara. Mesas y yatiris. (Biblioteca andina. Bd. 15) La Paz: hisbol.

Freitag, Ulrike. Translokalität als ein Zugang zur Geschichte globaler Verflechtungen. http://hsozkult.geschichte.hu-berlin.de/forum/2005-06-001 (25.2.2009).

Guaman Poma de Ayala, Felipe. 1993 [1615?]. Nueva corónica y buen gobierno, I-II. [Pease G. Y., Franklin Hg.] México, D.F.: Fondo de Cultura Económica.

Guaman Poma de Ayala, Felipe.1993 [1615?]. Nueva corónica y buen gobierno, III. [Vocabulario y traducciones por Jan Szemiński. Pease G. Y., Franklin Hg.] México, D.F.: Fondo de Cultura Económica.

González Holguín, Diego. 1993 [1608]. Vocabulario de la lengua general de todo el Perú, llamada lengua Qquichua, o del Inca I u. II. Quito: Corporación Editora Nacional/Proyecto Educación Bilingüe Intercultural.

Szemiński, Jan. 1993. Vocabulario y traducciones, in: Pease G. Y., Franklin (Hg.). Guaman Poma de Ayala, Felipe.1993 [1615?]. Nueva corónica y buen gobierno, III. México, D.F.: Fondo de Cultura Económica.

Jane Redlin

Symbolische Praktiken und Kulturtechniken

Betrachtet man Dinge über ihre reine Form hinaus, eröffnen sich zahlreiche weitere Sphären ihrer Kontextualisierung. Dazu gehören die Entwicklung von kulturellen Techniken zur Realisierung grundlegender Lebensbedürfnisse wie auch die Vermittlung von Wertesystemen durch den symbolischen Gebrauch von Dingen.

Diese symbolischen Praktiken verweisen auf das filigrane Ineinandergreifen der materiellen Aspekte von Kultur und ihrer immateriellen Dimensionen. Die Gleichzeitigkeit des Aufeinantreffens von Alltäglichem und von raffinierten nonverbalen Kommunikationsfeldern enthebt diese Dinge ihrer scheinbaren Schlichtheit, mit der sie auf den ersten Blick wahrgenommen werden. So erkennt man die Dingkultur als Teil eines komplexen und zugleich differenzierten Systems von Kultur und Gesellschaft. Da dieses System einem ständigen Wandel unterliegt, ist es notwendig, sich an die sozialen und historischen Orte des Gebrauchs zu begeben und die Subjekte genau in Augenschein zu nehmen, die mit ihnen und durch sie agieren.

In den drei folgenden Beiträgen nehmen sich die Autorinnen Dingen an, die insbesondere zur Lebenskultur der Frauen gehören und zum Ausdruck weiblicher Positionierung in der Gesellschaft werden.

Paola Ivanov hat sich dafür nach Sansibar im Osten Afrikas begeben, um den Schleier der weiblichen Verschleierung zu lüften. Sie verdeutlicht, dass sich neben der immer neuen Erzeugung der höchsten Werte von ‚Reinheit‘ und ‚Respekt‘, gerade in den abweichenden Formen der Verschleierung ein gesellschaftlicher Wandel artikuliert, der auf weite Spielräume für Uneindeutigkeiten und divergierende Sinnzuschreibungen verweist. Damit wird die oft statische Sicht der ‚westlichen‘ und teilweise auch der islamischen Welt auf diese Praxis auf spannende Weise verifiziert.

Gudrun Grauenson thematisiert das *Gele*, einen Kopfschmuck der Yoruba-Frauen in Nigeria. In seiner repräsentativen Formgebung wurde es zum Ausdruck weiblicher Emanzipation und antikolonialer Protestbewegung in diesem westafrikanischen Land seit den 1920er Jahren, in dessen Folge sich das *Gele* von einer schlichten Kopfbedeckung zum skulpturalen Kopftuch entwickelt hat.

Jane Redlin wendet sich schließlich den unterschiedlichen Transportmitteln für Kleinkinder zu, um am Beispiel des Kinderwagens und des Tragetuchs gesellschaftliche Umbrüche und Diskurse in Deutschland seit der Mitte des 19. Jahrhunderts zu skizzieren, die durch diese Alltagsgegenstände markiert und über sie verhandelt wurden. Dazu gehören u.a. das veränderte Rollenverständnis zwischen den Geschlechtern und der Wandel von Prinzipien der Kindererziehung.

Paola Ivanov

Verschleierung als Praxis: Gedanken zur Beziehung zwischen Person, Gesellschaft und materieller Welt in Sansibar

Die weibliche Verschleierung im Islam ist historisch wie aktuell ein viel umkämpftes Thema, in der islamischen Welt ebenso wie im sogenannten Westen. Einerseits stehen die Kontrolle über den weiblichen Körper und das weibliche Verhalten im Mittelpunkt der Bestrebungen von teils staatlich gelenkten Projekten des politischen Islam, wie im Sudan, Iran oder früheren Afghanistan. Andererseits dient im Westen die ‚Befreiung‘ der verschleierten, ‚unterdrückten‘ muslimischen Frau seit der Kolonialzeit und heute wieder verstärkt als Legitimation für die machtpolitisch motivierte Vorstellung einer ‚zivilisatorischen Mission‘ gegenüber islamisch geprägten Ländern.

Entsprechend dieser Schlüsselrolle ist der Verschleierung auch in der wissenschaftlichen Literatur eine breite Aufmerksamkeit geschenkt worden. Die Interpretationen variieren stark. Fürsprecher/inne/n, Kritiker/inne/n und neutralen Betrachter/inne/n des Schleiers gemeinsam ist jedoch die Deutung in semiotischem und/oder funktionalistischem Sinn. Zwar wird Verschleierung als Handlung, also Praxis, angesehen, aber im Dienste der Repräsentation: So wird der Schleier u.a. als Symbol für sexuelle Scham oder Zurückhaltung interpretiert oder aber für den Widerstand gegen die westliche Kommodifizierung des weiblichen Körpers bzw. generell gegen die politischen und kulturellen Hegemonialansprüche des Westens. Anderen Interpretationen zufolge repräsentiert er soziale Beziehungen, Status oder Identität, oder aber er ermöglicht einfach den als ‚modern‘ geltenden, arbeitenden Frauen, sich unter Wahrung ihrer Respektabilität außerhalb des Hauses zu bewegen. Der neue, von islamischen reformistischen Bewegungen[1] propagierte Schleier wird u.a. als Ausdruck weiblicher Dilemmas im Spannungsfeld zwischen ‚Tradition‘ und ‚Moderne‘ gedeutet oder – in Anlehnung an konstruktivistische Ansätze bzw. an eine reduktive Lesung der Konzeptionen Foucaults – auch als Mittel angesehen, den weiblichen Körper als „öffentlichen Text“ oder „Repräsentationsfolie“ von Inhalten des politischen Islam zu konstituieren.[2] Am anregendsten ist die Interpretation von Saba Mahmood in ihrem Buch „Politics of Piety“. Sie deutet die Verschleierung der Frauen der reformistischen Frömmigkeitsbewegung (*piety movement*) in Kairo als Selbstdisziplinierungspraxis bzw. -technologie im Sinne Foucaults, die von den Akteurinnen freiwillig und bewusst zur Konstituierung eines „frommen Selbst“ eingesetzt wird. Demnach ist die Verschleierung nicht ein kontingentes Symbol von etwas anderem, sondern die Praxis selbst ist ein nicht substituierbares Mittel zur Formung des Subjektes.[3] Diese Auslegung bezieht sich allerdings ausschließlich auf den speziellen Fall des neuen islamischen Reformismus, der von einem stark individualisierenden Impetus nach persönlicher Vervollkommnung geprägt ist.

Abgesehen vom Standpunkt Mahmoods, entsprechen die dargestellten Deutungen des Schleiers den etablierten Interpretationsweisen von materieller Kultur. Zwar sind mittlerweile zahlreiche Publikationen erschienen, die der Bedeutung von Dingen zur Erzeugung und Strukturierung sinnhafter sozialer und kultureller Ordnungen Rechnung zu tragen versuchen, allerdings steht häufig der Forschung nach wie vor das, was man als ‚kartesianische Falle‘ bezeichnen könnte, im Wege: ein begriffliches Instrumentarium, welches das Subjekt bzw. die Gesellschaft vom Objekt bzw. von der materiellen Welt grundsätzlich trennt (somit das Abstrakte vom Konkreten, das Mentale vom Physischen usw.). Diese Begrifflichkeit reduziert letztlich die Objekte auf die Bedeutung von Zeichenträgern oder Symbolen und weist ihnen damit lediglich die Funktion der Repräsentation oder Präsentation von etwas Wichtigerem, Abstraktem und ‚Nicht-Äußerlichem‘ zu.

Im Kontrast zu dieser Zugangsweise haben sich in neuerer Zeit Ansätze entwickelt, die die von Bruno Latour als Fiktion entlarvte kartesianische „Große Trennung“ von Materie und Geist[4] zu überwinden versuchen, also die Sichtweise von Dingen als Projektions- oder gar – gemäß der lange vorherrschenden textuellen Metapher – Inskriptionsfläche für prä-existente gesellschaftliche Tatsachen oder mentale Wissens- und Wertebestände. Die unterschiedlichen Theorien können hier nicht ausführlich diskutiert werden. Hingewiesen sei aber, hauptsächlich aus dem Bereich der Ethnologie, zunächst auf Daniel Millers Konzeption von Subjekt und Objekt als gegenseitig konstitutiv, da beide das Ergebnis eines dialektischen Objektivierungsprozesses sind; weiterhin auf die in Bezug auf die Gesellschaften der Südsee entworfene Auffassung einer nicht von ihrer materiellen und sozialen Umgebung getrennten *dividual* bzw. *distributed person* sowie auf die von Alfred Gell entwickelte Konzeption von (Kunst-)Objekten als Agenten, also Vermittlern von Handlungsmacht.[5] Am radikalsten ist Bruno Latours Revision der kartesianischen Ontologie selbst, der zufolge es keine Subjekte oder Objekte gibt, sondern nur „Hybride“, also Entitäten, die zugleich kulturell und natürlich, ideell und materiell, Subjekte und Objekte sind.[6] Ergebnis dieser ‚materiellen Wende‘ in der Ethnologie sind Arbeiten, die statt eines semiotischen einen relationalen Ansatz anwenden. Ziel dieser neuen Zugangsweise zur materiellen Kultur ist, wie es in einem diesem Thema gewidmeten Sonderheft des „Journal of Material Culture“ ausgedrückt wird, „an understanding of how categories (e.g. subject/object) or entities (e.g. person/thing) work *in relation* to one another to produce further sets of relationships or understandings that at their broadest might be termed ‚culture‘, ‚society‘, or ‚locality‘.“[7]

Auf diese Grundlage möchte ich auch die Erörterung der Verschleierung in meinem Forschungsgebiet, der ostafrikanischen Insel Unguja (Sansibar), und speziell in der Hauptstadt Zanzibar Town stellen. Die Bevölkerung Sansibars zählt zu den ausgeprägt translokal vernetzten swahilisprachigen muslimischen Küstengemeinschaften Ostafrikas, die seit Jahrhunderten in das Handelssystem des Indischen Ozeans integriert sind.[8] Bei der Betrachtung beziehe ich mich nicht auf den stark normierten und individualisierenden, von islamischen reformistischen Strömungen geprägten Schleier, sondern auf die wesentlich flexiblere allgemeine Praxis. Es ist in diesem Zusammenhang auch zu betonen, dass in Sansibar keine durchgreifenden Modernisierungs- und Säkularisierungsprozesse wie zum Beispiel in Ägypten oder der Türkei stattgefunden haben, die heute durch den ‚modernen‘ Schleier des Reformismus bzw. des politischen Islam konterkariert werden.

„Das Haus verhüllt die Dinge"[9]

Betrachten wir die Relation zwischen Person, Gesellschaft und materieller Welt in Sansibar, so erscheint die weibliche Verschleierung als nur eines der Elemente eines weit umfassenderen Prinzips, das allgemein die Konstruktion des Raumes regiert und das man als das Fundament des ‚in der Welt Seins' in Sansibar bezeichnen kann: Das ist das Prinzip des ‚Abschirmens', auf Swahili *sitiri*, ‚verhüllen', mit der Bedeutung von ‚bedecken' und ‚verbergen', aber auch von ‚beschützen' und ‚umfrieden'.

Das Substantiv *sitara* bezeichnet den Schutz, der die Reinheit der Privatsphäre gewährleistet, und dieser ist sowohl materiell als auch immateriell: Er setzt beim Haus an, dem ‚Sanktuarium' islamischer Kulturen, im doppelten Sinne von heilig (bzw. ‚rein', das zutreffendere Wort in Sansibar) und unantastbar, und der innere, weiblich konnotierte Bereich der Kultur, der als komplementär zum männlich definierten öffentlichen Bereich anzusehen ist. *Sitara* ist weiterhin das, was man gemeinhin auf Englisch als *modest dress* bezeichnet, das heißt, die Verhüllung der Frau, aber auch des Mannes, der ebenfalls Kleidungsregeln befolgen muss. So wird in Sansibar bei Männern auf das Bedecken der Person bis zu den Knien und den Oberarmen Wert gelegt. *Sitara* wird aber auch realisiert durch das in Rede und Betragen äußerst zurückhaltende und höfliche Verhalten, das in der Öffentlichkeit streng eingehalten wird. Dies wiederum betrifft besonders die Männer, die zwar ohne einen ‚materiellen' Schleier in der Öffentlichkeit auftreten, aber in ihrer Sprache, die kultiviert und nicht zu laut oder direkt sein soll, und zurückhaltender Gestik äußerst eingeschränkt, also gleichsam doch ‚verschleiert' sind. *Sitara* ‚bedeckt' – wiederum in materiellem und immateriellem Sinn – alles Intime, vom Körper bis zu allen Privatangelegenheiten, deren Offenlegung jemanden in Verlegenheit bringen könnte. Wieder ist hier das Haus als abgeschirmte familiäre Intimsphäre zentral. Nach dem oben zitierten Swahili-Sprichwort: *Nyumba husitiri mambo* (das Haus verhüllt die Dinge), d.h., jede Angelegenheit. Es wird mit äußerster Sorgfalt darauf geachtet, dass nur nichts Persönliches oder die Familie Betreffendes an die Öffentlichkeit dringt. Dabei handelt es sich meist nicht um Dinge, die als ‚ungehörig' oder gar ‚anstößig' zu bezeichnen wären, sodass unser westliches Verständnis von Scham hier zu kurz greifen würde.

„Respekt wird der Person gegeben, die Respekt kennt"[10]

Das strenge Einhalten von *sitiri* gewährleistet wiederum die *heshima* der Person, weit gefasst als Respekt, Reputation und Ehre zu übersetzen. *Heshima* bildet den grundlegenden gesellschaftlichen Wert in Sansibar und gilt – entgegen Autor/inn/en, die Ehre als rein männliches Attribut ansehen[11] – auch als eine weibliche Qualität. Wesentlich ist dabei, dass *heshima* und *sitara* nicht, wie meist in der Literatur der Fall, als abstrakte Werte oder Verhaltensgrundsätze anzusehen sind[12], sondern dass sie erst in der Praxis, nicht nur, aber auch materiell verhandelt und realisiert werden. *Sitiri* (Verhüllen oder Abschirmen) als moralischer Grundsatz lässt sich gar nicht von seiner praktischen und materiellen Umsetzung trennen. Aber auch *heshima* entsteht, wie schon der beste Swahili-Ethnograf, John Middleton, bemerkt, in den aktuellen Interaktionen durch reziproken

Tausch zwischen Personen oder Gruppen, das heißt, in einer Form von Gabentausch in Mauss'schem Sinn.[13] Durch höfliches, zurückhaltendes Verhalten, in Sprache und Körperhaltungen, einschließlich der Kleidung, zollt man Respekt sich selbst und seinem Gegenüber, das wiederum durch seine angemessene Haltung und sein würdiges Aussehen sich selbst und seinem Beziehungspartner Respekt entgegenbringt. Wer hingegen das *sitiri* verletzt – also zu ‚offen' (*wazi*) ist, sei es in Verhalten, Haltungen, Sprache oder Kleidung –, bringt *aibu* (Scham) nicht nur über sich selbst, sondern auch über den Adressaten. ‚Sittsame Kleidung', generell Erscheinung und Attribute der Person dienen also nicht zur Repräsentation, sondern zur Erzeugung von *heshima*.

Hervorzuheben ist, dass *sitara* und *heshima* eine ästhetische, also sinnliche Komponente mit einer hierarchisch-ethnischen verbinden. Charakteristisch für die urbanen und merkantilen Gesellschaften der ostafrikanischen Küste, die an der Schnittstelle zwischen dem ostafrikanischen Festland und dem Handelssystem des Indischen Ozeans entstanden sind, war (und ist) die stetige Eingliederung von Menschen vom Festland wie von der arabischen Halbinsel und aus Südasien. Dabei erfolgte entsprechend der realen oder putativen ethnischen Herkunft von Individuen oder Gruppen eine Hierarchiebildung, an deren Spitze die seit dem 19. Jahrhundert bis zur Revolution gegen das als arabische definierte Sultanat (1964) politisch dominanten Omani-Araber standen.[14] Diese hierarchisch-ethnische Gliederung geht bis heute mit der Zuschreibung von mehr oder weniger verfeinerter Kultur und *heshima* einher. Die hier wiedergegebene (imaginierte) Küchenszene (*Abb. 1*), die Teil einer Installation über das städtische Leben des 19. Jahrhunderts im kürzlich eröffneten House of Wonders Museum von Zanzibar Town bildet, zeigt diese Assoziation: Das Arabische ist ‚hoch' und ‚zivilisiert', also auch verschleiert und schön. Die hellhäutige, per Assoziation ‚arabische' Hausherrin bedeckt sittsam Schultern und Brust mit einem bedruckten *kanga*-Tuch – der üblichen häuslichen Verschleierung – und erscheint in ihrer Gefasstheit attraktiv. Das ‚Afrikanische' und Ländliche ist ‚niedrig' und roh, also auch ‚offen' und unästhetisch. Die dunkelhäutige, per Assoziation ‚afrikanische' Dienerin (vor der Abschaffung der Sklaverei 1897 meist eine Sklavin) trägt ihr – einfacheres – *kanga*-Tuch als Turban mit offener Brust und wirkt eher grobschlächtig und gewöhnlich. Die Darstellung entspricht zwar nicht der Realität, weil, wie die älteren Sansibarerinnen bestätigen, aufgrund der Brandgefahr am offenen Herd alle Frauen unabhängig ihres Status' früher ihre *kanga* beim Kochen zum Turban hochsteckten, aber sie zeigt die Assoziation „fehlende *sitara* – fehlende *heshima* – niedere Herkunft – fehlende Schönheit", die noch vor der rationalen die sinnliche Wahrnehmung in Sansibar bestimmt. Die „feinen Unterschiede", die durch materielle Güter hergestellt werden, betreffen nicht nur das diskursive Denken, sondern sind in der ganzen Person verkörpert.[15] Die materielle wie moralische Schönheit von Frauen und Häusern, die durch die Umleitung der Produkte der männlich definierten wirtschaftlichen Aktivität in die abgeschirmte weibliche Sphäre entsteht und die – entsprechend Appadurais Konzept der „tournaments of value"[16] – besonders zu zeremoniellen Anlässen, wie vor allem den Hochzeitsfeierlichkeiten, in den reziproken *heshima*-Austausch investiert wird, spielt in Sansibar eine zentrale Rolle. Sie dient als das verschleierte, kondensierte Sichtbar-Machen von wirtschaftlichen, sozialen und moralischen Werten in Form von kunstvoller ästhetischer Elaboration und Zivilisiertheit – die einzig mögliche Form in der Welt des Nicht-Offen-Zeigens, in der bloße Zurschaustellung die Gren-

Abb. 1: Heutige Rekonstruktion einer Küchenszene aus dem 19. Jahrhundert, Wandmalerei im House of Wonders Museum. Zanzibar Town, 2006

zen der Zurückhaltung auf unehrenhafte Weise sprengt. Erst dadurch, und nicht einfach durch „demonstrativen Konsum"[17], entstehen auch Prestige und Status, wobei in den Zeremonien nicht nur der Status verhandelt wird, sondern, mit den Worten Appadurais, „the disposition of the central tokens of value in the society in question"[18] – im sansibarischen Falle von Schönheit, Respekt und Zivilisation.

„The dignified lady, dressed in her garments of honour"[19]

Betrachtet man nun die Verschleierung als Praxis, so wird deutlich, dass *sitara* und dementsprechend *heshima* immer neu in Relation zur sozialen und zeiträumlichen Umgebung, die einen größeren oder geringeren Schutz notwendig macht, durch Verhandlungen über zugleich Praxis und Denkkategorien in sehr unterschiedlichen Weisen realisiert werden können. Dabei haben wir es in Sansibar nicht mit einer scharfen Dichotomie zwischen öffentlich und privat, außen und innen, männlich und weiblich sowie mit festen Zuschreibungen von Räumen oder Teilen von Räumen zu tun, wie die meist strukturalistisch beeinflusste ältere Literatur generell in Bezug auf islamische Gesellschaften voraussetzt[20], sondern mit einer sehr abgestuften, fließenden und situativ wandelbaren Konstruktion von Raum, die hier nur in groben Zügen zusammengefasst werden kann.

Im eigenen Haus sind die Frauen heute meist unverschleiert. Wenn männliche Besucher anklopfen, bedecken sie sich schnell den Kopf mit dem intimen ‚Hausschleier' *kanga* oder einem Kopftuch, das schnell zur Hand ist. Vor allem jüngere Frauen verhalten sich aber etwas freier und bleiben besonders gegenüber niedriggestellten oder bekannten Männern unverschleiert. Andere Frauen wiederum verhalten sich sehr strikt: Eine mir bekannte junge Frau, die bei ihren Schwiegereltern wohnte und diese wegen der ‚niederen' Offenheit ihres Hauses für ständige Besuche gering schätzte, trug zum Beispiel auch im Haus durchweg das formellere Kopftuch, das man zum Ausgehen benutzt. Hierbei handelt es sich um eine sehr effektive soziale Distanzierung bei gleichzeitiger Beanspruchung religiöser Sittsamkeit, bei der man der Intimitätsverweigerung aufgrund ihrer Indirektheit kaum etwas entgegensetzen kann. In der Literatur wird sogar von einem Streitfall von der kenianischen Küste berichtet, in dem ein Mann seine Ehefrau vor eines der für das Privatrecht zuständigen islamischen Gerichte brachte, weil sie im Hause die formelle schwarze Straßenverschleierung (*buibui*) anbehielt. Ihre Begründung lautete, sie fühle sich von ihrem Mann nicht wie eine Ehefrau behandelt und bleibe deshalb auch im Hause wie eine Fremde angezogen.[21]

Die nähere Umgebung des Hauses gehört noch zum eher sozial intimen Bereich: So gehen Frauen beim Besuch ihrer Nachbarinnen nur mit einem einzelnen oder einem Paar *kanga*-Tücher bedeckt aus dem Haus. Dies ist aber nicht der Fall, wenn sie in der Nachbarschaft zum Beispiel in ein Geschäft gehen, wo sie auf unbekannte Männer stoßen könnten. Dann bekleiden sie sich, wie allgemein „außerhalb" (*nje*) von Haus und Nachbarschaft, mit dem formelleren schwarzen Überwurf (*buibui*), heute ein von der arabischen Halbinsel importierter bodenlanger Mantel (*buibui la koti*), der mit einem Kopftuch (*hijab* oder *mtandio*) kombiniert wird. Räume sind jedoch grundsätzlich konvertierbar: Zum Beispiel halten die Frauen die Totengebete bei Beerdigungen mit dem intimen *kanga* verschleiert auf der Straße nahe dem Haus der Verstorbenen, wodurch selbst ein Teil einer Hauptverkehrsader von einem öffentlichen in einen privaten Raum umgewandelt werden kann. Es wird außerdem häufig von Frauen der höheren sozialen Schichten behauptet, dass die Frauen auf dem Land und in Ng'ambo, dem sozial niederen, als „ländlich" klassifizierten peripheren Teil von Zanzibar Town[22], auch außerhalb des Hauses immer *kanga* trügen, was gemäß der oben beschriebenen Ideologie wieder auf deren geringere Respektabilität hinweisen würde. Diese Praxis erklärt sich aber eher aus der Tatsache, dass in den Dörfern und in Ng'ambo die nahe soziale Umgebung weiter gefasst ist. Um sich außerhalb des eigenen Dorfes oder Viertels aufzuhalten und in die Stadt zu gehen, bedecken sich auch die Dorf- und Ng'ambo-Bewohnerinnen mit dem schwarzen Überwurf. Den größten Schutz bietet schließlich der Gesichtsschleier *niqab* (*Abb. 2*) – nach der japanischen Kriegerfigur meistens scherzhaft als *ninja* bezeichnet –, der am häufigsten im Umfeld des Marktes getragen wird, also am Ort des anonymen Warentauschs. Unter Umständen wird aber der Gesichtsschleier im Laufe eines Verkaufsgesprächs in einem Laden oder bei der Begegnung mit Bekannten gehoben.

Besonders das Kopftuch wird flexibel gehandhabt: Manche Frauen tragen es grundsätzlich lockerer, andere enger. Bei längeren Gängen durch die Stadt wird es von den meisten eng gebunden, im eigenen Viertel kann man es dagegen schnell über den Kopf werfen, um es dann wieder beim Vorbeilaufen an einer Moschee zur Gebetszeit, beim Durchqueren einer belebten Straße, aber auch bei einer Auseinandersetzung, zum Beispiel mit einem Verkäufer, festzuzurren. Anders als die geschneiderte, unveränderbare westliche Kleidung ist das Kopftuch eine Schutz bietende Erweiterung der Person, mit der eine stete Auseinandersetzung stattfindet und die je nach Bedürfnis verändert wird, um den Grad der Abschirmung in Relation zum sozialen Gegenüber zu ändern.[23] Diese Dynamik in der Vermittlung zwischen Person und sozialer Umgebung besteht zum Beispiel in der Türkei bei dem durch die neue Hinwendung zur „islamischen" Kleidung verbreiteten Kopftuch nicht, das im Laufe des Tages keinesfalls verrutschen und sich verändern darf.[24] Dies entspräche wieder eher dem Prinzip westlicher Kleidung und abstrakter Normierung. Auch beim Tragen des *buibui*-Überwurfs gibt es situationsbedingte Variationen. Wenn man nach Sonnenuntergang zu einer Hochzeitsfeier geht, kann darauf

Abb. 2:
Junge Frau posiert mit *niqab*.
Zanzibar Town,
Darajani-Markt, 2006

verzichtet werden. Besonders die jüngeren Frauen gehen dann durch die Straßen in sehr auffälligen, bunten, häufig mit Pailletten oder leuchtenden Steinen besetzten und mehr oder weniger ausgeschnittenen Abendkleidern, die meistens mit ebenfalls glänzenden, häufig transparenten Kopftüchern kombiniert werden. Auch ist nicht unbedingt ein *buibui* nötig, wenn man in Begleitung des eigenen Ehemanns am Abend irgendwo hingeht. Gemäß zwei Koranstellen, in denen einerseits der Ehemann für seine Ehefrau (und umgekehrt), andererseits die Nacht als „Gewand" bezeichnet werden, bieten sie anstelle des Überwurfs den Schutz.[25] Wieder sehen wir hier den zugleich materiellen und immateriellen Charakter von Verschleierung.

In intimen sozialen Situationen ist es schließlich eine Quelle von Verlegenheit, zu stark verschleiert zu sein. Im abgeschirmten Bereich der weiblichen Hochzeitsfeiern, bei denen allerdings meist auch Männer anwesend sind, ist es geradezu eine Beleidigung gegenüber der Gastgeberin, einen *buibui* anstatt des besten Abendkleides zu tragen. Genauso ist in den von Vertraulichkeit geprägten Beziehungen – zwischen Freunden oder bei so genannten Scherzbeziehungen zwischen gewissen Verwandten[26] – ein zurückhaltendes Verhalten keine Quelle von *heshima*, sondern von Verlegenheit. Das Prinzip des materiellen und immateriellen Abtrennens unterschiedlicher sozialer Räume ermöglicht dabei auch Verhaltensweisen, die in anderen Kontexten als schamvoll gelten würden: So haben sich zum Beispiel mit den Diskotheken und Tanzlokalen eigenständige soziale Räume gebildet, in denen sich nur Gleichaltrige treffen, die sich also außerhalb des von Zurückhaltung geprägten intergenerativen Beziehungsbereichs befinden. Soweit Mädchen und Frauen hier hingehen (dürfen), tragen sie meist westliche Hosen oder Röcke mit eng geschnittenen T-Shirts oder Tops.

Die Tatsache, dass es sich bei der Verschleierung immer um eine praktische und situative Anwendung innerhalb der sozialen Relationen handelt, ermöglicht also sehr unterschiedliche Aktualisierungen, die dennoch mit *heshima* vereinbar sein können. Dies zeigt sich auch in der historischen Rückschau, besonders an den verschiedenen Tragevarianten des älteren *buibui*-Überwurfs. Gerade weil dieser kein geschneidertes Gewand war, sondern aus zwei zusammengenähten Stoffbahnen mit einem angefügten dünnen Gesichtsschleier bestand, konnte er auf sehr unterschiedliche Weise und mehr oder weniger ‚offen' getragen werden, wobei jedoch alle Varianten etwas ‚zeigten'[27]: Die früheste, mit geschlossenem Gesichtsschleier (*gubigubi*), ließ feine Strümpfe und elegante Schuhe erkennen; die ab Ende der 1950er bzw. Anfang der 1960er Jahre verbreitete ‚offene' (*wazi*) Tragevariante sogar den Oberkörper, den Ohr- und Halsschmuck und häufig auch die Haare. Beim Passieren einer belebten Straße oder wenn man aus irgendeinem Grund nicht wiedererkannt werden wollte, konnte man aber die offene schnell in die nach den Zorro-Filmen *kizorro* genannte Trageweise umwandeln, bei der nur die Augen sichtbar waren. Unterhalb des Überwurfs, der jedoch in ‚privaten', auch gemischtgeschlechtlichen Räumen, wie Arbeitsräume, ausgezogen wurde, folgten die sansibarischen Frauen überdies allen westlichen Moden bis hin zum Mini-Rock, ohne dass dadurch ihren Aussagen zufolge ihre *heshima* verletzt wurde.[28]

Zusammenfassend lässt sich der Schleier als materielle Extension der Person ansehen, die innerhalb der sozialen Beziehungen Gestalt annimmt und diese Beziehungen weiter beeinflusst. *Sitiri*, das materielle und immaterielle Abschirmen, ist das Prinzip, nach dem die Welt erfahren und geordnet wird; es ist eine kulturell begründete Praxis der – auch sinnlich-ästhetischen – Erfahrung, die den Umgang mit der materiellen und sozialen Welt prägt. Wird das (idealtypische) ‚westliche' Individuum als unveränderlich und von seiner materiellen und sozialen Umwelt abgetrennt konzipiert, wobei das Private der individualisierte Raum ist, so haben wir es in Sansibar mit einer wandelbaren Person zu tun, die durch wechselnde soziale und materielle Umgebungen mitgeformt wird und diese wiederum formt. Es handelt sich bei dieser Wandelbarkeit also nicht um ein strategisches Spiel mit ‚Masken' oder ‚Fassaden' öffentlicher Präsentation – um ein ‚dargestelltes Selbst' gegenüber einem ‚eigentlichen Selbst' –, wie sie nach ‚westlichem' Verständnis gedeutet werden könnte. Anhaltspunkt für eine solche Interpretation wäre vor allem Erving Goffmans Modell des Bewahrens des „Gesichts" (*face*) in den alltäglichen Interaktionsritualen, das dem hier dargestellten Muster des *heshima*-Austauschs durchaus ähnelt.[29] Die neuzeitlich-bürgerliche Trennung zwischen – privater – ‚Interiorität' und – öffentlicher – ‚Exteriorität' darf jedoch nicht generalisiert werden.[30] Das ‚Private' ist in Sansibar der sozial und situativ intime Raum, in dem andere Verhaltens- und Interaktionsformen als in der Öffentlichkeit gelten. Daraus lässt sich auch die in den ostafrikanischen Küstengemeinschaften wie in anderen islamisch geprägten Gesellschaften festzustellende Tatsache erklären, dass in den weiblichen und/oder intimen Räumen das Verhalten – einschließlich der dazugehörigen kulturellen Formen wie der Verschönerung der Frauen, aber auch poetische oder performative Genres – nicht den Normen öffentlicher Zurückhaltung entspricht, was in der Literatur häufig als Form weiblichen ‚Widerstands' gegen die ‚patriarchalische' Gesellschaft interpretiert wird.[31]

„Der Tag, an dem du nackt aus dem Haus gehst, ist der Tag, an dem du deine Schwiegereltern triffst"[32]

Tatsächlich kann die Praxis des *sitiri* in ihren fortwährenden Aktualisierungen immer wechselnde Formen annehmen, in denen sich auch der umfassendere gesellschaftliche Wandel artikuliert. Dass dies nicht ohne stetiges Verhandeln passiert, ist selbstverständlich. So ist die Angemessenheit von Kleidung und Verschleierung besonderes jüngerer Frauen sowohl permanenter Gegenstand der Diskussion der Beobachter als auch Quelle von Sorge der Betroffenen. Man ist gleichsam immer von der Gefahr der ‚Nacktheit' bedroht. Besonders Mädchen und jüngere Frauen fühlen sich unter dem Druck der prüfenden Blicke und der häufigen Ermahnungen der älteren Frauen unwohl. Das Gehen ohne *buibui*-Überwurf zu den abendlichen Zeremonien ist für manche vollkommen respektabel, für andere Quelle unentwegten Klagens über den gegenwärtigen Verlust von Respekt bei der jungen Generation.

Hier treffen wir auf eine der wichtigsten sozialen Transformationen und Ursachen von Besorgnis im heutigen Sansibar: dem Empfinden einer Infrage-Stellung der bisher im *heshima*-System vorgesehenen Unterordnung der Jüngeren unter die Älteren. Das Aufkommen der neuen modischen *buibui*-Überwürfe von der arabischen Halbinsel, unter denen häufig westliche Kleidung getragen wird, die Eroberung der ‚Verschönerung' und damit der Gewinn an Kompetenz durch die Aneignung westlicher Schminkprodukte, welche die traditionellen ersetzt haben, vor allem die Beteiligung an den Hochzeiten, von denen Unverheiratete früher ausgeschlossen waren, sind (der materielle) Teil neuer Ansprüche und einer verstärkten Bewegungsfreiheit von Mädchen und jungen Frauen (*Abb. 3*). Diese besuchen die gemischtgeschlechtlichen staatlichen Schulen, arbeiten, gehen Freizeitbeschäftigungen wie Picknicks oder Diskothekbesuchen nach, bei denen sie ebenfalls mit männlichen Altersgenossen zusammentreffen, und erheben immer mehr den Anspruch, den Ehepartner selbst auszuwählen. Die Situation wird durch die Tatsache verschärft, dass aufgrund der schlechten finanziellen Lage oder auch längerer Ausbildungszeiten die Heirat später erfolgt, und auch die jungen Männer einen eigenen Stand in einer Gesellschaft beanspruchen, in der man erst als verheirateter Mann *heshima* erfährt.[33] Dieser Generationenkonflikt spielt eine wichtige Rolle bei den heute verlaufenden Auseinandersetzungen über *sitiri* und *heshima*. Ebenso verdichten sich um diese Aushandlungsprozesse über „Respekt" die weiteren Widersprüche einer Gesellschaft, in der die wilde Liberalisierung seit den 1980er Jahren zu verstärktem gesellschaftlichem Wandel, neuen sozialen Exklusionsmustern und – in den Augen Vieler – zu einer partiellen Scheidung von Moral und Reziprozität, also von *heshima*, von den andererseits weiterhin Schönheit und Ehre produzierenden sozioökonomischen Mitteln von Personen und Familien geführt hat.[34]

Abb. 3:
Werbemalerei eines
Schönheitssalons in Zanzibar
Town, Mlandege, 2006

„Das Auge hat keinen Vorhang"[35] – „Die Schönheit des Hauses ist nicht der Anstrich, öffne die Tür und gehe hinein"[36]

Zum Verhandlungspotential bei den jeweiligen Aktualisierungen von *sitiri* trägt entscheidend die Ambiguität – im Sinne von Uneindeutigkeit, nicht von Mehrdeutigkeit – der durch die Verschleierung geschaffenen Welt bei.[37] Der Schleier wird immer so angepasst, dass die Aufmerksamkeit auf die Trägerin gelenkt und ihre ‚verborgene' Schönheit, die wiederum sozioökonomische Macht vergegenständlicht, angedeutet wird: Der alte *buibui*-Überwurf ließ vieles sehen, was man eigentlich gar nicht sehen durfte. Die heutigen *buibui* ziehen den männlichen Blick an durch die Dekoration mit glänzenden Perlen oder Stickereien, die zum Teil die erotischen Muster der Henna-Bemalungen reproduzieren; sie sind auch häufig figurbetont geschnitten, manchmal transparent. Die unveränderliche geschneiderte Form wird bisweilen unterlaufen, indem die Trägerinnen beim Gehen den Saum mit der Hand weit nach oben heben. Zum *buibui* zieht man schöne bunte Kopftücher mit farblich angepasster Schminke an und macht dadurch auf das darunter getragene Kleid aufmerksam, das mit dem Kopftuch harmoniert. Wie schon die nicht sehr respektable Bezeichnung *ninja* zeigt, ist auch der *niqab*-Gesichtsschleier, der eigentlich der Inbegriff der Ehrbarkeit sein sollte, höchst ambivalent: Nach weit verbreiteter (besonders männlicher) Auffassung können ihn die Frauen auch zum ‚Verbergen' von gegen *heshima* und Reziprozität gerichtetem, normwidrigem Verhalten nutzen: um unerkannt den Liebhaber zu besuchen, in Bars zu gehen oder auch an jemandem vorbeizulaufen, dem man zum Beispiel Geld schuldet.[38] Nicht-Sichtbarkeit bedeutet nicht Invisibilität. Das, was verschleiert wird, wird zugleich auch immer betont, wobei letztlich offen bleibt, um was es sich genau handelt.

Somit unterscheidet sich in Sansibars schillernder Welt des *sitiri* die sinnliche Wahrnehmung von der westlichen: Entgegen dem westlichen Primat des Sehens und des Sprechens für die (rationale) Erkenntnis einer vom Subjekt getrennten ‚äußeren Welt' haben Sehen und Sprechen hier eine aggressive, unsittliche Qualität, da sie die sorgsam abgeschirmten Bereiche zu sprengen vermögen – bis hin zum Auslösen vom ‚bösen Blick' durch Neid auf persönliche Qualitäten und materielle Güter oder von irreparablem Streit durch die Verbreitung von Gerüchten und Klatsch.[39] Zugleich kann selbst dem im Rahmen des reziproken *heshima*-Austauschs Gesehenen letztlich nicht getraut werden. Wie vielfach in Sprichwörtern und Gesprächen betont wird, kann man ins Innere einer Person – oder eines Hauses – nicht blicken. Die durch die Praxis des *sitiri* aufgefächerte und ambiguisierte, die Person in wechselnde Wirklichkeitsausschnitte in sich begreifende Welt ist in dieser nicht umsonst die bildliche Wiedergabe stark einschränkenden islamischen Kultur nicht durch Sehen und Repräsentation erfassbar. Das Kennen der gesamten Wahrheit bleibt Gott vorbehalten, während es sich bei dem sich historisch stetig ändernden sozialen Gefüge um eine Welt der Uneindeutigkeit handelt, in der die Menschen ihre jeweiligen Kategorien und Urteile auch materiell immer neu erstreiten. Geht man mit Foucault davon aus, dass die Sichtbarkeit des isolierten Individuums gemäß dem Panopticon-Modell die Grundlage der Konstituierung des modernen Selbst und zugleich moderner Machtausübung bildet[40], so erklärt sich die tiefsitzende, geradezu irrationale westliche Abneigung gegen den Schleier. Verschleierung bedeutet nicht nur, dass Person und intime, durchaus gemeinschaftliche Handlungsräume dem kontrollierenden Blick entzogen bleiben, sie bildet überhaupt die Antinomie zum Selbstverständnis des westlichen Subjekts.

Anmerkungen

1 Der Begriff ‚islamischer Reformismus' wird hier allgemein als Bezeichnung für die vielfältigen Bewegungen verwendet, die eine innere Reform von Gesellschaft und religiöser Praxis durch Anknüpfung an den „wahren Islam" des Koran und der prophetischen Überlieferung (Hadith) anstreben.
2 Vgl. z.B. Abu-Lughod. 1986. Veiled sentiments; MacLeod. 1993. Accomodating Protest; El Guindi. 1999. Veil; Klein-Hessling / Nökel / Werner. 1999. Weibliche Mikropolitiken.
3 Mahmood. 2005. Politics of Piety, bes. S. 22-25.
4 Latour. 1995. Wir sind nie modern gewesen.
5 Vgl. Miller. 1987. Material Culture and Mass Consumption; Strathern. 1988. The Gender of the Gift; Gell. 1998. Art and Agency.

6   Latour. 1995. Wir sind nie modern gewesen.
7   Geisman / Horst. 2004. Introduction, S. 5-6, Hervorhebung der Autoren.
8   Die unter der Bezeichnung ‚Swahili' zusammengefassten Gesellschaften erstrecken sich an der ostafrikanischen Küste von Nord-Kenia bis Süd-Tansania. Sansibar, bestehend aus den Hauptinseln Unguja (meist Sansibar genannt) und Pemba, bildet einen autonomen Teil der Vereinigten Republik Tansania. Meine Feldforschung in Zanzibar Town erfolgte 2006 im Rahmen des am Lehrstuhl für Ethnologie der Universität Bayreuth angesiedelten Forschungsprojektes „Das Äußere im Inneren: Konsum von Importgütern, Identitäts- und Personbildung in der weiblich-häuslichen Sphäre in Sansibar". Ich bedanke mich bei der Deutschen Forschungsgemeinschaft für die Förderung des Vorhabens und beim Projektleiter Kurt Beck für seine Unterstützung.
9   Swahili-Sprichwort: *Nyumba husitiri mambo.*
10   *Heshima apewa juwaye heshima*; Swahili-Sprichwort, zitiert in Swartz. 1991. The Way the World is, S. 168.
11   Für die Swahili vgl. Swartz. 1991. The Way the World is; und Middleton. 1992. The World of the Swahili. Die Adäquatheit der aus bürgerlichen Vorstellungen abgeleiteten, essentialisierten Dichotomie von männlicher Ehre und weiblicher Scham in der Literatur über islamische und mediterrane Gesellschaften ist generell in Frage zu stellen (vgl. z.B. El Guindi. 1999. Veil; Maher. 2001. How do you Translate).
12   Vgl. z.B. Swartz .1991. The Way the World is.
13   Middleton. 1992. The World of the Swahili, S. 194; vgl. Mauss. 1923-24. Essai sur le don.
14   Das seit dem 19. Jahrhundert von der omanischen al-Busaidi-Dynastie regierte Sansibar-Sultanat war 1890 bis 1963 britisches Protektorat. Nach dem gewaltsamen Umsturz des Sultanats kurz nach der Unabhängigkeit erfolgte 1964 die Vereinigung mit dem ‚afrikanischen' Festland (Tanganyika) zum neuen Staat Tansania.
15   Dieser Aspekt der Konzeptionen Bourdieus wird bei dessen Rezeption häufig vernachlässigt. Vgl. z.B. Bourdieu. 1987. Die feinen Unterschiede, S. 727-734.
16   Vgl. Appadurai. 1986. Introduction. „Tournaments of value" definiert er als „complex periodic events that are removed in some culturally well-defined way from the routines of economic life" (S. 21).
17   Vgl. die Veblen'schen Formel der „conspicuous consumption" zur Erhöhung von Status und Prestige (Veblen. 1993. Theorie der feinen Leute), die die noch gängige, allerdings stark reduktive Erklärung für aufwändigen Konsum bildet.
18   Appadurai. 1986. Introduction, S. 21.
19   Gekürzter Vers des Gedichtes „Gungu la Mnara Mp'ambe" („Gungu [eine Gedichtsgattung, Anm. d. Verf.] of the Dignified Lady"); herausgegeben und übersetzt von The Liyongo Working Group. 2004. Liyongo Songs, S. 54-55. Der vollständige Vers lautet: „I may marry the dignified lady, the lady dressed in her garments of honour" (*Haowe mnara mp'ambe – mp'ambe uzainiweo hishima*; ebd.), wobei das von den Herausgebern als *„dignified"* übersetzte Wort *mp'ambe* auch die Bedeutung von „geschmückt sein" hat.
20   Vgl. z.B. Bourdieus klassisches Beispiel des kabylischen Hauses (1979. Entwurf einer Theorie der Praxis, Kap. 2); für die Swahili bes. Donley. 1990. A Structuring Structure. Diese strengen Dichotomisierungen werden in der heutigen Forschung zunehmend zugunsten einer zeit- und kulturspezifischen Betrachtung der Artikulation zwischen männlicher und weiblicher Sphäre relativiert.
21   Hirsch. 1998. Pronouncing & Persevering, S. 51-52.
22   Ng'ambo bedeutet wörtlich „der andere Teil" (der Stadt) und wird der Innenstadt bzw. der ‚eigentlichen' Stadt (*mjini*) gegenübergestellt (heute grob Stone Town, der Elite-Stadtteil des 19. Jahrhunderts, und angrenzende Stadtviertel).
23   Vgl. die Ausführungen von Banerjee und Miller über den ebenfalls nicht geschneiderten indischen Sari (2004. The Sari).
24   Sandıkcı / Ger. 2005. Aesthetic, Ethics and Politics.
25   „Sie [eure Frauen, Anm. d. Verf.] sind euch [den Männern, Anm. d. Verf.] ein Kleid, und ihr seid ihnen ein Kleid" (Sure 2, 187); „Er ist's, der euch die Nacht gemacht hat zu einem Gewand" (Sure 25, 47). Übersetzung von Max Henning.
26   Bei den Swahili besteht eine solche von ritualisierter Vertraulichkeit charakterisierte Beziehung (*utani*) zwischen Kreuzverwandten, Großeltern und Enkelkindern sowie zwischen Schwägerinnen und Schwägern.

27 Zur Geschichte des *buibui* s. auch Fair. 2001. Pastimes and Politics, S. 85-96, wo auch Bildmaterial zu finden ist.

28 Die postrevolutionäre sozialistische Regierung verbot allerdings u.a. das (öffentliche) Tragen von Mini-Röcken, ebenso wie bei den Männern die langen Haare und Schlaghosen, als gegen die *heshima* gerichteten Ausdruck „kapitalistischer", westlicher „Dekadenz". S. auch Burgess. 2002. Cinema, Bell Bottoms, and Miniskirts.

29 Vgl. Goffman. 1971. Interaktionsrituale; ders. 1994. Interaktion und Geschlecht. An Goffman angelehnte Interpretationen des Verhaltens in islamisch geprägten bzw. mediterranen Gesellschaften bieten z.B. Maher. 2001. How do you Translate, und Nageeb. 2004. New Spaces and Old Frontiers.

30 Vgl. Mahmood. 2005. Politics of Piety, S. 131-167.

31 In den ostafrikanischen Küstengesellschaften handelt es sich bei diesen kulturellen Ausdrucksformen um Musikperformances mit Liedern, die eine ‚offene' Sprache benutzen oder die von Tänzen begleitet werden, die den Geschlechtsverkehr nachahmen. Das bekannteste Beispiel für poetische Genres bietet die Dichtung der Awlad 'Ali-Beduinen in Ägypten (Abu-Lughod. 1986. Veiled sentiments). Zur Verschönerung der Frauen als widerständige Strategie s. Nageeb. 2004. New Spaces and Old Frontiers, S. 36-47, 68-78.

32 Swahili-Sprichwort: *Siku utakayokwenda uchi ndiyo siku utakayokutana na mkweo.* Die Beziehung zu den Schwiegereltern ist die am stärksten von Zurückhaltung geprägte.

33 Die soziale Position junger Männer ist wie die der Frauen ambivalent. Bei ihnen spielen heute besonders HipHop-Musik und -Moden eine wichtige Rolle als alternativer, allerdings gesellschaftlich umstrittener Weg zu ‚Respekt'.

34 Zu diesen weiteren Faktoren vgl. Ivanov. 2008. What is Zanzibari?

35 Swahili-Sprichwort: *Jicho halina pazia.*

36 Swahili-Sprichwort: *Uzuri wa nyumbani si rangi fungua mlango uingie ndani.*

37 Zu Ambiguität und Indirektheit in der Kommunikation der Küstengesellschaften vgl. besonders Beck. 2001. Texte auf Textilien. Die Bedeutung des ‚Verschleierns' geht aber über das rein Kommunikative und Diskursive hinaus.

38 Das Gleiche wird in Zusammenhang mit dem alten *buibui*-Modell erzählt.

39 Vgl. Beck. 2001. Texte auf Textilien, S. 210-217.

40 Vgl. Foucault. 1994. Überwachen und Strafen.

Bibliografie

Abu-Lughod, Lila. 1986. Veiled sentiments. Honor and Poetry in a Bedouin Society. Berkeley: University of California Press.

Appadurai, Arjun. 1986. Introduction. Commodities and the Politics of Value, in: Ders., Arjun (Hg.). The Social Life of Things. Commodities in Cultural Perspective. Cambridge: Cambridge University Press. S. 3-63.

Banerjee, Mukulika / Miller, Daniel. 2004. The Sari. Oxford: Berg.

Beck, Rose Marie. 2001. Texte auf Textilien in Ostafrika. Sprichwörtlichkeit als Eigenschaft ambiguer Kommunikation. Köln: Rüdiger Köppe Verlag.

Bourdieu, Pierre. 1979. Entwurf einer Theorie der Praxis auf der ethnologischen Grundlage der kabylischen Gesellschaft. Frankfurt a. M.: Suhrkamp. (Original: Genf 1972).

Bourdieu, Pierre. 1987. Die feinen Unterschiede. Kritik der gesellschaftlichen Urteilskraft. Frankfurt a. M.: Suhrkamp. (Original: Paris 1979).

Burgess, Thomas. 2002. Cinema, Bell Bottoms, and Miniskirts. Struggles over Youth and Citizenship in Revolutionary Zanzibar, in: International Journal of African Historical Studies. Bd. 35, Heft 2-3, S. 287-313.

Donley, Linda W. 1990. A Structuring Structure. The Swahili House, in: Kent, Susan (Hg.). Domestic Architecture and the Use of Space. An Interdisciplinary Cross-Cultural Study. Cambridge: Cambridge University Press. S. 114-126.

El Guindi, Fadwa. 1999. Veil. Modesty, Privacy and Resistance. Oxford, New York: Berg.

Fair, Laura. 2001. Pastimes and Politics. Culture, Community, and Identity in Post-Abolition Urban Zanzibar, 1890-1945. Athens, OH: Ohio University Press / Oxford: James Currey.

Foucault, Michel. 1994. Überwachen und Strafen. Die Geburt des Gefängnisses. Frankfurt a. M.: Suhrkamp. (Original: Paris 1975).

Geisman, Haidy / Horst, Heather A. 2004. Introduction. Materializing Ethnography, in: Journal of Material Culture. Bd. 9, Heft 1, S. 5-10.

Gell, Alfred. 1998. Art and Agency. An Anthropological Theory. Oxford: Oxford University Press.

Goffman, Erving. 1971. Interaktionsrituale. Über Verhalten in direkter Kommunikation. Frankfurt a. M.: Suhrkamp. (Original: Doubleday 1967).

Goffman, Erving. 1994. Interaktion und Geschlecht. Frankfurt a. M. / New York: Campus Verlag.

Hirsch, Susan F. 1998. Pronouncing & Persevering. Gender and the Discourses of Disputing in an African Islamic Court. Chicago, London: The University of Chicago Press.

Ivanov, Paola, 2008. What is Zanzibari? Ways of Understanding and Representing Zanzibariness between Cosmopolitanism and Exclusion. Unveröffentlichtes Manuskript.

Klein-Hessling, Ruth / Nökel, Sigrid / Werner, Karin. 1999. Weibliche Mikropolitiken und die Globalisierung des Islam, in: Dies. (Hg.). Der neue Islam der Frauen. Weibliche Lebenspraxis in der globalisierten Moderne. Bielefeld: transcript. S. 11-34.

Latour, Bruno. 1995. Wir sind nie modern gewesen. Versuch einer symmetrischen Anthropologie. Berlin: Akademie. (Original: Paris 1991).

MacLeod, Arlene E. 1991. Accommodating Protest. Working Women, the New Veiling and Change in Cairo. New York: Columbia University Press.

Maher, Vanessa. 2001. How do you Translate Pudeur? From Table Manners to Eugenics, in: Albera, Dionigi / Blok, Anton / Bromberger, Christian (Hg.). L'anthropologie de la Méditerranée. Paris: Maisonneuve et Larose. S. 157-177.

Mahmood, Saba. 2005. Politics of Piety. The Islamic Revival and the Feminist Subject. Princeton, Oxford: Princeton University Press.

Mauss, Marcel. 1923-24. Essai sur le don; forme archaïque de l'échange, in: L'Année Sociologique N.S. Bd. 1, S. 30-186.

Middleton, John. 1992. The World of the Swahili. An African Mercantile Civilization. New Haven, London: Yale University Press.

Miller, Daniel. 1987. Material Culture and Mass Consumption. Oxford: Blackwell.

Nageeb, Salma A. 2004. New Spaces and Old Frontiers. Women, Social Space, and Islamization in Sudan. London: Lexington Books.

Sandıkcı, Özlem / Ger, Güliz. 2005. Aesthetic, Ethics and Politics of the Turkish Headscarf, in: Küchler, Susanne / Miller, Daniel (Hg.). Clothing as Material Culture. Oxford: Berg. S. 61-82.

Strathern, Marilyn. 1988. The Gender of the Gift. Problems with Women and Problems with Society in Melanesia. Berkeley: University of California Press.

Swartz, Marc J. 1991. The Way the World is. Cultural Processes and Social Relations among the Mombasa Swahili. Berkeley: University of California Press.

The Liyongo Working Group (Hg.). 2004. Liyongo Songs. Poems Attributed to Fumo Liyongo. Köln: Rüdiger Köppe Verlag.

Veblen, Thorstein. 1993. Theorie der feinen Leute. Frankfurt a. M.: Fischer (Original: New York 1899).

Gudrun Grauenson

Das *Gele* – nur ein einfaches Tuch? Das Kopftuch *Gele* der Yoruba-Frauen in Nigeria als künstlerisch-modisches Symbol emanzipatorischer Körper-Politik

Einleitung

Während in den 1920er Jahren die ästhetische Skulpturen- und Maskenkunst der männlichen Yoruba in Westafrika unter Ethnolog/inn/en und Kunstkenner/inne/n der westlichen Welt große Beachtung erfuhr und umfangreich erforscht wurde, schenkte dieselbe Forschung einem in eben jener Zeit aufblühenden, meines Erachtens höchst bemerkenswerten Zeugnis weiblich-künstlerischer Schaffenskraft – der Literaturlage nach zu urteilen – erstaunlich wenig Beachtung. Denn im Verlauf der 1920er bis 1940er Jahre haben die Yoruba-Frauen eine ganz eigene, ihrer Lebenswelt entsprechende textile Kunstform entwickelt: So begannen sie in den unruhigen Zeiten der antikolonialen Protestbewegungen und der aufkeimenden Unabhängigkeitsbestrebungen in der ehemaligen britischen Kolonie Nigeria ihrem ursprünglich schlichten Kopftuch *Gele*[1] eine elaborierte, skulpturale Form zu geben, die heute in aller Welt als stolzes, transkulturelles[2] Symbol weiblich-afrikanischer Herkunft getragen wird (*Abb. 1*).

Der Begriff ‚weibliches Kopftuch‘ erweckt im europäischen Bewusstsein heutzutage oftmals die Vorstellung von religiösem Traditionalismus, weiblicher Unterdrückung und Abhängigkeit und wird zumeist mit der religiös begründeten Kopfbedeckung muslimischer Frauen assoziiert. Allerdings gab es im deutschen Kontext auch die Trümmerfrauen des Zweiten Weltkriegs, deren typisches, vorn auf der Stirn verknotetes Kopftuch in den 1960er und 1970er Jahren von den Vorkämpferinnen des Feminismus aufgegriffen wurde.[3] Das bei den Aufräumarbeiten der Nachkriegstage wohl in erster Linie aus hygienischen Gründen getragene Kopftuch bekam seinen emanzipatorischen Nimbus jedoch erst im Nachhinein, als die Leistung der bis dahin als körperlich schwach und unselbstständig geltenden Frauen beim raschen Wiederaufbau des Landes ihre gebührende Anerkennung fand.

Ein ähnliches Schicksal könnte man – dem derzeitigen Stand meiner interpretativen Spurensuche zufolge – auch dem *Gele* der Yoruba-Frauen in Nigeria attestieren. Denn trotz seiner elaborierten Formgebung als quasi weibliches Ausrufungszeichen und der vielschichtigen Hinweise auf seinen kultur- und frauenemanzipatorischen Ursprung ist die Entstehungsgeschichte des skulpturalen *Gele* der Yoruba-Frauen den entsprechenden wissenschaftlichen Blickwinkeln bis heute nahezu verborgen geblieben. Im Folgenden möchte ich darlegen, wie sich in der scheinbar spontanen modischen Umgestaltung ihres schlichten Kopftuchs in kunstvolle, skulpturale Gebilde eine symbolische Transformation erkennen lässt, die einen ganz eigenen weiblichen Weg künstlerisch-emanzipatorischer Körper-Politik aufzeigt. Eng verwoben mit den traditionellen Glaubens-

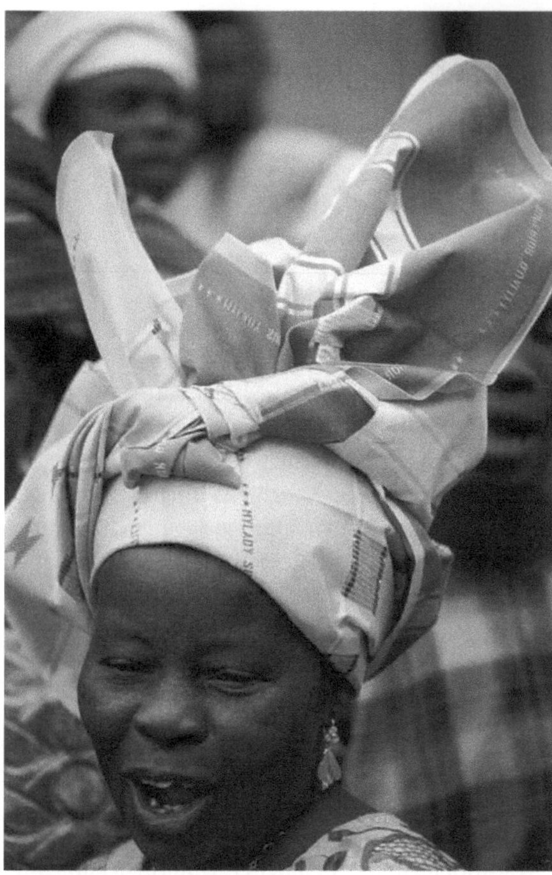

Abb. 1:
Yoruba-Frau mit Gele, 1982

und Lebenszusammenhängen der Yoruba-Gesellschaft und eingebunden in den Kontext ästhetischer Vorstellungen und Körperkonzepte sowie die gesellschaftlichen Rahmenbedingungen, erwarb sich das Kopftuch *Gele* meines Erachtens einen ikonografischen Bedeutungsgehalt im Sinne eines künstlerisch-emanzipatorischen Sprachsymbols der Yoruba-Frauen. Als Element weiblich-afrikanischer *Performance* ist es zudem heute zu einer symbolischen Repräsentation der selbst- und herkunftsbewussten ‚afrikanischen‘ Frau in der Welt geworden.

Frauenmacht und gesellschaftlicher Wandel im Yorubaland

Das zentrale Siedlungsgebiet der Yoruba, auf das ich mich hier im Wesentlichen beziehe, erstreckt sich im gesamten Südwesten des seit 1960 unabhängigen Staates Nigeria, in dem sie etwa ein Fünftel der Gesamtbevölkerung ausmachen. Typischerweise leben die Yoruba bereits seit Jahrhunderten in Stadtstaaten, regiert von unabhängigen Königen und vereint durch eine gemeinsame Sprache und Kultur sowie eine gemeinsame Tradition ihrer Herkunft aus der Stadt *Ile-Ife*. Im Zuge der Kolonisation Westafrikas hatten die Briten Mitte des 19. Jahrhunderts zunächst das an der Küste gelegene Königtum Lagos und bis zur Jahrhundertwende das Yorubaland erobert; 1914 erklärten sie das gesamte heutige Staatsgebiet Nigerias zum britischen Protektorat und ernannten Lagos zur Hauptstadt und Kronkolonie, wodurch dessen Bewohner die Rechte britischer Staatsbürger erhielten.

Die Yoruba-Gesellschaft der vorkolonialen Zeit hatte auf der einen Seite patriarchale Züge, denn die höchsten politischen Ämter wie auch der Königsthron waren männlich besetzt und Mitgliedschaften in wichtigen Organisationen wurden patrilinear weitergegeben. Hinsichtlich der sozioökonomischen Stellung der Frau innerhalb der Gesellschaft wiederum kann sie als annähernd egalitär bezeichnet werden. Aufgrund der geschlechtlichen Arbeitsteilung waren die Männer auf Agraranbau, Jagd und Kriegführung spezialisiert, während die Frauen ökonomisch zumeist unabhängig im Handwerk und der Textilproduktion tätig sowie als Händlerinnen lokal wie auch auf Fernhandelswegen unterwegs waren. Ihnen standen viele religiöse und säkulare Titel und Positionen offen, am Königshof oder im königlichen Handel existierten hohe Frauenämter. Der Zugang zu bestimmten Organisationen und politischen Gremien war ihnen jedoch verwehrt, so zum Beispiel die Mitgliedschaft in der führenden Händlergruppe *Parakoyi*, obwohl die Frauen die Mehrheit der Händler/innen darstellten. In die vornehmlich männliche *Ogboni*-Gesellschaft, die alle politischen Machtbereiche beherrschte, wurden einige Frauen aufgenommen, vom mächtigen Geheimbund *Oro* innerhalb des *Ogboni*-Bundes waren sie jedoch gänzlich ausgeschlossen. Bei entscheidenden Versammlungen vertrat der Frauenverband *Egbe Iyalode* („mother of the town") die Interessen der Frauen.[4]

Infolge anhaltender Bürgerkriege im Verlauf des 19. Jahrhunderts war die Mobilität und berufliche Unabhängigkeit der Frauen jedoch immer mehr beschnitten worden: Aufgrund von Überfällen und Frauenraub lebten sie nun zurückgezogen in den Gehöften und mussten ihre Geschäfte, zum Beispiel im Fernhandel, aufgeben oder männlichen Verwandten übertragen. Bei den ankommenden Kolonialisten und Missionaren entstand angesichts dieser Situation einer Gesellschaft im Kriegszustand der fälschliche Eindruck einer patriarchalen Yoruba-Gesellschaft.[5] Der wachsende Einfluss der britischen Kolonialmacht sowie der christlichen Missionen führte zu weiteren einschneidenden Umwälzungen, die sich auf die gesellschaftliche Stellung und die finanzielle Situation der Frauen auswirkten. Zwar agierte die britische Kolonialverwaltung zum einen unter der Maxime der *indirect rule* und stützte sich somit weitgehend auf die bestehenden indigenen Organisationsstrukturen. Zum anderen boten sich den Frauen wie den Männern durch die Missionsschulen zunächst neue Bildungs- und Ausbildungschancen, gleichzeitig jedoch wurden die beruflichen Möglichkeiten der Frauen zunehmend eingeschränkt. Vor allem durch die patriarchale Ausrichtung der britischen Kolonialpolitik sowie deren eurozentristisches Bild von der ‚schwachen Frau' und ihrer ‚naturgegebenen' Subordination unter den Mann wurde der politische und ökonomische Status der Yoruba-Frauen auf die Rolle der abhängigen Hausfrau und Mutter reduziert.[6]

Steuerpolitische Willkürmaßnahmen gegenüber den meist muslimischen Marktfrauen und Enttäuschung über mangelnde Arbeitsmöglichkeiten bei den christlich-gebildeten Frauen der Yoruba-Elite, etwa in der Kolonialverwaltung, führten Mitte der 1920er Jahre zur Gründung verschiedener Frauenverbände. Daraus entwickelten sich bald gemeinsame Protestbewegungen, die im Verlauf der 1940er Jahre im so genannten *Egba Women's War* der *Abeokuta Women's Union* mündeten und als gesellschaftspolitische Initialzündung zur Erfindung des skulpturalen *Gele* verstanden werden können, was ich im Folgenden näher ausführen möchte.

Vom praktischen Tuch zum skulpturalen *Gele*

Der Begriff *Gele*[7] bezeichnet in der Sprache der Yoruba das Kopftuch der Yoruba-Frauen, welches ausschließlich um den oberen Kopf gebunden wird und das Gesicht frei lässt. Es sitzt also quasi wie eine Krone auf dem Kopf. Bezogen auf die Formgebung und die verwendete Stoffmenge ist das „typisch afrikanische" Kopftuch[8] eher voluminös gestaltet, wodurch es häufig den Kopf optisch vergrößert und ihn somit betont. Im Unterschied dazu werden das charakteristische „europäisch-amerikanische" wie auch das muslimische Kopftuch in der Regel vorne unter dem Kinn geschlossen und umrahmen eng anliegend das Gesicht, wobei oftmals das Gesichtsfeld – mindestens ansatzweise – eingeschränkt wird.

In der Vergangenheit jedoch trugen die Yoruba-Frauen vermutlich nur ein schlichtes, schmales Tuch um den Kopf gebunden, das – etwa seit dem 19. bis ins frühe 20. Jahrhundert – als Zeichen zuvor der Braut[9], später der verheirateten Frau und (zukünftigen) Mutter galt, dabei allerdings nicht sehr verbreitet war.[10] Demzufolge diente es den Yoruba-Frauen nicht zwingend dazu, aus Gründen der Scham Kopf oder Haare zu bedecken. Bei Bedarf benutzten sie es ebenso als polsternden Stoffring beim Tragen von Lasten auf dem Kopf sowie vor allem als Babytragetuch (*Oja*) um Brust oder Taille gewunden. Ältere Frauen banden sich häufig mehrere solcher Tücher um die Hüften, um damit ihre gehobene familiäre Stellung zu kennzeichnen, welche vor allem durch ihr Alter und die gesellschaftlich hoch angesehene mehrfache Mutterschaft geprägt war.[11]

Die Entstehung des skulpturalen *Gele* der Yoruba-Frauen kann etwa in den Jahren von 1920 bis 1940 angesiedelt werden, wobei erste namentlich benannte *Gele*-Formen auf den Beginn der 1940er Jahre datiert sind.[12] Ihre Namen wie „V.C.10", „Mercedes Benz", „Skyscraper" oder auch „Oso malo" („He who insists on getting money owed him by any means")[13] repräsentierten monetäre Werte oder an weltweiten Trends orientierte Statussymbole, die für beruflichen Erfolg und insbesondere für westlichen Einfluss und Fortschritt standen. Dennoch wurde das *Gele* als Teil eines traditionellen Bekleidungsstils, den ich später näher erläutere, zunächst nicht mit westlicher Kleidung kombiniert. Mit der Unabhängigkeit Nigerias 1960 entstanden *Gele*-Stile, wie etwa „One Nigeria" oder „Keep Nigeria One". Die *Gele*-Namen „Crush Rebellion" oder „Gowon War Front" reflektierten den aufkommenden Bürgerkrieg der Jahre 1967-70, während die „Torch of Unity" die zum zehnten Jahrestag der Staatsgründung entzündete Fackel mit der „Ewigen Flamme der Unabhängigkeit" darstellte.[14] Andere Kreationen sind etwa von der Umstellung Nigerias vom Links- auf den Rechtsverkehr im Jahr 1972 inspiriert („Nigeria goes right") oder vom Olympia-Sieg des nationalen Fußballteams 1996 in Atlanta.[15] Auch Aspekte der weiblichen Lebenswelt wie „Strong Woman" oder „To hell with husbands"[16] und allgemeine Themen wie „National Theatre", „Ice Cream" oder populäre Persönlichkeiten der Gesellschaft werden als Gestaltungsanregung aufgegriffen.[17]

Dabei kann der Akt der Namensgebung als eine Art „Sozialisierungsprozess" des *Gele* in die Yoruba-Gesellschaft verstanden werden und ist vergleichbar mit dem bei den Stoffen. So werden vor allem auch Importstoffe bis heute erst durch einen entsprechenden Namen in die indigene Vorstellung von Tradition bzw. traditioneller Ästhetik integriert.[18] Darüber hinaus wird die Bedeutung von Bekleidung mit der von Kindern verglichen, was in der Redewendung „Children are the clothes of men"[19] deutlich wird. Als äußeres Zeichen symbolisieren Stoffe und Kleider wie Kinder die soziale Einordnung einer Person. Dementsprechend erhält die Frau einen Namen in der Gesellschaft erst durch ein Kind, denn sie wird in der Regel nicht mit ihrem persönlichen Namen angesprochen, sondern als „Mutter von ...". Auch die traditionelle Kleidersymbolik der Frau bezieht sich, abgesehen von hochrangigen Frauen am Königshof, primär auf ihren familiären Status als Braut, Ehefrau und Mutter. Beim männlichen Yoruba dagegen stellt sie in erster Linie dessen formalen Status dar, d.h. seine politische oder religiöse Stellung innerhalb der Organisationsstrukturen der Gesellschaft.

Die Kleider der Götter

Bekleidung an sich repräsentiert den höheren Rang des Älteren gegenüber dem Jüngeren, Rangniederen, und spiegelt somit die in der Yoruba-Gesellschaft geltende Senioritätsregel wider. Nacktheit dagegen bedeutet mangelnde soziale Verantwortung und Ausschluss[20], das Ablegen bestimmter Kleider als Zeichen der Unterwerfung oder des Respekts gegenüber dem Statushöheren bzw. Älteren. Daher regeln bis heute hierarchische Kleiderordnungen das Verhalten der Yoruba in der Begegnung mit anderen: Beispielsweise legt ein *Chief* vor seinem *Oba* (Yoruba-König) seinen Überwurf ab, ihm selbst gegenüber lösen die Mitglieder seines Gehöftes ihre Kopfbedeckung und Männer außerdem ihr Toga-artiges Gewand, das sie um ihre Taille binden.[21]

Diese hohe symbolische Bedeutung von Bekleidung basiert auf der Vorstellung ihres göttlichen Ursprungs, denn die edelsten Stoffe und Kleider gehören den Göttern im Jenseits und werden von ihren Repräsentanten im Diesseits, den Yoruba-Königen, lediglich stellvertretend getragen. Demzufolge war die *High Fashion* der Yoruba bis zu Beginn der Bürgerkriege des 19. Jahrhunderts ausschließlich die Mode der männlichen Führungselite.[22] Ein wesentlicher Aspekt dieser bis heute verbreiteten Statusbekleidung ist – neben der Schwere und Qualität der einheimischen Gewebe – das Übereinander-Tragen mehrerer voluminöser *Agbada*-Gewänder, deren zahlreiche Bauschungen und Faltungen nicht fixiert werden. Stattdessen dient gerade das wiederholte Drapieren und Re-arrangieren mit großen, eleganten Gesten als gelungene Präsentation der vornehmen Persönlichkeit des Trägers und erzeugt so den Eindruck eines imposanten, mächtigen Körpers, „projecting an image of physical substance and social importance"[23]. Daneben galten besonders auch die Kopfbedeckungen der Statuspersonen als Symbole ihrer Macht, welche aufgrund der patrilinearen Machtstrukturen der Yoruba-Gesellschaft meist männlich assoziiert wurde.

Im Zuge der gesellschaftlichen Umbrüche des 19. Jahrhunderts wurde dieses hierarchische Bild von Bekleidung allmählich untergraben. Zum einen zerstörten die lang anhaltenden Unruhen der Bürgerkriege die bestehenden Hierarchien und eröffneten breiteren Bevölkerungsteilen völlig neue Chancen auf Wohlstand und Status, infolgedessen sich die aufstrebenden neuen Yoruba-Eliten den ausladenden *Agbada*-Stil wie auch die bis dahin den Königen vorbehaltene Samtkappe aneigneten.[24] Andererseits wurden mit dem wachsenden Einfluss der christlichen Missionare und der späteren Kolonialregierung sowie dem damit einhergehenden weiteren Machtverlust die Yoruba-Könige zu rein nominalen Oberhäuptern degradiert. Darüber hinaus verlor die traditionelle Prestigebekleidung ihre Bedeutung und Exklusivität bald auch zugunsten westlicher Importstoffe und -moden, die die Europäer als Kleidungsstil einer „zivilisierten" Gesellschaft dem kolonisierten Volk verordneten. Im Kampf um die Vorherrschaft in den eroberten Gebieten wurde für die Kolonialgesellschaft selbst elaborierte Bekleidung zu einem „significant means of asserting authority"[25]. Zusätzlich machten vor allem die seit Mitte des 19. Jahrhunderts zurückkehrenden ehemaligen Sklav/inn/en und deren Nachkommen europäische Stoffe und Kleider zu ihrem Symbol für Zivilisation, Bildung und Fortschritt. Denn die Yoruba-stämmigen Immigrant/inn/en, die mehrheitlich den christlichen Glauben angenommen hatten, wurden wegen ihrer fehlenden sozialen Eingebundenheit in die Yoruba-Gesellschaft an sich zwar als unterlegen angesehen. Angesichts ihrer den Einheimischen daher als ungehörig erscheinenden umfangreichen, westlichen Bekleidung und der Überlegenheit ihrer christlichen Bildung waren sie von diesen zugleich misstrauisch aufgenommen worden. Die Vorliebe dieser *Lagosian Dandies* für den seit dem frühen 19. Jahrhundert in England modischen Zylinder beispielsweise galt der indigenen Bevölkerung als „symbolische Anmaßung", da dieser inzwischen zur bevorzugten Krone des *Oba* in Lagos geworden war.[26]

Vom Kultur- zum Geschlechterkampf

Im Kampf der unterschiedlichen Bevölkerungsgruppen um sozialen Aufstieg und auf der Suche nach einer eigenen Identität zwischen Tradition und Moderne wurden die Kleidungsstile zum wichtigsten Symbol kultureller Identität. Doch die gegen Ende des 19. Jahrhunderts aufkommende ethnische Reformbewegung zur Rückbesinnung auf die Yoruba-Kultur mündete zunächst vornehmlich in einer Geschlechterkritik, die die Vorliebe der christlichen Elitefrauen in den Städten für die europäischen Kleidermoden als Beweis ihrer Unkontrollierbarkeit sowie als unmoralisches Zeichen kulturellen Imperialismus ansah.[27] In der widersprüchlichen Geschlechterdebatte repräsentierten die Frauen des Hinterlandes das vorgeblich ideale, nur scheinbar ‚traditionelle' Rollenmodell der Yoruba-Frau: finanziell autark und zugleich folgsam dem Diktat der Eltern bzw. des Ehemannes gehorchend. Tatsächlich aber hatte die traditionelle Geschlechterideologie der Yoruba, wie oben dargelegt, die Frau als ökonomisch selbstständig und unabhängig Handelnde verstanden.[28]

Im Laufe der gesellschaftlichen Veränderungen hingegen war die berufliche Eigenständigkeit der Frauen immer mehr eingeschränkt worden. Während sich für die einheimischen Männer durch das Zerbrechen der alten sozio-politischen Strukturen erneut Wege und Möglichkeiten eröffnet hatten, Mitglieder einer neuen Elite zu werden, mussten die Frauen nun feststellen, dass die Yoruba-Männer unter dem Einfluss der patriarchalen Kolonialgesellschaft die ahistorische Vorstellung einer vorgeblich ‚traditionellen'

Subordination der Frau entwickelt hatten.[29] Der allmählich aufkommende Widerstand der Yoruba-Frauen entsprang daher nicht nur dem ökonomischen Druck der Zeit, sondern mindestens ebenso dem Bestreben um weibliche Identität und Autonomie.[30]

So gründeten Mitte der 1920er Jahre in der Mehrheit muslimische Marktfrauen und wenig später auch die in der Kleiderdebatte gescholtenen Frauen der christlich-gebildeten Yoruba-Elite – zunächst noch separate – Frauenverbände und unterstützten außerdem personell und finanziell in großer Zahl die aufkommenden nationalistischen Parteien. Daneben organisierten die christlich-gebildeten Frauen Alphabetisierungskurse für die muslimischen Marktfrauen. Der Zusammenschluss der beiden Gruppen in Abeokuta 1946 unter der Leitung der in England ausgebildeten Lehrerin Funmilayo Ransome-Kuti übernahm bald eine herausragende Rolle im zunehmend radikaler werdenden Kampf der Frauen um bessere ökonomische Bedingungen und eine stärkere Partizipation in der indigenen Regierung. Im *Egba Women's War* führten die Protestaktionen der vereinigten *Abeokuta Women's Union* im Januar 1949 letztlich erfolgreich zur Abdankung des *Alake*, dem von den Briten dominierten traditionellen Führer bzw. „pseudo-king"[31] des *Native Authority Council*. Weiterhin erwirkten sie die Aufnahme Ransome-Kutis und drei weiterer Frauen in den indigenen Volksrat und die teilweise Rücknahme steuer- und handelspolitischer Repressalien der Kolonialverwaltung.

Symbole kollektiver Identität

Bereits zu Anfang der Protestaktionen hatten einige der christlichen Yoruba-Frauen begonnen, als Zeichen ihrer Zusammengehörigkeit mit den Marktfrauen das bei diesen übliche Kleidungsensemble aus Wickeltuch *Iro*, Bluse *Buba* und Kopftuch *Gele* zu tragen. Dieses hatte als *Aso-ebi* oder *Aso-egbe* einer Art Familien- bzw. Clubuniform, schon um 1910 bei den meist weiblichen Mitgliedern der Kirchenverbände große Verbreitung gefunden und erfreut sich bis heute allgemein großer Beliebtheit, da es den in der Yoruba-Gesellschaft üblichen hohen Stellenwert von Familie und Gemeinschaft betont.[32] In der Folge wurde das Ensemble schließlich als „traditionelles" Yoruba *Complete* zur politischen Bekleidung der Nationalisten erhoben.[33]

Diese an sich relativ neue Kleiderkombination[34] vereinte als textiles Symbol eines wieder erstarkenden ethnischen Selbstbewusstseins, einerseits in Richtung der herrschenden Kolonialmacht, andererseits in Richtung der Yoruba selbst, die gemeinsame Tradition der „Yorubaness" mit der modernen Lebenswelt. Zugleich reflektierte sie, auch durch die zunehmende Verwendung der neuen, importierten Stoffe, die den Yoruba eigene, außergewöhnliche Offenheit und Akzeptanz des Neuen, wobei allerdings die schnelle und reibungslose Integration des Neuen immer in Bezug zu den Traditionen gesetzt wird.[35]

Durch seine zunehmende Verbreitung, besonders auch als *Aso-ebi* bzw. *Aso-egbe* steigerte das Yoruba *Complete* außerdem den Umsatz der Textilhändlerinnen auf dem Markt und stärkte so deren ökonomische Eigenständigkeit und Ansehen. Als unverzichtbarer Bestandteil des Yoruba *Complete* wuchs auch die Bedeutung des Kopftuchs *Gele*. Mit dessen immer elaborierterer Gestaltung und einer in die Moderne weisenden

Namensgebung konnten Stoffhändlerinnen wie Trägerinnen ihre Innovationskraft und Zukunftsorientiertheit demonstrieren, während die (anfängliche) Weiterverwendung der traditionellen Stoffe für das *Gele* die Verbindung mit der Welt der Ahnen und Götter aufrechterhielt und den heimischen Weberinnen und Färberinnen zugute kam.

Wiederbelebung religiöser und ästhetischer Symbolik

Mit der Betonung des Kopfes durch das *Gele* wurden zugleich auch Inhalte der traditionellen Yoruba-Religion wiederbelebt, die auf die besondere Bedeutung des Kopfes (*Ori*) in der religiösen Mythologie rekurrieren. Danach existiert der Kopf auf zwei verschiedenen Bedeutungsebenen: Der äußere, physische Kopf (*Ori ode*) beherbergt die überlebenswichtigen Funktionen und Sinnesorgane und stellt die vergängliche, symbolische Repräsentation des Menschen dar. Der innere, spirituelle Kopf (*Ori inu*) gilt als immerwährende Quelle des Lebens und Sitz des individuellen Schicksals. Bevor der Mensch geboren wird, muss er sich seinen Kopf und damit sein Schicksal aus einer Reihe stereotyp geformter Köpfe, in denen jedoch unterschiedliche Schicksale enthalten sind, selbst wählen. Dennoch sollte der Mensch für Glück und Erfolg seinen spirituellen Kopf und die ihm innewohnende göttliche Lebensenergie (*Ase*) „zur Aktion anspornen", indem er dafür betet und auf dem „Altar des Kopfes" Opfer darbringt. So ist den Yoruba die besondere Gestaltung des physischen Kopfes als Symbol des spirituellen Kopfes äußerst wichtig und im realen Sinne teuer. Die arbeits-, zeit- und kostenintensiven Frisuren der Frauen werden nach ihrer Fertigstellung mit dem *Gele* bedeckt und dienen somit keinem rein ästhetischen Anspruch.[36] Im Laufe der Zeit wurde das *Gele* verstärkt aus kostbaren, glänzend durchwirkten Stoffen gefertigt, womit es als Allegorie für das Ziel ritueller Waschungen des Kopfes verstanden werden kann, deren Sinn darin besteht, „that one's destiny can shine"[37].

Zu einem gelungenen Leben gehört in der Vorstellung der Yoruba eine ästhetische Umsetzung der gesamten Lebensgestaltung, denn – anders als in den auf das Jenseits bezogenen monotheistischen Religionen – ist in der traditionellen Yoruba-Religion das Diesseits der Schauplatz des Weltgeschehens, auf dem man sich zu Ehren der Götter zu ästhetischer Performance verpflichtet fühlt. Dementsprechend dient wertvolle, ästhetische Bekleidung als Symbol der Verehrung wie auch als Geschenk an die Götter und erhöht deren Status im Jenseits.[38] Als Zeichen für Erfolg und Schönheit erhält sie somit einen religiösen Status und verweist auf die Vergangenheit der Yoruba-Kultur sowie der einzelnen Trägerin. Das ästhetische Konzept der Yoruba *iwa l'ewa* („Character is Beauty") gilt dabei für alle Lebensbereiche. Es umfasst die auch moralisch verstandenen Kategorien Persönlichkeit oder Charakter (*iwa*), Beherrschung (*ifarabale*) und Würde oder Gelassenheit bzw. „coolness" (*tutu*). Aus letzterem ableitend bezeichnet Thompson die Basis des ästhetischen Prinzips als „aesthetic of the coolness"[39]. Das ‚Mega-Prinzip' ist dabei eine ausgewogene Balance (*iwontunwonsi*), die harmonische Proportionen anstrebt und jedes Extrem vermeidet, weshalb das extrem Hässliche wie auch das extrem Schöne und Perfekte als suspekt betrachtet werden. Die Skulpturen der Yoruba zeigen daher meist sehr beherrschte Gesichter und eine ausbalancierte Kopf- und Körperhaltung, wie auch Yoruba-Könige und normale Personen sich gerne in einer ausgewogenen, symmet-

rischen Körperhaltung und mit einem würdevollen, beherrschten Gesichtsausdruck präsentieren. Und eine Frau wird als schön angesehen, wenn sie wild tanzen kann, dabei aber den Kopf gemessen ruhig zu halten versteht.

Gleichzeitig verweist das *Gele* als Kopfbedeckung der Frauen und anhand der inhaltlichen Bezüge seiner Gestaltung auf die Maske des *Gelede*-Tänzers, der auf dem *Gelede*-Festival zu Ehren der Urmutter *Iya Nla* auftritt (*Abb. 2*). Der untere Teil der *Gelede*-Maske besteht meistens aus einem stilisierten, weiblichen Kopf mit einer würdevollen, „coolen" Mimik, die Ausgeglichenheit und „coolness" ausstrahlt, wie es von einer „schönen" Frau erwartet wird. Der obere Aufbau dagegen präsentiert in gegenständlicher Form häufig ausladende, lebhafte, auch humorvolle Szenen des Alltags- oder Gesellschaftslebens, wie sie das *Gele* in quasi abstrakter Darstellung verkörpert.[40] So vermutet Sokari Douglas Camp, eine nigerianische Bildhauerin, angesichts der Expressivität der *Gelede*-Masken im Vergleich zum *Gele*: „Looking at the carvings of the headdresses [...] I realized that the carvers were describing women's head ties and making them to an extreme, like thought bubbles coming out of a cartoon's head"[41]. Das voluminöse Kostüm des Tänzers besteht aus unzähligen verknoteten *Gele* bzw. *Oja*, die die Frauen für das Fest zur Verfügung stellen, was auf ihren grundlegenden Beitrag zur Gesellschaft hinweist. Die unterschiedlich bunten, miteinander verwobenen *Gele* bzw. *Oja* symbolisieren dabei einerseits die Vielgestaltigkeit der Individuen, andererseits deren gegenseitige Abhängigkeit.[42]

In der Vergrößerung und Betonung des Kopfes entspricht das *Gele* wiederum den überproportional großen Köpfen der Skulpturen der Yoruba. Aufgrund der Identifikation des weiblichen Körpers mit der Schöpfung, vermutet Babatunde Lawal, durften Frauen selbst traditionell keine figürliche Kunst herstellen, denn dies bedrohte ihre spezifisch weibliche Reproduktionsfähigkeit[43], die zudem als eigener kreativer Kunstakt begriffen wurde. Doch es ist anzunehmen, dass den Frauen die wachsende Anerkennung der männlichen Skulpturenkunst in den Anfängen des 20. Jahrhunderts nicht verborgen geblieben war. Daher kann die Entwicklung des skulpturalen *Gele* als eine ihrer Lebenswelt entsprechende, eigene Kunstform gedeutet werden.[44]

Schlussbetrachtung

In der Erfindung des skulpturalen *Gele* lassen sich die genannten Kriterien der Yoruba-Ästhetik und wesentliche Züge ihres Glaubens- und Körperkonzeptes wiedererkennen. In seiner außergewöhnlichen Formgebung hebt das *Gele* die besondere Bedeutung des Kopfes und gleichzeitig dessen gesellschaftliche Bezogenheit wie auch die individuelle, würdevolle Persönlichkeit seiner Trägerin heraus, denn in seiner Anfangszeit wurde das elaborierte *Gele* in aller Öffentlichkeit mit großen ausladenden Bewegungen wiederholt gelöst und kunstvoll neu in Form gebracht, was wiederum auf die performative Ästhetik des männlichen Prestige-Gewandes *Agbada* verweist. Durch seine voluminöse Gestaltung verlangt es zudem kontrollierte Bewegungen und eine ausbalancierte Kopfhaltung, was modernen afrikanischen bzw. afroamerikanischen Frauen als Erinnerung an ihre würdevoll dahinschreitenden, wassertragenden Mütter anmutet, wie in Internet-Chats zu lesen ist.[45] Zusammen mit den leuchtenden Wickeltüchern und den weiten, gebauschten Ärmeln der Bluse (*Buba*) macht das skulpturale *Gele* aus der Frau eine imposante, elegante Erscheinung und wirkt in Korrespondenz mit dem männlichen *Agbada* als eine „protuberance", ein „Auswuchs" des Körpers in die Welt.[46]

Weniger als traditionelles Statuszeichen, jedoch unzweifelhaft in seiner Doppelfunktion als weibliche Kopfbedeckung und gleichzeitig Babytragetuch (*Oja*) ist das *Gele* als weibliches Symbol im Sinne eines „symbolic body" zu identifizieren. Die symbolische Transformation des *Gele* zum aktiven, körperlichen Symbol weiblicher Emanzipation spiegelt sich zum einen darin, dass die Frauen mit ihrer symbolhaften Körpergestaltung im Sinne eines „agentic body" als Handelnde in die Gesellschaft hineinwirkten. Denn das als traditionell verstandene Yoruba *Complete* war von ihnen gezielt als Zeichen ihres Zusammenhalts quer durch alle Schichten und Bevölkerungsgruppen eingesetzt worden. Mit der Entwicklung des skulpturalen *Gele* krönten die Yoruba-Frauen im Wortsinne ihre solidarischen Protestkämpfe. Damit hat das *Gele* als aktives, künstlerisches und zugleich gesellschaftspolitisches Element weiblicher *Performance* die kollektive Identität der Yoruba-Frauen neu definiert.

Abb. 3:
„Stilmix: Kopftuch nach nigerianischer Mode,
Modeschmuck, Ohrringe im Fulbe-Stil."

Aufgrund der Erweiterung der indigenen Tradition durch die auf die Moderne bezogenen Bedeutungsgehalte und die Verwendung neuer, importierter Stoffe sowie dank der künstlerischen Formgebung erhob sich das *Gele* nicht nur aus der schlichten Bedeutung eines weiblichen Kleidungsstücks zu einem individuellen oder lokalen Formsymbol, sondern wurde zum nonverbalen Sprachsymbol und verband die Trägerin mit der Gesellschaft sowie der ganzen Nation.[47]

In der Gesamtperformance des weiblichen Auftritts reflektierte das skulpturale *Gele* – besonders in seiner Anfangszeit – die kreative Ganzheitlichkeit der Yoruba-Kunst und -Ästhetik, wo bei Hochzeiten, Beerdigungen oder religiösen Zeremonien „situations [are] composed as aesthetically as any drama"[48]. Diese Inszenierung der ganzheitlichen Präsenz der Persönlichkeit – verkörpert durch das *Gele*: Wahl des Materials, Kunstfertigkeit des Arrangements, Auftreten und Haltung der Trägerin sowie Eleganz ihrer Bewegungen – wird als kulturelle Tradition des weiblichen, afrikanischen Körpers wahrgenommen und stellt einen wichtigen Aspekt in der kulturübergreifenden Popularität des *Gele* dar[49] (*Abb. 3*).

Zwar überwiegen heute gestalterische Faktoren in Formgebung und Verwendung des *Gele*, es ist jedoch untrennbar mit seiner Funktion als weltweites, künstlerisch-modisches Symbol einer neuen, kollektiven weiblichen Identität verbunden, das stolz auf seine afrikanischen Wurzeln verweist und damit einen eigenen Weg künstlerisch-emanzipatorischer Politik des Körpers darstellt.

Anmerkungen

1   Alle Yoruba-Begriffe ohne Akzentschreibweise, entsprechend: *Gèlè*; vereinfacht: *Gele*.
2   Im Sinne von ‚kulturübergreifend' (d. Verf.).
3   Vgl. Foto J. H. Darchinger, in: Der Spiegel 2007.1, S. 28.
4   Vgl. Simola. 1999. The Construction of a Nigerian Nationalist, S. 99.
5   Vgl. Keyes. 1993. Àdire, S. 295ff.
6   Vgl. Johnson. 1986. Class and Gender, S. 239ff.

7   Sprich englisch „gay-lay", s. www.nigariannation.com. (25.5.2007).

8   Griebel. 1995. The African American Women's Headwrap, S. 446ff.

9   Vor dieser Zeit wurde das *Gele* möglicherweise ausschließlich von jungen Mädchen getragen, wobei die Bedeckung des Kopfes der Wahrung des persönlichen „Geheimnisses" diente. Vgl. Afolayan / Wass. 1995. Yoruba Headties, S. 145.

10 Vgl. Akinwumi. 2006. Oral Tradition, S. 53ff.

11 „According to Akinwumi [...] gèlè was a large headtie worn only by married women" (Keyes. 1993. Àdìre, S. 355, Anm. 65). Lawal beschreibt das *Gele* als „female headwrap, called òjá when used to hold a baby on the back (baby sash)." (1996. The Gelede Spectacle, S. 294).

12 Vgl. Afolayan / Wass. 1995. Yoruba Headties, S. 135.

13 Alle und Übers. vgl. Familoni. 1974. Gele, S. 9.

14 Alle Familoni. 1974. Gele, S. 4ff.

15 Vgl. Familoni. 1974. Gele, S. 4; Scott. 2003. Headwraps, S. 23.

16 Vgl. Emeaba. 1997. African Headwraps, S. 3.

17 Vgl. Keyes. 1993. Àdìre, S. 368, Anm. 121; Scott. 2003. Headwraps, S. 24. Anyanwu. 2005. Tie your gele.

18 Vgl. Ereskosima / Eicher. 1981. Kalabari, S. 87, Anm. 4.

19 Drewal. 1979. Pageantry and Power, S. 189.

20 Vgl. Drewal. 1979. Pageantry and Power, S. 190.

21 Vgl. Euba. 1987. Dress and Status, S. 144.

22 Vgl. Keyes. 1993. Àdìre, S. 268ff.

23 Perani / Wolff. 1999. Cloth, Dress and Art Patronage, S. 121.

24 Vgl. Keyes. 1993. Àdìre, S. 268ff.

25 Callaway. 1993. Dressing for Dinner, S. 240.

26 Euba. 1987. Dress and Status, S. 146ff.

27 So wurde in Zeitungsartikeln beklagt, dass man dem „Lagos girl" weder die Kleider noch das Benehmen seiner Großmütter wieder überstreifen könne. Vgl. Byfield. 2000. Unwrapping Nationalism, S. 12ff.

28 Vgl. Byfield. 2000. Unwrapping Nationalism, S. 12. So werden einem Neujahrsspruch der Yoruba zufolge – „May the year turn out to be female" (*Odun ayabo*) – die guten Wünsche für die wichtigsten Aspekte des Lebens, Kinder und ökonomischer Erfolg, mit der Frau assoziiert: Ein gutes Jahr ist weiblich. (Vgl. Abiodun in Abiodun / Beier. 2001. On Yoruba Women, S. 236)

29 „[...] a new tradition of female subordination". Vgl. Keyes. 1993. Àdìre, S. 336.

30 Denn tatsächlich hatte die soziale Kontrolle gerade auch im Inland abgenommen, wie das – mithilfe der Kolonialregierung – durchgesetzte Scheidungsrecht von 1914 und die darauffolgende Flut von Scheidungsanträgen durch Yoruba-Frauen bezeugen. Vgl. Keyes. 1993. Àdìre, S. 328ff.

31 Simola. 1999. The Construction of a Nigerian Nationalist, S. 100.

32 „[...] [I]n Nigeria it is not unusual to see busloads of people all wearing clothes made from the same material. This practice is tied to the culture. [...] You exist in terms of other people, so when you go out you dress like those people" (Mullen. [o. J.] Traditional African Clothes, S. 1).

33 Wozu es auch ein männliches Pendant gab (vgl. Byfield. 2004. Dress and Politics, S. 39ff).

34 Die *Buba* beispielsweise kam erst gegen Ende des 18. Jh. auf. Vgl. Keyes. 1993. Àdìre, S. 368, Anm. 117; Byfield. 2004. Dress and Politics, S. 33.

35 Vgl. Cordwell. 1983. The Art and Aesthetics, S. 56ff.

36 Dies gilt auch bei den Männern, die darüber ihre *Fila* tragen (vgl. Afolayan / Wass. 1995. Yoruba Headties, S. 143).

37 Abiodun in Abiodun / Beier. 2001. Yoruba Values, S. 259.

38 Im Gegensatz dazu wird in den drei monotheistischen Religionen schöne Bekleidung als Sünde und Zeichen des Ungehorsams gegen die göttlichen Gesetze verstanden.

39 Thompson. 1974. African Art in Motion, S. 43.

40 Vgl. Lawal. 1996. The Gelede Spectacle, S. 163ff.

41 Sokari. 1998. Spirits in Steel.

42 Vgl. Lawal. 1996. The Gelede Spectacle, S. 65.

43 Vgl. Lawal. 2001. Aworan, S. 516.

44 Vgl. Cordwell. 1952. Some Aesthetic Aspects, S. 105.

45 „Now we look at postcards of ‚native' women walking gracefully" (AbuBakr. 2001. West African Women, S. 2).

46 „Agbada and Gele turn the Nigerian male and female into birds of prey, replete with orchidaceous plumages spanning the extent of the body. The west has not seen such complexities of adornment since the Tudors" (Weate. 2005. Agbada, S. 5).

47 Angesichts der bis heute hohen Zahl an Analphabeten in Nigeria, vor allem unter den Frauen, kann die bildhafte Sprache des Gele auch unter dem Aspekt gesehen werden, dass „[d]ress may be equally as important, if not more so, as a medium of communication in societies that rely on nonwritten communication." (Wass. 1975. Yoruba Dress, S. 1, Anm. 2).

48 Cordwell. 1952. Some Aesthetic Aspects, S. 28.

49 Vgl. Shonekan. 2002. The Head-Wrap, S. 2; Matto. 2006. Introducing, S. 1.

Bibliografie

Abiodun, Rowland / Beier, Uli. 2001. Rowland Abiodun and Uli Beier on Yoruba Women, in: Ogundele, Wole / Obafemi, Olu / Abodunrin, Femi (Hg.). Character is Beauty. Redefining Yoruba Culture and Identity. Iwalewa-Haus 1981-1996. Trenton, Asmara: Africa World Press. S. 235-245.

Abiodun, Rowland / Beier, Uli. 2001. Yoruba Values, in: Ogundele u.a. (Hg.). Character is Beauty. Redefining Yoruba Culture and Identity. Iwalewa-Haus 1981-1996. Trenton, Asmara: Africa World Press. S. 247-260.

AbuBakr, Rashidah Ismaili. 2001. West African Women in Exile, in: Jenda: A Journal of African Culture and African Women Studies. Bd. 1. http://www.jendajournal.com/vol1.1/abubakr.html (25.8.2007).

Afolayan, Michael O. / Wass, Betty. 1995. Yoruba Headties, in: Arnoldi, Mary J. / Kreamer, Christine M. (Hg.). Crownings Achievements – African Arts of Dressing the Head. Los Angeles: Fowler Museum of Cultural History. S. 139-145.

Akinwumi, Tunde M. 2006. Oral Tradition and the Reconstruction of Yorùbá Dress, in: Falola, Toyin / Genova, Ann (Hg.). Yoruba Identity and Power Politics. Rochester: University Press. S. 49-73.

Byfield, Judith. 2000. „Unwrapping" Nationalism: Dress, Gender, and Nationalist Discourse in Colonial Lagos. Discussion Papers in the African Humanities No. 30. African Studies Center. Boston: Boston University.

Byfield, Judith. 2004. Dress and Politics in Post-World War II Abeokuta (Western Nigeria), in: Allman, Jean (Hg.). Fashioning Africa: Power and Politics of Dress. Bloomington: Indiana University Press. S. 31-49.

Callaway, Helen. 1992. Dressing for Dinner in the Bush, in: Barnes, Ruth / Eicher, Joanne B. (Hg.). Dress and Gender. Making and Meaning. Crosscultural Perspectives on Women. Bd. 2. Providence: Berg. S. 232-247.

Cordwell, Justine M. 1952. Some Aesthetic Aspects of Yoruba and Benin Cultures. Evanston: Northwestern University.

Drewal, Henry J. 1974. Gelede Masquerade: Imagery and Motif, in: African Arts. Bd. 7, Heft 4, S. 8-19, 62-63, 95-96.

Drewal, Henry J. 1979. Pageantry and Power in Yoruba Costuming, in: Cordwell, Justine M. / Schwarz, Ronald A. (Hg.). The Fabrics of Culture. The Hague: Mouton. S. 189-230.

Emeaba Emeaba. 1997. African Headwraps – Authentic African Fashions. Lacrosse: Emeaba.

Ereskosima, Tonye V. / Eicher, Joanne B. 1981. Kalabari Cut-Thread and Pulled-Thread Cloth, in: African Arts. Bd. 14, Heft 2, S. 48-51, 87.

Euba, Titilola. 1987. Dress and Status in 19th Century Lagos, in: Adefuye, Ade / Agiri, Babatunde / Osuntokun, Jide (Hg.). History of the Peoples of Lagos State. Ikeja, Lagos: Lantern Books. S. 142-163.

Familoni, Funke. 1974. Gele, the Yoruba Headtie. Lagos: Times Press.

Griebel, Helen B. 1995. The African American Women's Headwrap: Unwinding the Symbols, in: Roach-Higgins, Mary E. / Eicher, Joanne B. / Johnson, Kim K. P. (Hg.). Dress and Identity, New York: Fairchild. S. 445-460.

Johnson, Cheryl. 1986. Class and Gender. A Consideration of Yoruba Women during the Colonial Period, in: Robertson, Claire / Berger, Iris (Hg.). Women and Class in Africa. New York: Africana. S. 237-254.

Keyes, Carolyn M. 1993. Àdìre: Cloth, Gender, and Social Change in South-Western Nigeria (1841-1991). Ann Arbor: University of Wisconsin.

Lawal, Babatunde. 2001. Aworan: Representing the Self and its Metaphysical Other in Yoruba Art, in: The Art Bulletin. Bd. 83, Heft 3, S. 498-526.

Lawal, Babatunde. 1996. The Gelede Spectacle: Art, Gender and Social Harmony in an African Culture. Seattle, London: University of Washington Press.

Luttmann, Ilsemargret (Hg.). 2005. Mode in Afrika. Mode als Mittel der Selbstinszenierung und Ausdruck der Moderne. Hamburg: Museum für Völkerkunde.

Matto. 2006. Introducing … First Gele Competition 2006, S. 1. http://groups.yahoo.com/group/AfricansPolitics/message/793 (14.10.2008).

Mullen, Leah. [o. J.] Traditional African Clothes: The Real Deal. http://www.conscioushiphop.com/html/africanclothes.htm (30.12.2005).

Perani, Judith / Wolff, Norma H. 1999. Cloth, Dress and Art Patronage in Africa. Serie: Dress, Body, Culture. Oxford: Berg.

Renne, Elisha P. 2004. From Khaki to Agbada: Dress and Political Transition in Nigeria, in: Allman, Jean (Hg.). Fashioning Africa. Power and Politics of Dress. Bloomington: Indiana University Press. S. 125-143.

Shonekan, Stephanie. 2002. The Head-Wrap: An Important Part of the Nigerian Woman, in: African Studies Outreach. S. 2-3. Indiana University Bloomington. http://www.indiana.edu/~afrist/outreach/text/fall_2002.pdf (23.4.2007).

Simola, Raisa. 1999. The Construction of a Nigerian Nationalist and Feminist, Funmilayo Ransome-Kuti, in: Nordic Journal of African Studies. Bd. 8, Heft 1, S. 94-114.

Sokari, Douglas Camp. 1998. Spirits in Steel. Ausstellungswebsite: http://amnh.org/exhibitions/sokari/gallery.html (12.4.2009).

Thompson, Robert F. 1974. African Art in Motion. Berkeley: University of California Press.

Wass, Betty. 1975. Yoruba Dress: A Systemic Study of Five Generations of a Lagos Family. East Lansing: Michigan State University.

Weate, Jeremy. 2005. Agbada: an Essay on the Power of Cloth. http://www.bakareweate.com/texts/theagbada.pdf (12.9.2008).

Jane Redlin

Kitras – Alltagsdinge und Symbolträger.
Eine Forschungsskizze

Es gibt Dinge, die uns jeden Tag begegnen. Sie sind so selbstverständlich, dass wir ihnen keine besondere Aufmerksamkeit schenken. Dabei bestimmen sie oft in entscheidendem Maße die Möglichkeiten der Gestaltung und der Bewältigung unseres Alltags. Doch damit nicht genug. In ihnen manifestieren sich oft in ungeahnter Weise kulturelle Normengefüge und gesellschaftliche Diskurse. Zu solchen Alltagsgegenständen gehören auch die Dinge, die uns helfen, mit Kindern mobil zu bleiben – wie der Kinderwagen und das Tragetuch. Sie sind Alltagsgegenstände und Symbolträger zugleich.

Bereits die wissenschaftliche Beschäftigung bzw. Nichtbeschäftigung mit diesen Mobilitätshilfen ist symbolisch aufgeladen. Allein die Tatsache, dass es für diese ‚Transporthelfer‘ in der deutschen Sprache keinen funktionalen Überbegriff gibt, verweist auf die Tatsache, dass bislang über sie wenig als übergreifendes soziales Phänomen nachgedacht wurde.[1] Das Interesse galt bisher lediglich ihren technischen Aspekten, wie der Konstruktion und der Produktion, nicht aber ihren Gebrauchszusammenhängen und ihrem Symbolcharakter.[2] Der Grund dafür liegt vermutlich darin, dass diese Dinge einen Lebensbereich repräsentieren, der zumindest in der praktischen Ausübung lange allein der Frau vorbehalten war. Auch die Genderforschung hat dieses Thema bis heute ausgelassen. Wenn es nun in den Fokus meines Forschungsinteresses geraten ist, liegt das zum einen an dem wachsenden Interesse der Wissenschaft an den Themen Mobilität und Beschleunigung als Charakteristikum unserer Zeit. Zum anderen entspringt es meiner persönlichen Lebenserfahrung, in der die Arbeit an kulturanthropologischen Themen und Fragestellungen und die Alltagsbewältigung mit Kindern zusammenfließen.

Im Folgenden sollen nun erste Blicke in die Sozial- und Symbolgeschichte der kulturellen Praktiken des Kindertransports und der damit verbundenen Alltagsgegenstände getan und erste Grundgedanken formuliert werden.[3] Sie skizzieren den Anfang einer noch ausstehenden Tiefenforschung, die interessante Erkenntnisse verspricht. Die hier vorgestellten Gedanken sind das Ergebnis meiner Überlegungen im Kontext eines Ausstellungsprojekts zur Mobilität mit Kindern.[4] Sie stehen für den Wunsch, auf ein wichtiges Thema aufmerksam zu machen und dazu in einen wissenschaftlichen Dialog zu treten. Um die funktionalen Zusammenhänge dieser miteinander verbundenen Einzeldinge zu kennzeichnen und den Gedankenaustausch über sie zu erleichtern, werde ich allen Gegenständen, die dem Kleinkindtransport zuzuordnen sind, einen gemeinsamen Namen geben und sie *Kitras* nennen.

An zwei konkreten Beispielen von *Kitras* – am Kinderwagen und am Tragetuch – wird im Folgenden der Zusammenhang von Dingkultur und symbolischer Praxis skizziert werden. Damit soll exemplarisch belegt werden, dass der Gebrauch eines Gegenstands über seinen praktischen Zweck hinaus Botschaften vermitteln und auf

Wertvorstellungen, Status und Hierarchien verweisen kann.[5] Der Wandel im Gebrauch eines Dings kann ein Hinweis auf einen gesellschaftlichen Paradigmenwechsel sein. Gleichzeitig kann es für einen gesellschaftlichen Dialog stehen, der durch Dinge markiert und über diese ausgetragen wird.[6]

Der Kinderwagen – Status und Gender (mit illustrierenden Filmzitaten)

Der Kinderwagen, der uns heute als das klassische Transportmittel für Kleinkinder gilt, fand ab der Mitte des 19. Jahrhunderts Eingang in die europäische Kulturgeschichte. Er tat dies nicht unauffällig, sondern demonstrativ als Luxusgegenstand der privilegierten Klassen, des Adels und des Bürgertums, denn nur Vermögende konnten sich die teuren Sonderanfertigungen leisten. Nur sie konnten das Dienstpersonal beschäftigen, welches immer ein wachsames Auge auf das Kind im neuen, hohen Transportgerät hatte, das sicherheitstechnisch eher fragwürdig war, zumindest für ältere Säuglinge.

Der Kinderwagen war zunächst also eher ein Prestigeobjekt denn ein Alltagsgegenstand. Er war eine teure, technische Innovation und damit Ausdruck des Erfindungsreichtums und des technischen Fortschritts im 19. Jahrhundert. Seinen Nutzer kennzeichnete er als privilegiert und den technischen Neuerungen gegenüber aufgeschlossen. Der Kinderwagen war also auch Ausdruck einer modernen Lebenshaltung (*Abb. 1*).

Diese Sachverhalte gibt eine Szene im Film „Vom Winde verweht" (USA 1939, Regie: Victor Fleming) wieder, wenn der Kriegsgewinnler Rhett Buttler mit seinem teuren Pracht-Kinderwagen durch eine südamerikanische Kleinstadt promeniert. Im amerikanischen Bürgerkrieg (1861-1865) zu viel Geld gekommen, sucht er auf diese Weise die ihm noch fehlende Anerkennung der vornehmen Gesellschaft zu erlangen, weshalb er sich ihren Regeln und symbolischen Praktiken unterwirft. Selbstverständlich schiebt er als Familienoberhaupt und Technikbegeisterter den Kinderwagen selbst.

Um die Jahrhundertwende begannen die Produktions- und Absatzzahlen zu steigen, spätestens seit den 1920er Jahren wurde der Kinderwagen ein Massenprodukt.[7] Die Verarbeitung billiger Materialien, die Serienproduktion sowie eine durch den industriellen Aufschwung erweiterte Käuferschaft ermöglichten dies. Als nunmehr unspektakulärer Alltagsgegenstand ging er ganz in die Hände derer über, denen die Aufzucht der Kinder oblag – den Frauen. Daraus erwuchs seine Zuweisung als ein Symbol von Frauenalltag und Weiblichkeit.

Dieser Konnotation bedient sich auch die Bildsprache des Films und ergänzt sie durch die Zuschreibung der Frau als schwaches, wehrloses Geschlecht. Als Gegenpol dazu setzt sie die männliche Stärke und Gewaltbereitschaft und verstärkt so das beschriebene Bildmotiv. Ein sehr frühes und besonders eindrücklich Beispiel hierfür ist eine Schlüsselszene aus Sergej Eisensteins berühmtem Film „Panzerkreuzer Potemkin" (Sowjetunion 1925). In ihr wird eine Mutter, die ihr Kind ausfährt, von bewaffneten Soldaten getötet. Der Kinderwagen stürzt daraufhin mit dem Baby schutzlos die Treppe hinunter, von den Söldnern unbeachtet, geschweige denn von ihnen aufgehalten.

Andere Regisseure wie Brian De Palma und Peter Segal adaptieren später diese Szene in ihren Filmen. Im Film „Die Unbestechlichen" (USA 1987), den Brian De Palma in

Abb. 1:   Spreewälder Ammen im Lustgarten, Berlin, um 1905

den 1930er Jahren in den USA spielen lässt, ist es wieder die schutzlose Frau mit dem Kinderwagen, die durch männliche Gewalt in Gefahr gerät. Diesmal versucht aber der Filmheld, das Kind im Kinderwagen zu retten, während er gleichzeitig gegen das organisierte Verbrechen mit Waffen kämpft.

Peter Segal greift in „1/3 Die Nackte Kanone 33" (USA 1994) dieses Motiv erneut auf und entwickelt es weiter. Er löst die Szene aus „Die Unbestechlichen" parodistisch auf, indem er sie als Alptraum des männlichen Retters inszeniert, aus dem dieser schließlich schweißnass im Ehebett erwacht, um sich dann von seiner Frau beruhigen zu lassen. Was Segal hier andeutet, ist ein Wandel im Rollenverständnis zwischen den Geschlechtern.

Dieser Wandel wird im französischen Film „Drei Männer und ein Baby" (1985) von der Regisseurin Caroline Serreau zum tragenden Thema. Hier übernehmen die Männer für sich selbstverständlich die Frauenrolle der Kinderbetreuung.

Der mit diesem Film künstlerisch in Szene gesetzte Paradigmenwechsel zeigte seine Auswirkungen auch im veränderten Gebrauch des Kinderwagens. Während dieser bis dahin nur selten in der Hand des Mannes zu sehen war, wird es in großen Teilen Europas allmählich selbstverständlich, dass auch der Mann den Kinderwagen schiebt. Der gewandelte Umgang der Geschlechter mit dem Kinderwagen wird zum Ausdruck der veränderten Aufgabenverteilung zwischen Mann und Frau beim Aufziehen der Kinder und beim Lebenserwerb seit den 1970er Jahren. Er wird zum Zeichen einer schwer erkämpften und teilweise realisierten Gleichberechtigung zwischen den Geschlechtern.

Darum befindet sich der Kinderwagen jetzt selbstverständlich in den Händen von Frau und Mann.

So übernimmt der sozial unterprivilegierte und arbeitslose Held im Film „L'Enfant" (Belgien 2005, Regie: Jean-Pierre und Luc Dardenne) ohne Probleme die Ausfahrt seines Kind im Kinderwagen und nutzt dies sogar, um sich von den Passanten Geld zu erbetteln.

Dass dieser gesellschaftliche Wandel in der realen Gesellschaft nicht ohne Konflikte verlief, thematisiert der deutsche Film „Kebab Connection" (2005) des Regisseurs Anno Saul. Es ist ein heiter-ernster Film über die Herausforderungen einer deutsch-türkischen Beziehung in einer multikulturellen Gesellschaft mit ihrem unterschiedlichen Verständnis von Rollenzuschreibungen und kulturellen Praktiken. Diese werden u.a. am unterschiedlichen Umgang der Männer mit dem Kinderwagen in Szene gesetzt. So bringt die schwangere Titzi ihren Freund Ibrahim (Ibo) ahnungslos in einen großen Konflikt, als sie ihm den neu erworbenen Kinderwagen in der Stadt übergibt. Das Problem, das Ibo nun hat, ist das Gleiche, das die Wienerin Elisabeth Heider in ihrer Erinnerung an die 1950er Jahre so beschrieb: „Männer haben damals keine Kinderwagen geschoben, das war unter ihrer Würde."[8]

Nur durch einen Akt kreativer, künstlerischer Neuschöpfung – einen selbst geschweißten Kinderwagen aus Metall in Form eines Drachens – die er nun auf dem Skateboard stehend durch die Öffentlichkeit fährt, kann der Filmheld diesen Konflikt für sich lösen. Indem Anno Saul den unterschiedlichen Umgang mit dem Kinderwagen in Szene setzt, verweist er nicht nur auf die Tatsache einer symbolischen Praxis, sondern auch auf die Probleme multikultureller Gesellschaften und auf die Notwendigkeit der Neuverhandlung und Neuentwicklung kultureller Praktiken.

Doch im Gebrauch des Kinderwagens offenbart sich nicht nur das Rollenverhältnis von Mann und Frau bezüglich der Betreuung der Kinder in seinem historischen Wandel. Er verweist gleichzeitig auf grundlegende Prinzipien der Kinderaufzucht und Kindererziehung bis in die 1960er Jahre. Diese zielten auf die Einübung von Mechanismen der Akzeptanz obrigkeitlicher und damit auch elterlicher Autorität. Sie war gekoppelt an die Praxis einer körperlichen Distanz zwischen Mutter und Kind, die im 19. bis weit in das 20. Jahrhundert hinein zum selbstverständlichen Bestandteil adliger und bürgerlicher Lebensführung gehörte. Der Kinderwagen und das Ammenwesen waren Ausdruck dieser Lebenshaltung. Die durch den Kinderwagen hergestellte körperliche Ferne zum Kleinkind stellt sich so lediglich als Fortsetzung und adäquates Mittel des prinzipiellen Umgangs zwischen Eltern und Kind dar, der auch auf andere soziale Schichten ausstrahlte. Der damit einhergehende Verlust kulturellen Wissens um andere Mobilitätstechniken wie das Tragen am Körper wirkte auch im Lebensvollzug breiterer Bevölkerungsschichten nach. Dies gilt auch noch für die 1960er und 1970er Jahre, in denen dann alternative Erziehungsprinzipien entwickelt und auch alternative Transporttechniken für Kleinkinder neu entdeckt wurden, wie das Tragetuch.

Das Tragetuch – Neuentdeckung und Paradigmenwechsel

Durch den Siegeszug des Kinderwagens ging das Wissen um die Kulturtechnik des Kleinkindtransports am Körper in großen Teilen Europas weitgehend verloren, bis zu ihrer Neuentdeckung in anderen Kulturen. Diese Neuentdeckung vollzog sich in Westeuropa in den 1960er Jahren. Dies war die Zeit des Beginns weitreichender gesellschaftlicher und kultureller Veränderungen, für welche die 1968er-Studentenbewegung steht. Auch die in dieser Zeit in den USA aufkommende Hippiebewegung zählt dazu, insbesondere die von ihr inspirierte Musikszene, die starke Impulse nach Westeuropa weitergab, die wiederum in die Länder des sozialistischen Blocks ausstrahlte. Diese unterschiedlichen Gruppierungen entwickelten zum Teil eigene Lebensstile. Sie trugen auf die ihnen eigene Art ihre Kritik an den herrschenden politischen und gesellschaftlichen Verhältnissen und den bürgerlichen Normen ihrer Elterngeneration in die Öffentlichkeit. In der Bundesrepublik Deutschland gehörte dazu die Forderung nach der bis dato verweigerten Aufarbeitung der nationalsozialistischen Vergangenheit. Den vom ‚autoritären‘ Staat propagierten Verhaltensnormen für seine Bürger und den angewandten ‚autoritären‘ Erziehungsprinzipien, die u.a. als eine mentale Voraussetzung für die Verbrechen des Nationalsozialismus verstanden wurden, sollten bewusst alternative Erziehungsmethoden und Lebenskulturen entgegensetzt werden.[9]

Dabei polarisierten die Kategorien ‚autoritäre‘ und ‚antiautoritäre‘ Erziehung die alten und neuen Positionen. Während die autoritäre Erziehung sich mit der Idee der körperlichen Distanz zum Kind verband, sah die antiautoritäre Erziehung die Herstellung der körperlichen Nähe zwischen Säugling und Eltern als Notwendigkeit für eine gesunde seelische und körperliche Entwicklung des Kindes. Die Nutzung einer Technik, die dies anhaltend ermöglichte, beförderte den neuen Gebrauch des Tragetuchs, das so dem Willen junger Eltern, ihre Kinder antiautoritär aufwachsen zu lassen, öffentlichen Ausdruck verlieh. Der gesellschaftskritische Rahmen, in dem sich der Diskurs um die richtige Erziehung des Kindes und einem adäquaten körperlichen Umgang mit ihm bewegte, legt nahe, dass auch der neue Gebrauch des Tagetuchs in einem solchen gesellschaftskritischen Kontext gesehen wurde.

Schaut man nach den kulturellen Vorbildern für das neue Tragen mit Tuch, lässt ein diesbezüglich früher Artikel aus der in der Bundesrepublik Deutschland verlegten Zeitschrift „Eltern“ von 1973 aufhorchen. Dort heißt es: „Tragetuch. Eine ganz neue, ganz ungewöhnliche Art, das Baby zu transportieren: mit einem geknoteten Tuch, das sich die Mutter umhängt. Das Baby (ab 3 Monate) wird hineingesetzt und ‚reitet‘ dann auf ihrer Hüfte.“[10]

Interessant ist hier nicht nur der Hinweis auf die erneute Praxis des Tragens im Tuch, sondern vor allem das Cartoon, welches den Beitrag illustriert. Es zeigt eine nordamerikanische Indianerin, die ein gewickeltes, glücklich lachendes Kind auf ihrem Rücken trägt. Ein auf ihrem Busen befestigter Rückspiegel erlaubt ihr, das Kind immer im Blick zu haben. Diese Illustration belegt den Weg der erneuten Einführung des Tragetuchs in Westeuropa. Es ist ein Weg, der nicht in die Vergangenheit der eigenen Kultur zurückführt, sondern zu den *Native Americans*, aber auch nach Afrika und Asien. Es ist der interessierte und offene Blick in eine Welt, der die europäischen Kolonialmächte bis dahin

Abb. 2:
Erika Hoffmann, Gründerin von
DIDYMOS, 1973

kein Potenzial für eine Bereicherung der Kulturen Europas zugestanden hatten. Die Adaption dieser Kulturtechniken des Kindertransports könnte als ein Schritt auf dem Weg der Anerkennung dieser außereuropäischen Kulturen auch im Alltagsbewusstsein, zumindest durch einen Teil der westeuropäischen Bevölkerung gewertet werden. Zu ihnen gehört auch die Gründerin der heute bedeutendsten deutschen Firma für Kindertragetücher „DIDYMOS", Erika Hoffmann: „Schon früher hatten mich die Berichte aus fernen Ländern fasziniert, in denen die Mütter ganz unkompliziert und mit ihren Kindern aufs engste verbunden ihrer täglichen Arbeit nachgehen. Ich besaß ein Tragetuch aus Mittelamerika; es war mir aber zunächst doch zu exotisch erschienen, und deshalb hatte ich es erst einmal in der Wickelkommode vergraben. Jetzt aber war es so weit: Eine Weile probierte ich, bis ich den richtigen Dreh fand, und spazierte durch unser Dorf, in das wir erst wenige Wochen vor der Geburt der Zwillinge umgezogen waren. Im Nu waren wir das Dorfgespräch und die Bemerkungen nicht immer nur zustimmend."[11] (Abb. 2).

Das Tragetuch war also nicht nur ein Symbol mit Verweisungscharakter. Es war auch ein Ding des kontroversen Dialogs und natürlich ein praktischer Gegenstand. Gerade in der Phase seiner Neueinführung stießen die Nutzer/innen des Tragetuchs vielfach auf Kritik, Unverständnis und Ablehnung. Erika Hoffmanns Erfahrung mussten auch andere teilen. So berichtete eine Ärztin, die als Studentin in den 1970er Jahren ihr Kind im Tuch trug, dass sie in der Öffentlichkeit von einem Mann mit der Frage provoziert wurde, ob sie Geld bräuchte, weil sie sich ja anscheinend keinen Kinderwagen leisten könne.[12] Diese Begebenheit ist nicht nur ein Beispiel für den durch das Tragetuch provozierten gesellschaftskritischen Diskurs. Sie ist für mich auch ein Hinweis auf das Weiterleben alter Klischees vom Kindertragetuch als Attribut sozial Unterprivilegierter.

Die Ausbildung dieses Klischees geht auf die Verbreitung des Kinderwagens als ‚Ding der Moderne' zurück. Er brachte einen doppelten Wechsel in der Bewertung der zuvor üblicherweise praktizierten Tragetechniken am Körper. Ab diesem Zeitpunkt stand das Tragen von Kindern für eine Traditionen bewahrende, antimoderne Haltung. Gleichzeitig wandelte sich das Tragen von Kindern am Körper zunehmend zum Attribut armer Menschen und randständiger, sozial diskriminierter Gruppen, insbesondere solcher, deren Lebensweise durch ständige Mobilität bestimmt war und die sich noch keinen Kinderwagen leisten konnten – wie Hausierer/innen, Roma, fahrende Schausteller/innen und Musikant/inn/en. So findet sich das Kind im Tragetuch auf zahlreichen bildkünstlerischen Darstellungen von Roma als typisches Motiv im 19. Jahrhundert.

Als Beispiel für die Zuschreibung des Kindertragens als Symbol der Antimoderne kann die lang anhaltende Praxis des Transports der Kleinkinder in Thüringen in einem speziellen Kindertragemantel angeführt werden. Diese Zuschreibung war oft mit der Ignoranz gegenüber den realen Ursachen für das Festhalten an bewährten Dingen verbunden. In Thüringen waren es vor allem die natürlichen geografischen Bedingungen, die zum Festhalten an der alten Kulturtechnik führten. In den ländlichen Gebieten mit ihren schmalen Tälern, in denen sich die Dörfer entlang zogen, konnten die Einwohner/innen ihre Häuser meist nur über steile Gehwege erreichen. Der Gebrauch der zunächst noch schweren Kinderwagen erwies sich daher als unpraktisch, warum die Bewohner bis in die Mitte des 20. Jahrhunderts an den traditionellen Tragetechniken festhielten. Auf diese Weise wurde der Kindertragemantel nicht nur zum Zeichen einer regionalen Kultur. Er manifestierte sich geradezu als Gegenstand regionaler Identität und regionalen Selbstbewusstseins. Dies belegt eine Postkarte von 1915 auf der es heißt: „Gruss aus Thüringen. Me bruchen kenn grussoartigen Köngerwoagen, Bi ons wärn de Könk' em Moantel getrogen." (*Abb. 3*).

Mit der Zunahme privater Kraftfahrzeuge in dieser Region und mit der Entwicklung leichterer, flexibeler Kinderwagenmodelle verschwanden in den 1960er Jahren die länger als sonst üblich beibehaltenen Transporttechniken des Kindertragemantels und des Tragetuchs, während sie bald darauf wie gesagt in Westeuropa neu entdeckt wurden.

In welchem Umfang bei ihren ‚Neuentdeckern' immer ein klar programmatisch motiviertes Handeln vorlag oder vielmehr ein ‚gefühlter' neuer Zeitgeist der gesellschaftlichen Demokratisierung nach 1945 die Handlungsräume bereits erweitert hatte, so dass der Aspekt der besseren Bewältigung des Alltags mit Kleinkindern als wesentliches Entscheidungskriterium für seine Nutzung empfunden wurde, bedarf noch der Klärung. Tatsache ist, dass diese Revolutionierung von Alltagspraktiken, sei es durch das Handeln des Einzelnen oder der Gruppe, eine veränderte Wahrnehmung von Gesellschaft und Kultur – sowohl der eigenen als auch der fremden – zur Voraussetzung hatte. Mit der Hinwendung zu den *Natives*, zum *Natürlichen* deutete die Praxis des Tragetuchs, zumindest in der Phase ihrer Neueinführung, symbolisch auf eine kritische Haltung gegenüber der uneingeschränkt positiven Bewertung der Industrialisierung und des westlichen Fortschrittsglaubens.

Abb. 3:
Postkarte, Gotha, um 1915

Das Tragetuch für Kinder war also immer mehr als ein neues Hilfsmittel, um ein Kind zu transportieren. Es war das Symbol eines gesellschaftlichen Umbruchs im Alltag.

Seit den 1990er Jahren büßte das Tragetuch seine starke diskursive Symbolkraft allmählich ein. Es wird zunehmend vom Aspekt nach mehr Mobilität überlagert und als Möglichkeit ihrer Optimierung betrachtet und eingesetzt. Dementsprechend stehen Tragetechniken am Körper heute, zumindest in den Großstädten, oft gleichberechtigt neben anderen *Kitras*.

Auch wenn Dinge des Alltags zunächst immer eine praktische Funktion erfüllen, können sie darüber hinaus Bedeutungs- und Verweisungsträger sein, über welche unterschiedliche Positionen und kontroverse Haltungen in der Gesellschaft ausgedrückt und verhandelt werden. *Kitras* gehören dazu.

Anmerkungen

1 Koroschitz / Rettl / Vonbank-Schedler (Hg.). 2007. Baby an Bord.
2 U.a. Sturm-Godramstein. 2001. Kinderwagen; Rudolph. 2002. Mein erster Kinderwagen.
3 Dilger / Redlin. 2007. KinderMobil.

4   „KinderMobil – Kleine Helfer für kleine Helden". Museum Europäischer Kulturen – Staatliche Museen zu Berlin, 1.4.2007-4.1.2009.

5   Hahn. 2005. Materielle Kultur, S. 113.

6   S. Artikel von Hans Peter Hahn in diesem Band.

7   Zglinicki. 1979. Die Wiege, S. 128.

8   Koroschitz / Rettl / Vonbank-Schedler (Hg.). 2007. Baby an Bord, S. 118.

9   Ein Ergebnis dieser in die Lebenspraxis umgesetzten politischen Ansprüche waren die in der Bundesrepublik Deutschland und Westberlin auf antiautoritären Erziehungsprinzipien basierenden Kinderläden, vgl. Baader. 2008. Von der sozialistischen Erziehung, S. 22-25.

10   Eltern. 1973, Heft 9.

11   Selbstauskunft von Erika Hoffmann auf der homepage der Firma DIDYMOS. http://www.didymos.de/cgi-bin/didy.pl?anfang.htm (28.12.2009).

12   Erlebnisbericht auf dem Symposium „Bonding – eine interdisziplinäre Aufgabe". Berlin, 4.-6.10.2008.

Bibliografie

Baader, Meike Sophia (Hg.). 2008. „Seid realistisch, verlangt das Unmögliche". Wie 1968 die Pädagogik bewegte. Weinheim / Basel: Beltz.

Baader, Meike Sophia. 2008. Von der sozialistischen Erziehung bis zum buddhistischen Om. Kinderläden zwischen Gegen- und Elitenkulturen. In: Dies. (Hg.). 2008. „Seid realistisch, verlangt das Unmögliche". Wie 1968 die Pädagogik bewegte. Weinheim / Basel: Beltz, S. 16-35.

Dilger, Julia / Redlin, Jane. 2007. KinderMobil. Kleine Helfer für kleine Helden. (Begleitbuch zur Ausstellung des Museums Europäischer Kulturen – Staatliche Museen zu Berlin, 1.4.2007-4.1.2009). (Schriften der Freunde des Museums Europäischer Kulturen, Heft 6). Berlin: Staatliche Museen zu Berlin.

Eltern. 1973, Heft 9. München : Gruner + Jahr.

Hahn, Hans Peter. 2005. Materielle Kultur. Eine Einführung. Berlin: Reimer.

Koroschitz, Werner / Rettl, Lisa / Vonbank-Schedler, Uli (Hg.). 2007. Baby an Bord. Mit dem Kinderwagen durch das 20. Jahrhundert. Ausstellung im Wien Museum, 18.10.2007-13.1.2008. Wien: Wien Museum: Czernin Verlag.

Rudolph, Ute. 2002. Das war mein erster Kinderwagen. Kinderwagen im Wandel der Zeiten aus der Sammlung des Museums Schloss Moritzburg Zeitz. Zeitz: Museum Schloss Moritzburg.

Sturm-Godramstein, Heinz. 2001. Kinderwagen. Gestern und heute. Bad Vilbel: Selbstverlag (Erw. und akt. Neuaufl.).

Zglinicki, Friedrich von. 1979. Die Wiege. Regensburg: Pustet.

Claudia Hirschberger

(Im)materialität und Medialität

Moderne Technologien und neue Medien sind umflort vom Nimbus stetigen Fortschritts und der Faszination für die damit einhergehenden Interaktionsmöglichkeiten. Zugleich werden sie aus unterschiedlichen Gründen kritisch hinterfragt: Vom Verblassen einer Autonomie des Handelns ist in diesem Zusammenhang die Rede – und nicht zuletzt vom Verschwinden der Dinge in der digitalen Sphäre. Für die Kulturwissenschaften liegt es somit nahe zu beleuchten, in welchem Verhältnis technische und virtuelle Welten zu materieller Kultur und dem Umgang mit den – gewandelten – Dingen stehen. Tatsächlich sind hier neue Felder und Fragestellungen entstanden, die von der wechselseitigen Beeinflussung von Online- und Offline-Welten über die Interaktion von Menschen und Maschinen bis zur handlungsgenerierenden Logik moderner Technologien reichen.

Es sind nicht allein die ethnografischen Methoden und die durch sie erhobenen ‚Daten‘ – um in letzterem Punkt im Sprachgebrauch eines digitalen Zeitalters zu bleiben –, die die materielle Kulturforschung für die Rolle des Beobachtungspostens in einer sich mit und durch Technologie verändernden Gegenwart empfehlen. Es ist vor allem die stets an der Frage nach wechselnden kulturellen Bedeutungen und symbolischen Aneignungen geschulte Perspektive, die den ethnologischen Blick auf die in ihrer Materialität fast nicht mehr zu greifenden Dinge so interessant macht. Wo die Sache selbst zur elektronischen, technischen oder virtuellen Spur wird, drängt sich die Frage nach dem Handeln der Menschen – und nach dem ‚Anstiften‘ hierzu durch Technologie im Sinne eines vielfach codierten Feldes – geradezu auf.

Die folgenden Beiträge bewegen sich auf je unterschiedliche Weise in dem so skizzierten Themenkreis. Lars Frers kreist mit seinem Artikel anhand zweier Beispiele aus der Welt der Mobilität um die Frage, ob wir mit Technologie kommunizieren oder sie mit uns – und welche Sprache dabei entsteht. Charlotte Giese beschreibt in ihrem Aufsatz eine künftige *E-Fashion*, in der elektronische Geräte als Quasi-Ergänzung von Kleidungsstilen virtuelle Vernetzung demonstrieren. Vera Kuni wiederum beleuchtet die Schnittstelle zwischen Daten und Dingen und fragt dabei, welche Funktion hybriden Produkten, die zu beiden Welten zu gehören scheinen, im Alltag zukommt. Henrik Pletz schließlich thematisiert die Objektivierung des Fernsehgeräts zum reinen Monitor im Zuge der Ausbreitung neuer Medien, die das Verhältnis von Realität und Vorgestelltem nachhaltig verändert.

Charlotte Giese

mobile (in) fashion – Mobile *Connectedness* im urbanen digitalen Lifestyle

Es ist weder zu übersehen noch zu überhören: Wo man geht und steht, klingelt es polyphon, werden unterwegs E-Mails abgerufen, etwas im Internet geschaut, Fotos mit Digital- oder Handykameras geschossen, gar kleine Filmchen gedreht – und vielleicht sogar direkt als Live-Stream in den eigenen Moblog, den mobilen Weblog[1], übertragen. Der urbane digitale Lifestyle geht mit einer großen persönlichen Mobilität einher und verlangt geradezu nach einer permanenten mobilen Anbindung, einer *Connectedness* an sowohl öffentliche als auch private Netzwerke, wie er sie umgekehrt aber auch erzeugt. Man ist selbst mobile/r Akteur/in, der/die mit den geeigneten Werkzeugen – von Mobiltelefon über Digitalkamera, PDA und Laptop bis hin zum miniaturisierten Musik-Player – in einem von mobiler Kommunikation und *Ubiquitous Computing* durchdrungenen Alltag virtuell knotet und ‚netzwerkt‘. Gleichzeitig ist man in diesem Netz selbst ein virtueller Knotenpunkt bzw. *Node*[2] sozialer Verbindungen. Die Geräte, durch die diese Verbindungen oder auch *Connections* hergestellt werden, können daher auch als *Connectables* bezeichnet werden. Die soziale Verbindung beschränkt sich aber nicht auf den digitalen Austausch von Informationen. Ähnlich wie bei Kleidung ist die Möglichkeit zur Selbstdarstellung der Besitzer/innen durch die physische Präsenz der Geräte als persönliche Accessoires ein nicht zu unterschätzender Punkt.[3] Allen virtuellen Phänomenen zum Trotz bestimmt meist persönliche Mobilität und damit die eigene physische Sichtbarkeit den Tagesablauf[4] – mit den mobilen Geräten als omnipräsente und körpernahe Alltagsbegleiter. Ihre diversen (Kommunikations-)Funktionen können im McLuhan'schen Sinne als Körper-Extension angesehen und als *Interface* verstanden werden. Die enthaltene Technologie, die einen begleitet, unterstützt und zuweilen auch fordert, ist ähnlich wichtig wie bei Funktionskleidung und längst zum selbstverständlichen und unsichtbaren Alltagsbestandteil geworden. Mobile *Devices*, allen voran das Mobiltelefon, gehören mittlerweile sogar beinahe emotional unverzichtbar zum Lebenskonzept vieler urbaner Akteure/Akteurinnen.[5] Auf ihm vereinen sich zunehmend Funktionen mehrerer Geräte, zum Beispiel Kamera und *Organizer*. Neben Aspekten wie Bedienbarkeit und Funktionen spielt bei der Auswahl aber auch die Erscheinung des Geräts eine zentrale Rolle.[6] Das favorisierte Modell lässt sich durch weitergehende Personalisierung mit Zubehör verfeinern, um mit ihm im digitalisierten Alltag hörbare, visuelle und materielle Statements zu setzen. Die Angebotspalette reicht von Klingeltönen über Schmuck und Etuis bis hin zu von Modelabels gebrandeten Modell-Varianten. Wie mit imagegeladener Markenkleidung kann man sich auch mit seinem (personalisierten) Mobiltelefon innerhalb eines gesellschaftlich akzeptierten Rahmens sichtbar positionieren, zwischen eher angepasst – in Marken ausgedrückt vielleicht mit Nokia und Samsung – und eher individuell, wie mit *iPhone* oder *Google Handy*. Da Mobiltelefone einen ähnlichen Stellenwert wie modische Accessoires haben,[7] sind Kooperationen zwischen Modemarken und Telefonherstellern für eine ‚intermediale' Gestaltung von Lifestyle- und Markenwelten entsprechend naheliegend.[8] So gibt es Modelle von LG und PRADA, Alcatel und Mandarina Duck oder von den französischen *Modelabs* und dem Jeans-Hersteller Levi's, die das Image der Modemarken auf das Mobiltelefon übertragen sollen. Dabei handelt es sich durch den Modebezug nicht unbedingt um ein stereotypes Produktgendering mit dem Ziel einer weiblichen Klientel, wie sich vermuten ließe. Mit den entsprechenden Produktvarianten, wie dem Levi's-Modell, soll ebenso der modisch informierte Mann ins Visier genommen werden. Dass sich am Markt eine Sparte mit dem Etikett „Ladyphones" etabliert hat,[9] liegt vermutlich daran, dass der Standard dieser Domäne eher männlich-technisch konzipierte Telefone sind.

Das Mobiltelefon hat sich als materiales Symbol des mobilen digitalen Lifestyles etabliert. Entgegen aller Dingbedeutung experimentieren Ingenieure und Designer daran, die mobilen Geräte mit ihrer ohnehin unsichtbaren Technologie verschwinden zu lassen und Aspekte der Informations- und Kommunikations-Technologie (IKT) künftig in Kleidung und Textilien einzubetten.[10] Bislang handelte es sich bei entsprechenden Anwendungen zumeist um Funktionskleidung mit kontextbezogenen mobilen Einsatzzwecken wie Militär- und Arbeitskleidung oder *Outdoorkleidung* und *Active Sportswear*, erweitert um Funktionen mobiler Kommunikation, zum Beispiel mit Vorrichtung für MP3-Player bzw. Mobiltelefon plus integrierter Sprecheinrichtung, alles möglichst über das Kleidungsstück selbst steuerbar. Textile Tastaturen als Steuerelemente haben (noch) eher Prototypcharakter; überwiegend bleiben die eigentlichen elektronischen Geräte an die Kleidung *attached* oder ‚semi-integriert', das heißt in ihrer herkömmlichen Gestalt an der Kleidung befestigt.[11] An *Electronic Textiles*[12] wird schließlich aber permanent weiter geforscht, sodass die Realisierung einer sogenannten vestimentären Integration der Elektronik und das Entstehen einer *E-Fashion* absehbar sind. Als *E-Fashion* bezeichne ich Kleidung mit eingebetteter IKT, also ‚kommunikationsfähige' Kleidung[13] – ob ‚herkömmlich', mit Vorrichtungen zur Integration von Kommunikationsgeräten oder auch unter Verwendung spezieller Fasern, die zum Beispiel zum Datentransport fähig sind. Was bedeutet es aber, wenn die Geräte, die eigentlich visuelle und materielle Requisiten des persönlichen Ausdrucks sind, durch *E-Fashion* obsolet werden könnten? Wohin wandert ihre Dingbedeutung? Das Verschwinden vor allem des Mobiltelefons stünde diametral zu seiner Bedeutung als sichtbares Alltagsutensil, weshalb es in dieser Betrachtung eine zentrale Rolle spielen soll. Nach einem kleinen Exkurs über das Artefakt Mobiltelefon und das auf ihm verdichtete Konglomerat aus Mobilität, Materialität und Sichtbarkeit soll die Bedeutung seines potenziellen Verschwindens in Kleidung erörtert werden, um abschließend Hypothesen über die künftige Entwicklung von vestimentärer Sichtbarkeit zu wagen.

Exkurs: Das Mobiltelefon und seine Materialität

Mobile *Devices*, allen voran das Mobiltelefon, sind mittlerweile beinahe untrennbarer Bestandteil der persönlichen Nahumgebung. Mobiltelefone werden wie Kleidung körpernah getragen, wobei die Tragegewohnheiten ähnlich gegendert sind: Frauen tragen ihr Telefon, so die Beobachtung, meistens in der Handtasche bei sich, anders als Männer, die es eher in einer Innentasche oder auch – zumindest in Deutschland – zum Teil am Gürtel tragen.[14] Aber eines scheint hierzulande vielen Menschen gemein: Man geht, genauso wenig wie ohne Kleidung, kaum mehr ohne Mobiltelefon aus dem Haus.

Dabei spielt, ähnlich wie bei Kleidung, auch bei Mobiltelefonen nicht nur das Aussehen, sondern auch die Haptik und damit die Materialität eine zentrale Rolle. An deren Oberfläche finden sich zuweilen technikferne Materialien, die den Geräten einen anderen haptischen und visuellen Charakter verleihen (wie bei der Gestaltung der NOKIA Fashion Handys-Produktfamilie 2005/2006 mit Materialien wie Keramik, Leder und Textilien) oder sie gar als Luxusobjekt zum Schmuckstück stilisieren[15] (als mit Swarovski-Steinen verzierte Kameras wie die Pentax K-m oder die Olympus Mju 1040 Crystal Edition, beide 2008).[16] Solche Varianten sind nicht zuletzt greifbare Symbole eines ‚neourbanen' Brauchs, die metallisch anmutenden Geräte in – ob selbstgehäkelte/-genähte oder zumindest so anmutende[17] – Taschen zu stecken und ihnen damit eine persönliche Note zu verleihen. Diese Reminiszenz an (traditionell weiblich assoziierte) Handarbeiten ist als Variante des aktuell stark rezipierten *Do-It-Yourself*-Phänomens[18] zu verstehen, denn entsprechende Anleitungen finden sich zuhauf.[19] Ob gekauft oder selbstgehäkelt, der Effekt ist vergleich- und vor allem greifbar. Das technische Gerät wird mit einer textilen Hülle versehen, man eignet es sich fühlbar an und macht es ‚griffiger'. Organische Materialien verleihen dem technischen, ursprünglich metallischen und im wahrsten Sinne des Wortes ‚coolen' Gerät eine weichere und damit weiblich konnotierte Haptik.[20] Man könnte im positiven Sinne auch von einer Nutzer intendierten ‚Verweiblichung' kalter Technik sprechen. Die basiert zwar auf einem materialen *Gendering*, kann aber letztlich als eine potenziell *gender*unabhängige Aneignungsstrategie verstanden werden. Wie sichtbar auch immer personalisiert, hat sich im Alltagsgebrauch von Mobiltelefonen eine vielfach zu beobachtende und beinahe zum Ritual geronnene Geste manifestiert, nämlich in geselliger wie geschäftlicher Runde sein Mobiltelefon als eine Art Visitenkarte auf den Tisch zu legen. Neben Verfügbarkeit (des Telefons und seiner selbst) demonstriert man damit seiner Umwelt seine Mobilität, seine ästhetischen Vorlieben und vor allem seine ständige Erreichbarkeit.[21] Im Mobiltelefon als Statussymbol materialisiert sich so permanente virtuelle *Connectedness*.

De-Materialisierung und modische Neuformierung

Die materielle Repräsentation einer solchen *Connectedness* verlagert sich mit dem Ziel aktueller Ingenieurs- und Designanstrengungen, die (Kommunikations-)Funktionen externer Geräte in Kleidung einzubetten, sie quasi zu de-materialisieren. An den Körper gekoppelt erweitern und spezialisieren die eingebauten Funktionen von *E-Fashion* dessen Fähigkeiten und Einsatzmöglichkeiten; die Träger/innen können mit fortschreitender Technologie sukzessive mobiler, agiler und flexibler werden. Mobilität und Kommunikation sind implizierte Komponenten der Kleidung, die für mit bestimmter körperlicher Aktivität und Mobilität verknüpfte Einsatzzwecke konzipiert ist, ob Sport, Militäreinsatz oder die Bewegung im urbanen Raum. Auf einem Spektrum von technologiebasiert zu modisch-expressiv lassen sich Kleidungsvarianten zwischen nutzungsorientierten Kontexten und expressivem Lifestyle einordnen (*Abb. 1*). Als hochfunktionelle,

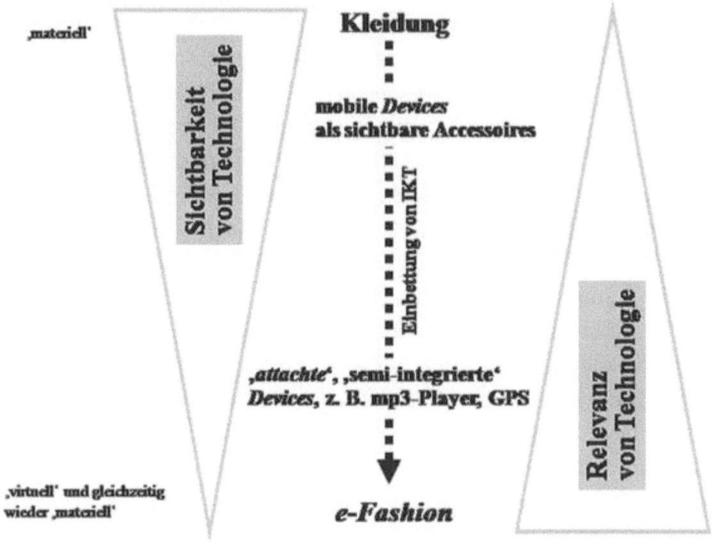

Abb. 1: *E-Fashion*-Spektrum

Autarkie und Bewegungsfreiheit gewährleistende Kleidung wäre zum Beispiel Hightech-Militärkleidung einzustufen, gefolgt von Arbeitskleidung, zum Beispiel für Security-Personal, das derzeit zumeist noch diverse Geräte mit sich tragen muss. Die Funktionalität der Kleidungsstücke wiegt schwerer als deren ästhetischer Anspruch und ist deutlich sichtbar. Am anderen Ende des Spektrums steht – beispielsweise bei *Snowboard*kleidung mit integrierten *Gadgets* wie Helmkameras, mp3-Player etc. – der modisch-expressive Charakter und die Signalwirkung der Kleidung als Teil eines bewusst aktiven und sichtbar kommunikativen Lebensstils im Vordergrund. In der Mitte des Spektrums tummelt sich urbane Alltagskleidung unterschiedlicher persönlicher Expressivität, ob als gewohnte ‚Büro-Uniform‘ (Varianten des Herrenanzugs und seiner weiblichen Adaptionen) oder als ‚Business-Casual‘ in weniger formellen Büro-*Outfits*. Die kontextuell angepasste Aussage wäre bei Bürokleidung etwas höher zu bewerten als ihr zweifellos genauso vorhandener modisch-expressiver Charakter. Urbane Lifestyle-Kleidung ohne Büro-Kontext ist weniger formal gebunden. Ihr expressiver Wert ist höher und liegt zwischen Bürokleidung und *Active Sportswear*. Dieser mittlere Bereich einer potenziellen *E-Fashion* wäre wegen des kontextuellen Anspruchs gemäßigter Expressivität und urbaner Zweckgebundenheit am spannendsten, befindet sich aber leider (noch) in der Experimentalphase, was die Analyse einer Verbreitung hypothetisch macht. Im Hinblick auf eine künftige Serienreife lohnt es sich, einen Blick auf Prototypen wie das *M-Dress* genannte *Mobile Phone Dress* zu werfen.[22] Dabei handelt es sich um ein Seidenjersey-Kleid, in das unterhalb des *Necklabels* ein *SIM-Karten-Slot* eingearbeitet ist. Man benötigt zum mobilen Telefonieren kein separates Mobiltelefon mehr: Das Kleid selbst ist das Mobiltelefon. Wenn es klingelt, nimmt man das Gespräch mit einer Geste zum Ohr an. Die Technik evoziert eine konkrete neue Geste, was man bereits aus der Bedienung diverser Mobiltelefone kennt, zum Beispiel der Klappgeste beim Motorola RAZR oder der Zwei-Finger-

Geste beim *iPhone*. Die Geste scheint als *E-Fashion*-Distinktionsmerkmal in der Mitte des Spektrums als unerlässlich. Denn auch wenn es daherkommt wie ein herkömmliches Kleid und sich ins allgemeine Straßen-/Kleidungsbild integriert, durch sie wird es als Technologieträger identifizierbar. Da sich das Kleid prinzipiell nicht von anderen unterscheidet, kann man auch von einer Verschiebung der Sichtbarkeit reden, denn die Relevanz der Technologie als Imageträger verschwindet nicht – sie verlagert sich nur auf die Kleidung bzw. in diesem Fall auf die entsprechende Geste, die das Kleid als besonders erscheinen lässt. Die Sichtbarkeit der Geräte an sich nimmt zwar ab, die Sichtbarkeit der enthaltenen Technologie bleibt aber durch den Gebrauch der Kleidung erhalten, indem sie sich beispielsweise in neuen Gesten niederschlägt. Wie unterscheidet man aber nun solche Kleidung im Alltag, wenn sie nicht gerade neue Gesten hervorbringt? Wird alltagstaugliche urbane *E-Fashion* als technologischer Manierismus an der Dingbedeutung eines Mobiltelefons scheitern?

Ein vestimentäres Absorbieren der mobilen Geräte wäre aus praktischen Gründen körperlicher Mobilität und Agilität zunächst einmal gar nicht abwegig, bräuchte man sie doch nicht mehr als Gepäck mit sich herumzutragen, sondern könnte sie sich gleich anziehen. Es ließe sich sogar vermuten, dass vor allem die Chancen für eine weiblich codierte *E-Fashion*-Variante groß sind, um die dort bekanntermaßen kaum vorhandenen integrierten Taschen zu parieren und die Handtasche überflüssig zu machen. Da die Handtasche aber als ständiger Begleiter zum Transport diverser Utensilien traditionell fest in weiblichen Verhaltensmustern verankert ist[23] und auch Männer heutzutage häufig Umhängetaschen benutzen[24], ist wohl eher davon auszugehen, dass sich die Handtasche weiterhin hartnäckig behaupten wird. Das stünde einer *E-Fashion* aber nicht entgegen, sondern wäre vielmehr unabhängig voneinander zu betrachten.

Eine Hürde für eine flächendeckende Verbreitung, die letztlich Voraussetzung für ihr Etablieren wäre, stellt die aufwendige und ressourcenintensive Herstellung solcher Kleidung dar. Sofern zum aktuellen Zeitpunkt überhaupt schon als Serienprodukt technisch möglich, dürfte die Technologie – zumindest auf absehbare Zeit – wohl erst einmal nicht in jedes beliebige T-Shirt integriert werden können. Zu rechnen wäre vielmehr zunächst mit der Ausstattung spezieller Kleidungsstücke, die längerfristig getragen werden (wie Jacken) oder einer Transferierbarkeit der Technologie von Kleidungsstück zu Kleidungsstück. Eine dauerhafte Verwendung solcher Kleidungsstücke stünde allerdings den Prinzipien einer vor allem den expressiven Lifestyle-Bereich bestimmenden *Fast Fashion* entgegen, deren Kennzeichen eine ausgesprochen kurze modische Halbwertszeit ist.[25] Ob nun mit einer textilen Bedienungsoberfläche oder mit speziellen Vorrichtungen für die Integration mobiler Technologie ausgestattet – das Verschwinden in nur einem Kleidungsstück, wie einer Jacke, würde bedeuten, dass man zum Nutzen der mobilen Kommunikation permanent dieses eine Kleidungsstück tragen müsste. Das würde zwar für einen größeren Wiedererkennungswert sprechen und mit der aktuellen Dingbedeutung mobiler *Devices* korrespondieren, widerspräche aber der Logik momentan durchaus kurzer Modezyklen und den Interessen einer Kleidungsindustrie, die vermutlich wenig an langfristiger Nutzung interessiert sein dürfte.[26] Wie werden sich aber nun Modezyklen, die Dingbedeutung mobiler Geräte und die Relevanz ihrer Sichtbarkeit künftig zueinander verhalten? Welche Rolle kann *E-Fashion* als urbane Kleidung spielen? Wird sie vielleicht eine Nische besetzen oder könnte sie tatsächlich genauso massenfähig werden, wie es mobile *Devices* schon lange sind? Und was wird sich mit ihr möglicherweise ändern?

E-Fashion, Sichtbarkeit und *Connectedness*

Das Distinktionsvehikel der Sichtbarkeit ist für *E-Fashion* genauso elementar wie die damit verbundene Mobilität und die implizite *Connectedness*. Es ist aber aufgrund der skizzierten technologischen Entwicklungen zu erwarten, dass es nicht bei einer rein physischen Sichtbarkeit bleiben wird, sondern dass sich Varianten der Differenzierbarkeit entwickeln, vergleichbar beispielsweise mit der ‚Sichtbarkeit' von Drahtlosnetzwerken (WLANs), die als ‚sichtbar' bezeichnet werden, wenn sie für andere Geräte wahrnehmbar sind. Auch mit abnehmender Sichtbarkeit der Technologie durch fortschreitende Einbettung nimmt ihre Relevanz als permanenter Begleiter und Distinktionsvehikel gleichzeitig zu – und damit die ihrer materiellen Träger (*Abb. 2*). War es früher die Technologie als solche (das Mobiltelefon in seiner Funktionalität), ist es heute das modisch herausstaffierte Gerät, über das Selbstdarstellung betrieben wird. Durch *E-Fashion* wird Technologie im übertragenen Sinne wieder sicht- und wahrnehmbar. Es wäre eine eigenständige Ästhetik von *E-Fashion* denkbar, die – zunächst ganz pragmatisch – aus längeren Lebenszyklen einer technisch aufwendigen und ressourcenintensiven Kleidung resultiert. Aus Gründen einer nachhaltigen Produktion wird es vermutlich spezielle Modezyklen und/oder technische Lösungen einer modisch-ästhetischen Aktualisierung geben können und müssen. Es bleibt zu vermuten, dass mit Serienreife und einer Markteinführung *E-Fashion*-Kleidungsstücke deutlich längere Lebenszyklen aufweisen werden als *Fast Fashion*-Produkte. Das bedeutet, dass *E-Fashion* möglicherweise auf lange Sicht, je nach Markterfolg, umgekehrt Rückwirkung auf Kleidungskonsummuster haben kann, was längerfristig eine eigene, modifizierte, sozusagen ‚modezyklusresistentere' Ästhetik abseits des Modemainstreams hervorbringen könnte. *E-Fashion* als physisch sichtbares Statement ist aber auch als Teil der herkömmlichen Kleidung denkbar, wie als Applikation mobiler Technologie. Mit dem *LilyPad-Kit*[27] lässt sich zum Beispiel laut Designer Kleidung quasi interaktiv gestalten und nach Wunsch diverse Funktionen programmieren. Die dekorative Applikation auf Kleidung, auch ein weiteres Indiz für die bereits erwähnte aktuelle DIY-Bewegung, könnte aber wie gehäkelte Handytaschen eine eher stereotyp weiblich konnotierte Variante bleiben. In der nächsten Variante ist die Tech-

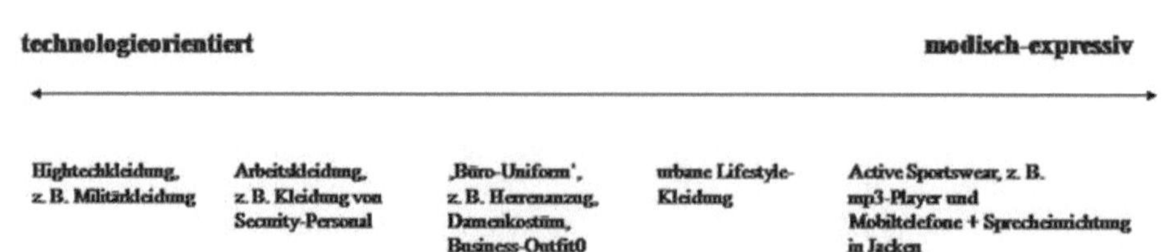

Abb. 2: Verschiebung von Sichtbarkeit – von Kleidung zu *E-Fashion*

nologie eingebettet und wird damit bereits unsichtbar – doppelt unsichtbar, wenn man bedenkt, dass aktuelle Entwicklungen und Prototypen wie das *M-Dress* derzeit darauf schließen lassen, dass die Technologie in bekannte Kleidungsstücke integriert werden wird, was sie von herkömmlicher Kleidung visuell nicht mehr unterscheidbar macht. Das bedeutet insbesondere für die persönliche Distinktionsfunktion eine Verschiebung von Sichtbarkeit bzw. Erkennbarkeit, in diesem Fall auf eine körperliche Geste. Da aber nicht jedes *E-Fashion*-Kleidungsstück entsprechende Gesten erfordern wird, resultiert aus einer integrierten und physisch unsichtbaren Technologie eine ‚virtuelle Sichtbarkeit'. Nicht das Mobiltelefon als Ding ist hier das Zeichen für *Connectedness*. Die Kommunikation findet auf einem anderen Kanal statt, nämlich mittels eines ‚kommunizierenden' Kleidungsstücks. Bleibt der vestimentäre Phänotyp auch erhalten: Über entsprechende Schnittstellen kann man sich anderen Akteure und Akteurinnen durch entsprechende Datensignale zu erkennen geben – wie bereits in Ortungsprogrammen als *Social Networking*-Software realisiert,[28] bei der sich Geräte untereinander identifizieren und ihre Nutzer/innen gegenseitig auffindbar machen. Umgesetzt in *E-fashion* eröffnet eine solche ‚virtuelle Sichtbarkeit' aktiv telekommunizierender Kleidung interessante neue physisch-materielle Verbindungsvarianten. So gibt es die Möglichkeit, die ‚virtuelle Sichtbarkeit' in eine sinnlich wahrnehmbare Form zurückzuverwandeln und die virtuelle Kontaktaufnahme mittels physischer Impulse mit dem/der Träger/in rückzukoppeln, um auf ‚analoge' Personen hinzuweisen. So etwas ist bereits prototypisiert, kann man doch ‚Fern-Umarmungen' mit dem so genannten *Hug-Shirt* versenden.[29] Über Sensoren im Shirt, eine *Bluetooth*-Schnittstelle und das Mobiltelefon werden ‚Umarmungen' auf das entsprechende *Hug-Shirt* der physisch abwesenden Person als physisch wahrnehmbare Impulse übertragen.

Auch wenn sie sich noch im Experimentalstadium befinden, könnten solche vestimentären *Gadgets* durchaus in ähnlicher Form Einzug in den mobilen urbanen Alltag halten. Beachtenswert sind in jedem Fall die Bestrebungen, virtuelle Verbindungen sicht- und greifbar zu übersetzen. Damit sind sie Beleg für ein Wiedererstarken von Materialität und Sinnlichkeit in einer zunehmend digitalen Kultur.

Virtuelle Sichtbarkeit und die unverminderte Relevanz von Materialität: Ausblick

Die beschriebenen Phänomene zeigen, dass Dinge und ihre Materialität auch weiterhin eine zentrale Rolle in unserer digitalisierten Kultur spielen werden. Auch wenn mobile *Devices* als persönliches Ausdrucksmittel an Bedeutung gewonnen haben, werden sie Kleidung kaum die Show stehlen und sie weiterhin eher als (un-)sichtbare Accessoires ergänzen.

Als Fazit ist festzuhalten, dass mit den aktuellen Entwicklungen Kleidung zu einem zentralen Gegenstand der mobilen Kommunikationstechnologie mutieren könnte. Es ist zwar kaum davon auszugehen, dass *E-Fashion* herkömmlicher Kleidung den Rang ablaufen wird. Aber als imageträchtiges Statussymbol könnte sie künftig durchaus eine Rolle spielen, da sie im urbanen digitalen Lifestyle auf fruchtbaren Boden fallen wird. Daher wird sie als solche erkennbar sein müssen. *E-Fashion* ist letztlich ein Beweis für eine Renaissance der materiellen Kultur in der aktuellen digitalen Kultur und die konsistente Bedeutung von Kleidung als Ding, in die Bedeutungen des urbanen digitalen Lifestyles eingeschrieben werden. In ihr manifestiert sich die unverminderte Bedeutung von Sichtbarkeit, Mobilität und *Connectedness*, die man künftig womöglich (wieder) physisch am Körper fühlen kann. Vielleicht befinden wir uns gerade in einer transitorischen Phase der hier dargestellten Bedeutungsverlagerung von mobilen Kommunikationsgeräten zu einer *E-Fashion* und der damit verbundenen ‚virtuellen Sichtbarkeit' im digitalen urbanen Lifestyle. Hybride Formen vestimentärer mobiler Kommunikationstechnologie werden sicherlich weiter zunehmen und damit auch als kulturwissenschaftlicher Forschungsgegenstand an Bedeutung gewinnen. Ob *E-Fashion* oder nicht, das Motto lautet weiterhin: *get fashioned, get connected!*

Anmerkungen

1 Vgl. Döring / Gundolf. 2006. Dein Leben in Schnappschüssen.
2 Vgl. Giese. 2009. Stricken am eigenen Netzwerk.
3 Vgl. z.B. Fortunati. 2006. Das Mobiltelefon als technologisches Artefakt, insb. S. 180f.
4 Vgl. Tully / Baier. 2006. Mobiler Alltag, insb. S. 15ff.
5 Vgl. hierzu z.B. den UMTS Forum Report 26, insb. S. 17ff.
6 In einer Allensbach-Studie aus dem Jahr 2008 gaben ca. 40 % der Befragten an, dass für sie „gutes Design" beim Kauf eines Mobiltelefons eine Rolle spielt. Der Anteil von Männern (38,7 %) und Frauen (40,6 %) unterschied sich nicht eklatant. Institut für Demoskopie Allensbach 2008. Allensbacher Computer- und Technik-Analyse.
7 Vgl. Katz / Sugiyama. 2005. Mobile Phones as Fashion Statements.
8 Vgl. Szodruch. 2008. Brand Fashion, insb. S. 43ff. und S. 100ff.
9 S. http://www.t-mobile.de/ladyphones/0,12820,18081-00.html oder http://www.ladyphones.nl/ (beide 14.3.2009).
10 Z.B. das Fraunhofer Institut in Deutschland oder das MIT in den USA. Eine Übersicht von Instituten und Projekten bietet z.B. Seymour. 2008. Fashionable Technology.
11 Dieses Phänomen konnte man z.B. bei der Ausstellung des „Netzwerk Smart Textiles" (www.smarttextiles.net) auf der CeBIT 2008 in Hannover beobachten.
12 Seymour. 2008. Fashionable Technology, S. 21.
13 Hier ist Kleidung als technisches Kommunikationsmedium gemeint.
14 Für diese Gewohnheit werden sie als „Handy-am-Gürtel-Träger" belächelt, in der Jugendsprache ein Synonym für „Schwächling", vgl. z.B. Pons Wörterbuch der Jugendsprache 2009. 2008. Ernst Klett Sachbuch Verlag Stuttgart.
15 Vgl. Katz / Sugiyama. 2005. Mobile Phones as Fashion Statements, S. 74f.
16 Solche manieristisch anmutenden Produktvarianten können als Belege dafür verstanden werden für den „vom Objekt bei der Hand genommene[n], aber auch teilautonome[n] Gebraucher" als „Mit- oder Umgestalter dessen, was ihn leiten soll", in: Selle. 2006. Design im Alltag, S. 12.
17 Wer sie nicht selber machen kann oder will, kann auf Portalen wie www.dawanda.com auf von anderen selbstgemachte Exemplare zurückgreifen.
18 Was sich in Deutschland u.a. in Publikationen niederschlägt wie „Marke Eigenbau: Der Aufstand der Massen gegen die Massenproduktion" von Holm Friebe und Thomas Ramge 2008.
19 Z.B. im Internet: http://www.anleitung-zum-haekeln.de/handytasche-haekeln/index.php oder gar als Anleitung mit Film: http://www.myvideo.de/watch/5777528/Anleitung_Handysocke_Handytasche_haekeln_ Handarbeit (beide 14.3.2009).
20 Vgl. z.B. Nierhaus. 1999. Text + Textil; Szodruch. 2008. Brand Fashion, S. 78ff.
21 Vgl. Katz / Sugiyama. 2005. Mobile Phones as Fashion Statements, S. 65.
22 S. http://www.cnn.com/2008/TECH/science/10/24/future.fashion/index.html (25.6.2009); Seymour, Sabine. 2008. Fashionable Technology, S. 38.
23 Vgl. Hülsenbeck. 2000. [Kultur] Taschen.

24 Das Magazin Men's Health beispielsweise startete im Jahr 2007 eine Umfrage nach den „tren-
digsten Umhängetaschen für Männer", s. auch http://www.menshealth.de/style/freizeitmode/die-
sieger-unter-den-umhaengetaschen.27451.htm (26.3.2009).

25 Vgl. Wilson. 2006. Urbane Fashion.

26 Gelingt der Durchbruch, *E-Fashion* tatsächlich serienfähig zu machen, ist allerdings von einer Beschleunigung der Lebensdauer schon durch die damit angestoßene technologische Weiterentwicklung auszugehen. Damit erhöhte sich die Attraktivität für die Kleidungsindustrie.

27 Vgl. Seymour. 2008. Fashionable Technology, S. 118; http://www.sparkfun.com/commerce/
product_info.php?products_id=8617 (14.3.2009).

28 Z.B. in mobilen Web 2.0-Anwendungen wie *aka aki,* http://www.aka-aki.com (23.3.2009).

29 S. Seymour. 2008. Fashionable Technology, S. 40; http://www.cutecircuit.com/projects/wearables/
thehugshirt/(14.3.2009).

Bibliografie

Bolton, Andrew. 2002. The Supermodern Wardrobe. London, New York: V&A.

Breward, Christopher / Gilbert, David (Hg.). 2006. Fashion's World Cities. Oxford: Berg.

Döring, Nicola / Gundolf, Axel. 2006. Dein Leben in Schnappschüssen: Mobile Weblogs (Mo-
blogs), in: Glotz, Peter / Bertschi, Stefan / Locke, Chris / Thies, Henning (Hg.). Daumenkultur. Das Mobiltelefon in der Gesellschaft. Bielefeld: Transcript.

Giese, Charlotte. 2009. Stricken am eigenen Netzwerk: Vom ‚knot' zum ‚node' – ‚Noding' als Re-
Animation des Subjekts, in: Freiß, Elisabeth / Gaugele, Elke / Zobl, Elke / Sonja, Eismann
/ Kuni, Verena (Hg.): [OOPS] We do it again. DIY-Aktivismus, Feminismus, Handarbeit
und neue Häuslichkeit. Mainz: Ventil-Verlag. (Im Druck.)

Fortunati, Leopoldina. 2006. Das Mobiltelefon als technologisches Artefakt, in: Glotz, Peter /
Bertschi, Stefan / Locke, Chris / Thies, Henning (Hg.). Daumenkultur. Das Mobiltelefon in
der Gesellschaft. Bielefeld: Transcript.

Hülsenbeck, Annette. 2000. [Kultur] Taschen. Übergangsobjekte und Gehäusereste – Accessoires
in Zwischen-Räumen, in: Mentges, Gabriele / Mohrmann, Ruth E. (Hg.). Geschlecht und
materielle Kultur. Münster / New York u.a.: Waxmann. S. 185-214.

Institut für Demoskopie Allensbach. 16.10.2008. Allensbacher Computer- und Technik-Analyse 2008. http://de.statista.com/statistik/diagramm/studie/101058/umfrage/kriterien-beim-
handykauf/ (25.6.2009).

Katz, James E. / Sugiyama, Satomi. 2005. Mobile Phones as Fashion Statements: The Co-Creation
of Mobile Communication's Public Meaning, in: Ling, Rich / Pedersen, Per E. (Hg.). Mobile Communications. Re-negotiation of the Social Sphere. London: Springer-Verlag London Limited. S. 63-81.

Latour, Bruno. 2008. Wir sind nie modern gewesen. Versuch einer symmetrischen Anthropologie. Frankfurt a. M.: Suhrkamp.

Lee, Suzanne. 2005. Fashioning the Future. Tomorrow's Wardrobe. London: Thames & Hudson.

Nierhaus, Irene. 1999. Text + Textil. Zur geschlechtlichen Strukturierung von Material in der
Architektur von Innenräumen, in: Bischoff, Cordula / Threuter, Christina. Um-Ordnung.
Angewandte Künste und Geschlecht in der Moderne. Marburg: Jonas. S. 84-94.

Selle, Gert. 2006. Design im Alltag. Vom Thonetstuhl zum Mikrochip. Frankfurt a. M. / New
York: Campus.

Seymour, Sabine. 2008. Fashionable Technology. The Intersection of Design, Fashion, Science,
and Technology. Wien / New York: Springer.

Szodruch, Kerstin Charlotte. 2008. Brand Fashion. Die Potentiale von Mode für Marken und
Unternehmen. Saarbrücken: VDM.

Tully, Claus J. / Baier, Dirk. 2006. Mobiler Alltag. Mobilität zwischen Option und Zwang – Vom
Zusammenspiel biographischer Motive und sozialer Vorgaben. Wiesbaden: VS.

Vincent, Jane / Harper, Richard. 2003. UMTS Forum Report 26, Januar 2003. http://www.umts-
forum.org/component/option,com_docman/task,cat_view/gid,210/Itemid,98/ (25.6.2009).

Wilson, Elisabeth. 2006. Urbane Fashion, in: Breward, Gilbert (Hg.). 2006. Fashion's World Cities. Oxford: Berg. S. 33-39.

Verena Kuni

Wenn aus Daten wieder Dinge werden –
„From Analog To Digital and Back Again"?[1]

Über Jahrzehnte hinweg war vor dem Hintergrund einer zunehmenden Digitalisierung der Kultur von einem „Verschwinden der Dinge" die Rede.[2] Dass ein Gutteil der Daten, die mittels digitaler Technologien kommuniziert werden, nach wie vor auf Dinge verweist, Dinge repräsentiert oder sogar Dinge generiert, schien dabei ebenso wenig ins Gewicht zu fallen wie die Tatsache, dass Datenträger, Gerätschaften und *Interfaces* eine materiale Dinglichkeit von erheblicher kultureller Relevanz aufweisen. Noch jüngst zu Zeiten des Booms der 3D-Online-Umgebung „Second Life" wurde vielmehr wiederholt das Schreckbild einer allumfassenden ‚Virtualisierung' bzw. ‚Dematerialisierung' aller Lebensbereiche zitiert.[3]

Gänzlich unberechtigt ist die Frage nach Verlusterscheinungen, die im Zuge von Transfers vom Analogen zum Digitalen zu verzeichnen sind oder perspektivisch drohen, keineswegs. Nicht nur haben die Archivierungs- und Konservierungsprobleme, die alle Bereiche der aus guten Gründen als „instabil" bezeichneten elektronischen Medien betreffen, längst gravierende Ausmaße angenommen, ohne dass sich bislang auch nur im Ansatz befriedigende Lösungen abzeichnen würden.[4] Auch die Sachkultur hat sich unter dem Einfluss der Entwicklungen im Bereich neuer Technologien und deren globaler Vermarktung ebenso massiv wie nachhaltig verändert. Indes tauchen seit einiger Zeit mehr und mehr Dinge auf, deren Entstehung sich eben dieser Gemengelage zu verdanken scheint: Dinge, die als Hybridfiguren sowohl der digitalen als auch der materialen Kultur angehören und/oder erstere in letztere (rück-) überführen. Mobile Geräte, die sich zur Wiedergabe von *Audio-Files* und *Webradio-Streams* eignen – dabei aber wie klassische Weltempfänger oder gar historische Radiogeräte gestaltet sind; Laptops, deren Gehäuse aus Holz gezimmert und mp3-Player, die in rohe Scheite eingelassen wurden; Atari-Spielkonsolen, die mittels Diaprojektoren und Super-8-Filmen betrieben werden; gehäkelte oder gestrickte Gadgets vom *iPod* bis zum kompletten Heimcomputer; grob gepixelte Bilddateien, die in Email gebrannt als Schmuckanhänger dienen; Ausschneidebögen, mit denen sich in „Second Life" generierte virtuelle Objekte als Pappmodelle basteln lassen; Designer-Möbel, die per *Fabbing* direkt aus 3D-Simulationen entstehen.

Aber wie funktionieren diese Dinge eigentlich genau bzw. welche Funktion kommt ihnen an der Schnittstelle zwischen Daten- und Dingwelt zu? Handelt es sich hier lediglich um skurrile Randerscheinungen, die als synergetische Überschüsse aus den Konflikten zwischen digitalen und materialen Kulturpraxen hervorgehen? Um nostalgische Reminiszenzen oder Ergebnisse von Ersatzhandlungen, die als Reaktionen auf die beschriebenen Reibungsverluste erfolgen? Oder um ironische Kommentierungen der kulturellen Effekte der Digitalisierung? Diesen und weiteren Fragen will der Beitrag anhand ausgewählter Dinge aus Alltags- bzw. Popkultur, Design und Kunst nachgehen.

Ding #1: „Print Media, I won't miss it"

Ein Grabstein, auf dem die zitierte Absage an das gedruckte Wort beziehungsweise die traditionellen Medien der „Gutenberg-Galaxis"[5] zu lesen ist. Ob es diesen Stein tatsächlich gibt, steht auf einem Blatt: Zu finden ist er auf einem digitalen Bild, das im Internet kursiert.[6] Dass sich vom Bild eines Objekts nicht auf dessen materielle Existenz rückschließen lässt, scheint paradigmatisch für den Status der Dinge im Zeitalter der Digitalisierung. Wenngleich bereits die Geschichte der analogen Fotografie die Herstellung von ‚Objektivität' auf dem Wege technischer Manipulationen kennt, werden entsprechende Praktiken heute vornehmlich mit der digitalen Bildgeneration assoziiert. An die Stelle des „Es ist so gewesen"[7] ist das „so könnte es (gewesen) sein" gerückt. Bemerkenswert ist das (Bild-)Objekt gleichwohl aus einem anderen Grund: Manifestiert sich der Abgesang auf das bedruckte Papier hier doch in einer Form, die eine denkbar stabile, auf Dauer setzende Kulturtechnik der Informationsübermittlung – nämlich in Stein gemeißelte Schrift – vor Augen führt. Ob der Widerspruch zwischen dem, was die Inschrift und was ihr Träger kommunizieren, absichtsvoll hergestellt ist oder nicht: Das Denkmal, das zynisch „Vergiss es!" ruft, verweist auf das zentrale Problem einer Kultur der Digitalisierung, deren Speicher immer mehr Informationen fassen können, indes sie selbst (und mit ihnen die gespeicherten Informationen) eine immer geringere Halbwertszeit aufweisen. Es ist die Sprache der Dinge, in der sich Daten manifestieren. Sie entscheidet über das, was bleibt.

Ding #2: „Mixtape"

Was zukünftig einmal von der Kassetten-Kultur geblieben sein wird, die für viele Menschen in der zweiten Hälfte des 20. Jahrhunderts prägend gewesen sein dürfte, ist derzeit noch ungewiss.[8] Festzustehen scheint allerdings längst: Das Ding an sich, das sie transportierte, ist – anders als die ‚Printmedien' – im Verschwinden begriffen. Und wo es in heimischen Archiven noch existiert, erodieren langsam, aber sicher die auf ihm gespeicherten Daten. Offensichtlich wird zugleich, dass sich jene, die mit dem Magnetband aufgewachsen sind, nicht so einfach mit dem Sterben ‚ihres' Mediums abfinden wollen. Fast möchte man meinen, Kassetten seien präsenter denn je zuvor: In allen möglichen Variationen begegnet uns ihr Bild auf bedruckten wie auf selbst bemalten T-Shirts; in kleinen Lädchen und in Web-Shops wie „etsy.com", in denen Handgearbeitetes feilgeboten wird, finden sich neben gehäkelten und gestrickten, genähten und bestickten Kassetten und Kassettenrekordern in Kissenform auch Täschchen und Börsen, denen die aufgebrochene Plastik-Hülle als Korpus dient. Mitunter bewährt sich das Magnetband selbst als Material für entsprechende Kreationen.[9] Besonders die handgefertigten Objekte – bei denen der Aufwand für die Herstellung in der Regel kaum in Relation zum geringen Preis steht – scheinen sich direkt in die Tradition des klassischen Souvenirs[10] einzureihen, in dem Liebesarbeit[11] und Erinnerungskultur auf eine Weise zusammenkommen, wie dies in ‚moderner' Form auch die selbst aufgenommene Kassette und namentlich das *Mixtape* zu leisten vermochte.

Die Daten, denen das Magnetband als Speichermedium diente, lassen sich auf diesem Wege nicht bewahren. Dort, wo Musikdateien erstellt, kopiert, getauscht und vertrieben werden, haben sich zwar nicht nur vergleichbare kulturelle Praktiken herausgebildet. Tatsächlich gibt es zahlreiche webbasierte Projekte und Plattformen, die sowohl konzeptuell als auch ästhetisch direkt an jene Segmente der Kassetten- und speziell der *Mixtape*-Kultur anzuknüpfen versuchen, in denen das persönliche *datum*, Liebesarbeit und Erinnerungskultur, im Mittelpunkt standen.[12] Findige Designer haben sogar einen *USB Memory-Stick* in Kassettengestalt auf den Markt gebracht.[13] Allerdings ist allen diesen Transfers in den instabilen Raum der digitalen Daten der Verfall bereits von Beginn an eingeschrieben. Mit gutem Grund lässt sich daher fragen, ob das (Erfahrungs-)Wissen um die Instabilität der Speichermedien ein Motiv für die Verfertigung mehr oder weniger dinglichen Substitute wie Kuschelkissen in Form von Kassetten(rekordern) ist. Die Bindung ans Ding ersetzt den Daten-Speicher, bündelt Emotionen und bewahrt die Erinnerung.

Ding #3: „Pac-Man"

In der Tat kann auffallen, welchen Raum Referenzen an die verfallene oder verfallende digitale Kultur in der gegenwärtigen Dingwelt und insbesondere in jenen Bereichen einnehmen, die durch den neuen Boom von Handwerk, Handarbeit und *Do-It-Yourself* besonders intensiv florieren. Denkbar reich an repräsentativen Beispielen ist das Feld des so genannten *8bit-Retro* – also jener Medien- und Materialdesigns, die sich auf die Computer- bzw. Konsolenspiele der 1980er Jahre beziehen.[14] Ähnlich wie im Fall der *Mixtapes*- und Kassenkultur gilt auch in diesem Fall: In großem Stil kommerziell konzipierte und vertriebene Gegenstände machen nur einen Teil der Produktion und der kreativen Produktivität im entsprechenden Sektor aus. Das ist durchaus bemerkenswert: Anders als bei einer Kassette oder einem Kassettenrekorder, die als Datenträger zunächst einmal vergleichsweise anonyme Produkte sind, welche erst noch ‚personalisiert‘ werden wollen, zählen bei Computerspielen und Computerspielfiguren – wie in anderen Bereichen der Kultur- und Unterhaltungsindustrie – dinghafte und figurative Extrapolierungen zu den bewährten Marketing-Maßnahmen. Anders gesagt: Dass Daten zu Dingen werden, ist in diesem Bereich eine breit tradierte, ökonomisch motivierte Praxis.

Von daher lässt sich fragen, ob der speziell in der *8bit*-Computerkultur von früh an bestehende Trend zum *Do-It-Yourself*, zur Aneignung und zur Transformation den Aufschwung einer materialen Handarbeits- und Bastelkultur mit beflügelt hat, die ganz wesentlich von jenen Generationen getragen wird, die bereits mit den digitalen Medien aufgewachsen sind.[15] Zwar werden die beliebtesten Spiele der Epoche, die aufgrund der raschen Entwicklungen im Hard- und Software-Bereich und der mit diesen einhergehenden Kompatibilitätsproblemen teilweise nicht mehr verfügbar waren, inzwischen als Emulationen wieder vertrieben. Allein die in unzähligen Variationen kursierenden Verdinglichungen von *Pac-Man*-Figuren – die von Spielzeug über Lampen- und Möbeldesigns, von Kleidungsstücken über Schmuck oder Gebäck bis hin zu Spielkostümen und -konzepten für den Realraum reichen[16] – sprechen jedoch dafür, dass es auch nicht zuletzt persönliche und (erinnerungs-)kulturelle Motive sind, die dafür sorgen, dass die Daten auf breiter Front zu Dingen werden.

Ding #4: „Cursor"

Neben Kuscheltieren und Puppen, Kleidung und Accessoires nimmt Schmuck in diesem Bereich eine wichtige Stellung ein. Auch das dürfte kein Zufall sein: Handelt es sich doch in allen Fällen um Dinge, die per se eine enge Bindung an den Körper eingehen und zudem mit emotionalen Bindungen assoziiert werden. Insbesondere Schmuck ist zudem traditionell mit der Erinnerungskultur verknüpft. Selbstgebastelten Schmuckstücken aus ‚verbrauchten' oder mitunter auch fabrikneuen Hardware-Bestandteilen konnte man im Umfeld der *Geek Culture* schon früh begegnen.[17] Mit der zunehmenden Verbreitung des Computers und in jüngerer Zeit noch einmal durch den vom *Web 2.0* entscheidend mit getragenen *Do-It-Yourself-Boom* hat das Feld eines auf die digitale Kultur bezogenen Schmuckdesigns jedoch nicht nur deutlich an Popularität gewonnen, sondern auch weiter ausdifferenziert.[18] Neben Colliers, Ohrgehängen und Fingerringen aus Tastatur-Elementen, Ketten und Anhängern aus Platinen oder anderem einschlägigem Material, das aus den eigenen Altbeständen stammen und selbst verarbeitet, von semi-professionalisierten Bastler/innen oder von professionellen Schmuckgestalter/inne/n veredelt worden sein kann, tauchen nunmehr zunehmend Schmuckstücke auf, die auf die ursprünglich weitgehend ‚immaterielle' Datenkultur referieren.

Ein prägnantes Beispiel stellt jener aus Kunststoff gefertigte Anhänger in Form eines Cursors dar, der zu einer ganzen Reihe ähnlicher, auf gängige Software-Grafiken zurückgehender Schmuckstücke gehört, die von der Grafik-Designerin Nina Blok entworfen und online vertrieben werden.[19] Allein, dass der flache, schwarze Pfeil beanspruchen darf, als Cursor gelesen zu werden, mag bereits Bände sprechen. Verglichen mit anderen Stücken der Kollektion, die digitale Artefakte wie schlecht aufgelöste oder nicht verfügbare Bilddateien zitieren, wirkt er auf den ersten Blick vielleicht weniger originell. Er verzichtet auch auf den Glamour des Kultstatus, den populäre Figuren und Figurationen aus der *8bit*-Computerspielszene mitbringen – die wie die Kassette als Insignie der *Mixtape*-Kultur ebenfalls längst als Broschen, Ohr- und Halsschmuck zu haben sind. Den Cursor kürt jedoch schon das schlichte Faktum zum schmuckwürdigen Gegenstand, dass seine Gestalt auf eine alltägliche, allen Computernutzer/inne/n vertraute Anwendung verweist. Nicht anders als bei den anderen icons, den grob gepixelten Bildern und – wenngleich in etwas anderer Konnotation – den Kassetten handelt es sich auch hier um ein *datum*, zu dem man eine Bindung entwickelt hat, das sich aufgrund seiner medialen Konstitution dem Zugriff im eigentlichen Wortsinn entzieht und das deshalb in ein Ding überführt worden ist.

Ding #5: „Schwert"

Wenn ein Mensch ein Schwert schultert und sich damit in eine belebte Fußgängerzone begibt, muss das zwar nicht unbedingt Aufsehen erregen. Der moderne Großstädter ist derlei nicht nur von Werbeaktionen gewohnt, sondern besitzt gemeinhin auch generell eine denkbar große Toleranz gegenüber den skurrilsten Erscheinungen, die ihm im Alltag begegnen können. In diesem speziellen Fall kann der Schwertträger jedoch sogar auf den einen oder anderen Passanten setzen, dem sein Anblick tatsächlich vertraut erscheinen mag. Schließlich handelt es sich bei seinem Schwert um das lebensgroße Papiermodell einer Waffe, wie sie im Massen-Mehrspieler-Online-Rollenspiel „World of Warcraft"[20] zur Ausstattung der Spieler gehört. Mit seiner Performance „1 H" (2008) verlegt Aram Bartholl zwar nur einen markanten Teil des Spiels in einen Bereich des Realraums, aus dem es sonst weitgehend ausgeklammert scheint. Die zum Ding gewordenen Daten können jedoch – in diesem Fall wie in zahlreichen anderen, ähnliche Konzepte verfolgenden Projekten des Künstlers[21] – darauf aufmerksam machen, dass der Datenraum Teil eben dieses Realraums ist. Sichtbar manifestiert sich das Spiel zwar nur in den Zeiten, die ein Spieler online eingeloggt ‚in' „World of Warcraft" verbringt. Präsent ist es, ebenso wie andere online-Umgebungen, in denen Menschen miteinander kommunizieren und interagieren, aufgrund der eingegangenen Bildungen jedoch zweifellos auch darüber hinaus. Und je mehr Menschen die Erfahrungen in der jeweiligen medialen Umgebung miteinander teilen, desto größer ist die Wahrscheinlichkeit, dass sich ein Bedürfnis nach Transfers zwischen medialer und materialer Realität artikuliert.

Ding #6: „Das Ende des Regenbogens"

In den Berichterstattungen über die Online-3D-Umgebung „Second Life" dominiert in der Regel nach wie vor die Vorstellung von einer virtuellen Ersatzwelt, deren Anziehungskraft zu einer Entfernung von beziehungsweise aus der ‚eigentlichen' Realität führe. Nun lässt sich diese Argumentationslinie leichter Hand durch den Verweis auf den schlichten Umstand entkräften, dass „Second Life"-Bewohner/innen zwar ihren *Avatar* an Ort und Stelle zurücklassen müssen, Eindrücke und Erfahrungen jedoch ins übrige Leben mitnehmen können und werden. Der scheinbare „Exodus"[22] aus dem Alltag sorgt also – mindestens potenziell – auf mehreren Ebenen für dessen Bereicherung. Was dagegen nicht auf diesem Wege überführt werden kann, sind just jene Dinge, die nur in „Second Life" als ebensolche existieren, eigentlich aber Daten sind: angefangen mit dem *Avatar* über Architekturen und deren Ausstattungen bis hin zu allen möglichen und unmöglichen ‚Gegenständen', in die „Second Life"-Bewohner/innen neben so genannten „Linden Dollar" einige Kreativität investieren. Hier entsprechende Transfers realisieren zu wollen, scheint ähnlich realistisch wie der Wunsch, das Ende des Regenbogens erreichen und den dort wartenden Topf mit Gold einstreichen zu wollen.

Wenn Scott Kildall und Victoria Scott in ihrem Projekt „No Matter" (2008) genau diese Vorstellung Wirklichkeit werden ließen, indem sie in „Second Life" als Designer aktive Bewohner/innen beauftragten, Repräsentationen imaginärer ‚Dinge' vom Ende des Regenbogens über das Perpetuum Mobile bis zum Wurmloch zu kreieren, um sie im Anschluss als Papiermodelle nachzubauen und diese schließlich in einer Galerie zu präsentieren, sind ein weiteres Mal Daten zu Dingen geworden.[23] Deutlicher noch als das Projekt von Aram Bartholl – dem es in mehrfacher Hinsicht ähnelt – verweist „No Matter" (2008) auf ein Problem, das sich im Umgang mit dem Datenraum immer wieder stellt: Wenngleich Daten etwas anderes als Dinge sind, sollen genannte immaterielle Güter doch ähnlich wie materielle Güter funktionieren – was auf den unterschiedlichsten Ebenen Konflikte generiert. Im Fall von Kreationen, die in einer kommerziellen online-Umgebung wie „Second Life" mit der von den Betreibern gestellten Software entstehen, stellt sich daher nicht allein die Frage der technischen Möglichkeiten eines Transfers, sondern auch die viel grundsätzlichere: „Wem gehört die Welt?"[24]

Ding #7: „Kindle"

Ein Gerät, das zu den jüngeren Errungenschaften der digitalen Kultur zählt und – anders als der Grabstein – behauptet, eine direkte, freundschaftliche Verbindung zur „Gutenberg-Galaxis" unterhalten zu wollen: „Kindle", das vom online-Buchhändler „Amazon" auf den Markt gebrachte Lesegerät für *E-Books* und *E-Papers*, also digitalisierte Literatur.[25] Um an kulturell tradierte Lesegewohnheiten anzuknüpfen, tritt es optisch und in der Handhabung als Hybrid aus Buch und *handheld*-Computer auf. Von einer mimetischen Anlehnung an gebundenes Papier kann, kaum anders als bei seinen Vorgängern und bei seinen Marktkonkurrenten, freilich nur bedingt die Rede sein. Weitaus offensichtlicher ist sie ohnedies bei anderen Formaten für digitale Lektüren, die bereits vor dem „Kindle" zuhanden waren: Für eine Buchsatz und Typografie entsprechende Textgestaltung sind seit langem schon vom Lesegerät weitgehend unabhängige Software-Lösungen wie „Acrobat" zuständig; im Word Wide Web verfügbare Texte kopieren beziehungsweise zitieren mitunter auch im Seiten-Designs das Vorbild gedruckter Lettern. Je auf ihre Weise verraten beide Verfahren, dass es eine ganze Reihe von Gründen geben kann, in einem Medium tradierte Qualitäten eines anderen aufzurufen. Letzteres gilt gleichwohl auch für das „Kindle". Anders als *pdf-files* oder Webseiten, die zugleich Texte übermitteln und Texte sind, handelt es sich beim „Kindle" um ein Lesegerät, das als physisches Objekt an ein Buch erinnern will – und dies allein über eine rudimentäre Übereinstimmung von Form und Format. Eine ganze Bibliothek mitnehmen, indes man doch allein ein einziges „Paperback" in die Tasche packt – so lautet das Versprechen, das von vielen Kunden offenbar allzu wörtlich genommen wird. Dass und wie gut die Suggestion funktioniert, belegten jedenfalls im Sommer 2009 die empörten Reaktionen auf eine von „Amazon" unangekündigt vorgenommene ‚Rückrufaktion', in deren Zuge zwei legal erworbene, jedoch urheberrechtlich inkriminierte Titel über Nacht von sämtlichen „Kindles" entfernt worden waren. Der verbittert vorgetragene Vergleich mit einem Einbruch der Firma ins heimische Bücherregal[26] – der subjektiv stimmig sein mag, aufgrund der Vertragsbedingungen mit „Amazon" auf juristischer Ebene gleichwohl fehlt – verrät die ungebrochene Bindung an das Objekt, in dem sich der Datensatz nicht nur ‚wie ein Buch' lesen lässt, sondern in dem sich das digitale Buch virtuell, symbolisch und scheinbar eben sogar physisch manifestiert und materialisiert.

In der Summe lässt sich daher feststellen: Das Verhältnis zwischen Daten und Dingen ist – auch und gerade unter den Vorzeichen einer auf zahlreiche Lebensbereiche ausgreifenden Digitalisierung – auf vielen Ebenen von dem Wunsch bestimmt, Distanzen zu überbrücken und bereits bestehende Bindungen an Dinge aufrecht zu erhalten oder sogar weiter zu stärken. Die Daten, die den ‚digitalisierten‘ Alltag prägen, wortwörtlich ‚mit Händen greifen‘ zu können, scheint in unserer von der materiellen Tradition einer Sachkultur geprägten Gesellschaft ein menschliches, allzu menschliches Bestreben zu sein: Wenn im Zuge der Digitalisierung Dinge zu Daten werden, so gibt es eine entsprechende Tendenz, Daten wieder in Dinge zu überführen. Dieser Prozess resultiert jedoch in anderen Dingen als jenen, die zuvor zu Daten geworden sind – und es ist die Differenz, die zu erkennen und anzuerkennen weiterführende Rückschlüsse sowohl auf die materialen als auch auf die digitale Kulturen und auf die dynamischen Relationen gestattet, die zwischen beiden bestehen.

Wie weit jene Rückschlüsse, die im Zuge der hier vorgenommenen Betrachtung von sieben (Daten-)Dingen getroffen worden sind, tragen und inwieweit sie gegebenenfalls zu verallgemeinern sind: Diese Fragen wird folglich nur eine vertiefende Forschung beantworten können, die sich ebenso dynamisch in der digitalen sowie in der materialen Kultur – und an beider Schnittstellen – bewegt. Fest steht jedoch: Wer auch in Zukunft noch die Sprache der Dinge verstehen will, muss zugleich die Sprache der Daten verstehen

Anmerkungen

1 „From Analog To Digital And Back Again“ ist der (Arbeits-)Titel eines laufenden Forschungsprojekts bzw. -schwerpunkts der Verf. zu den Transfers zwischen medialen und materialen Kulturen; vgl. u.a. den *online*-Zettelkasten der Verf. (siehe oben) unter http://www.homemade-labor.ch/weblog (Suchschlagwort: a2d2a) (31.7.2009). Zur Begriffsproblematik analog/digital vgl. Schröter / Böhnke. 2004. Analog/Digital.

2 Wortwörtlich vgl. z.B. Langenmaier 1993, Das Verschwinden; Politycki 2007, Vom Verschwinden; zur Digitalisierung ebd. Kap. V, S. 150ff.

3 Vgl. z.B. Castronova 2007. Exodus.

4 Vgl. hierzu ausführlich Kuni 2008. Was vom Tage übrig bleibt.

5 Vgl. McLuhan 1962. The Gutenberg Galaxy, mit diesem Begriff bezeichnet McLuhan die vom Buch als Leitmedium geprägte Kultur, die vom „elektronischen Zeitalter“ abgelöst werde.

6 Vgl. z.B. als Illustration zu einem Artikel von Kevin Hoffmann über Entlassungen bei der „St. Cloud Times“ („Citypages Blog“, 3.12.2008), http://blogs.citypages.com/blotter/2008/12/st_cloud_times.php (31.7.2009).

7 In Anlehnung an Barthes 1989. Die Helle Kammer.

8 Vgl. Herlyn / Overdick 2003. Kassettengeschichten.

9 Eine repräsentative Auswahl entsprechender Kreationen lässt sich unter http://www.etsy.com aufrufen, wenn man ins Suchfenster das Schlagwort „Mixtapes“ eingibt.

10 Vgl. Gamblowski 2006. Der Souvenir.

11 Der Begriff biblischen Ursprungs bezeichnet jene altruistische Arbeit, die gern und (scheinbar) ohne Eigennutz für andere geleistet wird. In der Geschichte des Souvenirs spielen in Handarbeit gefertigte Dinge, die solcherart als Zuneigungsbeweise hergestellt und weitergegeben wurden, eine wichtige Rolle.

12 Vgl. z.B. das Projekt „tape findings“, http://www.sweetthunder.org/tapes/ (31.7.2009); das als kollektive online-mp3-;Mixtape‘-Plattform konzipierte Projekt „muxtape“ musste aufgrund von Konflikten mit Copyrights bzw. Urheberrechten schließen und funktioniert heute als Plattform für selbst produzierte Musik, vgl. http://www.muxtape.com (31.7.2009). Für weitere Projekte vgl.

den *online*-Zettelkasten der Verf. (s. oben). unter http://www.homemade-labor.ch/weblog (Such-schlagworte: Kassetten, Tapes) (31.07.2009).

13 Vgl. z.B. den „Mix Tape USB Drive" von suck.uk, http://www.suck.uk.com/product.php?range ID=82 (31.7.2009) oder das Projekt „mixa", http://www.makeamixa.com/ (31.7.2009).

14 Vgl. für einen einführenden Überblick Gibson. 2006, I Am 8Bit; für weitere Projekte s. a. den *online*-Zettelkasten der Verf. (dto.) unter http://www.homemade-labor.ch/weblog (Suchschlagwort: 8bit) (31.7.2009).

15 Vgl. zur elektronischen DIY-Bastelkultur Kuni / Landwehr. 2009. Home Made; speziell zur Rolle des Web 2.0 für die textile DIY- und Handarbeitskultur Kuni. 2008. „Not Your Granny's Craft".

16 Für entsprechende DIY- und Handarbeitskreationen vgl. z.B. die Ausgabe zu den Schlagworten „PacMan" und „Pac-Man" unter http://www.etsy.com (31.7.2009); zahlreiche Mitschnitte von Performances und „Urban Games" in „Pac-Man"-Kostümen sind u.a. bei der Video-Plattform „Youtube" abzurufen, vgl. http://www.youtube.com Schlagworte „PacMan", „Pac-Man" (31.7.2009).

17 Als „geek" bezeichnet man in der elektronischen Kultur Menschen, die sich durch Spezialwissen auszeichnen und obsessiv mit diesen assoziierten Gegenständen beschäftigen. Vgl. einführend zur *Geek Culture* den Überblick in Feineman. 2005. Geek chic.

18 Eine durchaus repräsentative Auswahl aktueller Designs liefern die in der Kategorie „Geek Jewelry" abgelegten Blog-Einträge bei „Geeksugar", vgl. http://www.geeksugar.com/tag/geek+jewelry (31.7.2009).

19 Vgl. für den „Cursor"-Anhänger http://www.iloveblocks.com/cu.html (31.7.2009); alle weiteren Kreationen unter http://www.iloveblocks.com/all.html (31.7.2009).

20 Vgl. http://www.wow-europe.com/de/index.xml (31.7.2009).

21 Vgl. die ausführliche Dokumentation auf den Heimseiten des Künstlers unter http://www.daten form.de/ (31.7.2009); speziell zu „1 H" ebd., http://www.datenform.de/1h.html (31.7.2009).

22 S. Castronova. 2007. Exodus.

23 Vgl. die Dokumentation unter http://turbulence.org/Works/nomatter/ (31.7.2009)und hierzu im online-Zettelkasten der Verf.(dto.) http://www.homemade-labor.ch/weblog/archives/2008/03/no_matter_a2d2a.html (31.7.2009).

24 In Anlehnung nicht nur an den Titel des Films „Kuhle Wampe oder Wem gehört die Welt?" (Deutschland 1932, Regie: Slátan Dudow, Buch: Bertold Brecht, Ernst Ottwalt u. Slátan Dudow).

25 „Kindle" bzw. „Amazon Kindle" wird in den USA direkt über amazon.com vertrieben, vgl. http:// www.amazon.com Schlagwort-Eingabe: „Kindle" (31.7.2009).

26 Vgl. zusammenfassend Sennhauser. 2009. Amazon's Kindle.

Bibliografie

Barthes, Roland. 1989. Die helle Kammer. Bemerkungen zur Photographie. Frankfurt a. M.: Suhrkamp. (Französisches Original: Paris 1980).

Castronova, Eduardo. 2007. Exodus to the Virtual World. How Online Fun Is Changing Reality. Basingstoke: Palgrave MacMillan.

Feineman, Neil. 2005. Geek Chic. The Ultimate Guide to Geek Culture. Amsterdam: BIS.

Gablowski, Birgit (Red.). 2006. Der Souvenir. Erinnerung in Dingen. Von der Reliquie zum Andenken. (Ausstellungskatalog Museum für Angewandte Kunst, Frankfurt a. M. / Museum für Kommunikation, Frankfurt a. M.) Köln: Wienand.

Gibson, John A. (Hg.). 2006. I am 8bit. Art Inspired By Classic Videogames of the '80ies. San Francisco: Chronicle Books.

Herlyn, Gerrit / Overdick, Thomas (Hg.). 2003. Kassettengeschichten. Von Menschen und ihren Mixtapes. Münster: LIT.

Kuni, Verena. 2008. „Not Your Granny's Craft". Neue Maschen – Alte Muster. Ästhetiken und Politiken von Nadelarbeit zwischen Neokonservatismus, New Craftivism und Kunst, in: John, Jennifer / Schade, Sigrid (Hg.): Grenzgänge zwischen den Künsten. Interventionen in Gattungshierarchien und Geschlechterkonstruktionen. Bielefeld: transcript, S. 169-191.

Kuni, Verena. 2008. „Was vom Tage übrig bleibt". Netz-Kunst-Geschichte(n) – Beschreiben und Erzählen als Basis des Archivs?, in: Gesellschaft für Medienwissenschaft (Hg.). Mediale Ordnungen. Erzählen, Archivieren, Beschreiben. Marburg: Schüren. S. 300-318.

Kuni, Verena / Landwehr, Dominik (Hg.). 2009. HOME MADE ELECTRONIC ARTS. Basel: Merian.

Langenmaier, Arnica-Verena. 1993. Das Verschwinden der Dinge. Neue Technologien und Design. München: Design-Zentrum München.

McLuhan, Marshall. 1962. The Gutenberg Galaxy. The Making of Typographic Man. London: Routledge, 1962. (1968. Die Gutenberg-Galaxis. Das Ende des Buchzeitalters. Düsseldorf: Econ).

Politycki, Matthias. 2007. Vom Verschwinden der Dinge in der Zukunft. München: Hoffmann und Campe.

Schröter, Jens / Böhnke, Alexander (Hg.). 2004. Analog/Digital – Opposition oder Kontinuum? Zur Theorie und Geschichte einer Unterscheidung. Bielefeld: transcript.

Sennhauser, Peter. 2009. Amazon's Kindle. Orwell'scher DRM Sündenfall, in: netzwertig, http://netzwertig.com/2009/07/18/amazons-kindle-orwellscher-drm-suendenfall/ (31.7.2009).

Lars Frers

Automatische Irritationen: Überlegungen in Video zur Initiativentfaltung der Dinge

Es gibt eine Vielzahl unterschiedlicher Annäherungsweisen an die Auseinandersetzung mit den Dingen. In diesem Beitrag will ich die Gründe für die von mir ausgewählte Annäherung auf zwei Ebenen aufzeigen, in theoretischer Hinsicht und mit Blick auf das methodische Vorgehen. Im Anschluss daran werde ich auf zwei kurze Videosequenzen eingehen, in denen sich die Dinge im irritierenden Wechselspiel mit den Menschen zeigen. Ausgehend von der Grundsatzdiskussion und dem empirischen Material, werde ich im letzten Abschnitt diskutieren, warum es mir weniger um die Sprache der Dinge als das Sprechen, sondern vielmehr um das Interagieren von Menschen und Dingen geht. Wird dieses Interagieren zum Zentrum der Analyse gemacht, dann wird deutlich, dass die Frage nach der Initiative im Umgang mit den Dingen neben den Fragen nach Intention oder Ziel eine eigene Berechtigung hat und dass sie eine eigene Erklärungskraft entfaltet.

Wie stellen sich mir die Dinge in meinem alltäglichen Umgang mit ihnen dar? Was tun sie mit mir, während ich etwas mit ihnen tue? Diese Fragen umreißen den Ausgangspunkt meines Vorgehens. Um diese Position noch klarer auszuweisen, will ich jedoch auch einige negative Bestimmungen vornehmen, denn die Motivation meines Vorgehens speist sich ebenfalls aus einer Abgrenzung gegen andere, in den Sozialwissenschaften etablierte Perspektiven. Es geht mir dabei weniger um die Abgrenzung gegen die anderen Perspektiven als solche, sondern darum, was eine Betrachtung aus diesen Perspektiven mit den Dingen anstellt.

Besonders deutlich wird die Zurechtformung der Dinge für die Analyse in der Formulierung, ein Ding ‚als' etwas zu untersuchen. In gewisser Weise kann jedes Ding ‚als' jede beliebige andere Entität betrachtet werden. Genauso kann die Kategorie des Dings oder der Dinge ‚als' etwas anderes betrachtet werden: das Ding als Mensch-Maschine-Interface, als Medium, als Grenze, als Metapher, als Symbol oder auch als ‚Ding-an-sich'. Insbesondere im Schreiben über das oder die entsprechend zugeordneten Dinge lässt sich mit diesen allerlei anstellen. Die Freiheit der Sprachspiele[1] ist groß und erlaubt eine kaum begrenzte Vielzahl an Zurechtformungen. Gegen diese produktiven Operationen mit den Dingen soll keine Forderung nach einer Rückkehr zum eigentlichen Wesen der Dinge gestellt werden – ein Wesen, das sich als solches sowieso nicht ergründen ließe, ohne sich hoffnungslos in den alten Konflikt zwischen Transzendentalem und Empirischem zu verstricken.

Statt mir die Freiheit zu nehmen, die Dinge einfach selbst in einen mehr oder weniger beliebigen Kontext zu platzieren, will ich versuchen, für meine Analyse den Dingen dort zu begegnen, wo sie mir auch in meinen alltäglichen Praktiken begegnen. Auf diese Weise rückt die Widerständigkeit der Dinge zusammen mit ihrem Angebotscharakter ins Zentrum der Analyse. In den Alltagspraktiken sind die Dinge entschieden mehr als bloß das, was ihr Name bezeichnet, als bloß ihre beabsichtigte Funktion, als bloß ihre Zuschreibung in einem Gespräch oder Text über sie.[2] Sie haben viele verschiedene Seiten, von denen sich einige offen zeigen, während andere erst unter bestimmten Umständen zutage treten oder gesucht werden müssen.

Wie läuft dieser Prozess des sich gegenseitig Begegnens ab? In der zeitlich-räumlichen Entfaltung des zur Welt hin orientierten[3] menschlichen Seins geraten Dinge und Menschen miteinander in Kontakt und trennen sich voneinander. In diesen kontinuierlichen Prozessen der Kontaktaufnahmen und Trennungen geht sinnliches Wahrnehmen immer und notwendigerweise mit körperlich-praktischem Handeln einher. Entsprechend lässt sich beides zusammen – Wahrnehmen und Handeln – auch als Wahrnehmungshandeln[4] fassen. Im Wahrnehmungshandeln werden konkrete Akteur/innen, Dinge und Situationen zu den entscheidenden Größen – sie alle beziehen sich aufeinander, distanzieren sich voneinander, passen sich einander an und verharren in einer Folge sich überlappender, flüssiger sowie gebrochener Sequenzen.

Diese Sequenzen praktischen Wahrnehmungshandelns sind hier Gegenstand der Analyse. In der Untersuchung des Umgangs mit den Dingen will ich aus phänomenologischer Perspektive Wahrnehmungsprozesse untersuchen und gleichzeitig eine an der Ethnomethodologie orientierte, detaillierte Analyse alltäglicher Handlungssequenzen durchführen.[5]

Der Umgang mit den Dingen ist performativ in dem Sinne, dass er sowohl einen zeitlich-praktischen Ablauf aufweist als auch aufgeführt bzw. gezeigt wird.[6] Dieser performativ-zeigende Aspekt des Wahrnehmungshandelns erlaubt es, sich der Frage nach der Initiative zu widmen, denn dadurch, dass Dinge und Akteure/Akteurinnen sich gemeinsam und gegenseitig zeigen, zeigen sie sich auch den Analysierenden. Die Analysierenden nehmen eine andere Perspektive ein, verfügen aber über einen Horizont[7], der sich mit dem der anderen mehr oder weniger stark überlappt. Auch hier sollte klar sein: Es geht nicht darum, das Wesen von Menschen und Dingen zu ergründen, denn das ginge schon aufgrund der Perspektivität der Analyse nicht. Es geht vielmehr um die Auseinandersetzung mit dem Geschehen, wie es von allen Beteiligten gemeinsam hervorgebracht wird. Die Beobachtenden gehören zu den Beteiligten, und es liegt auch an ihnen, eine analytische Distanz aufzubauen, in der sie sich trotz der Distanz von den anderen berühren lassen.

Irritationen

Abb. 1 zeigt eine defekte automatische Drehtür.[8] Normalerweise sollte die Tür von selbst rotieren, sobald jemand in sie eintritt. In diesem Fall jedoch hat die Automatik versagt, sodass die Tür sich nicht zu drehen beginnt, wenn sie nicht angeschoben wird. Wird sie von Hand bewegt, so kommt sie einige Sekunden später zum Stillstand. Die Lage wird zusätzlich dadurch verkompliziert, dass diese Drehtür zu den Modellen gehört, die kurzzeitig blockieren, wenn man sie trotz ihrer Automatik manuell schiebt, zum Beispiel weil man es eilig hat oder weil man diese Art von automatischen Drehtüren nicht gewohnt ist. (Es befindet sich auch ein kleiner, nicht sehr auffälliger Aufkleber am äußeren Metallrahmen jedes Türsegments, der auf diese Besonderheit hinweist.) Wer nicht

Abb. 1:   Drehtür

das Glück hat, zufällig durch den passenden Eingriff anderer eine unauffällige Drehse-
quenz zu erwischen, wird also mit einer Drehtür konfrontiert, die sich vor der eigenen
Nase verlangsamt, die eigentlich nicht angeschoben werden darf, die aber angeschoben
werden muss, um hindurchzukommen. Dies macht die Nutzung der Tür zu einer irritierenden Erfahrung.

Der junge Mann mit Schirmmütze, der in *Abb. 1* hinter der Glasscheibe zu erkennen ist, findet sich in einer solchen Situation wieder. Er hat die Tür zu einem Zeitpunkt
betreten, als sie noch ein eigenes Drehmoment hatte. Dieses Drehmoment ist aber zum
Zeitpunkt des ersten Standbildes fast völlig verschwunden, sodass die Tür beinahe zum
Stillstand gekommen ist. Im Verlauf der nächsten Sekunde wendet er den Blick zurück
über seine Schulter (zweites Standbild), sodass er in das gegenüberliegende Segment der
Drehtür schauen kann, in dem sich ebenfalls Menschen befinden. Abgesehen von der
Blickwendung bewegt er sich kaum, insbesondere lässt er seine Arme weiterhin am Körper hinab hängen und drückt also nicht gegen die Tür. In der folgenden Sekunde nimmt
er die Blickwendung wieder zurück, drückt aber immer noch nicht gegen die Tür (drittes Standbild). Ungefähr gleichzeitig beginnt die Tür langsam sich wieder zu bewegen.

Zwei Sekunden Stillstand können in der eigenen Erfahrung eine lange Zeit sein, insbesondere wenn sie unerwartet sind und so den eigenen Bewegungsfluss hemmen. Der
junge Mann zeigt durch die Rückwendung seines Blicks, dass er auf den vor ihm liegenden Türflügel orientiert war. In der Begegnung mit der Tür unterbricht er seine vor-
wärtsgerichtete Orientierung. Ich habe diese Erfahrung selbst geteilt, denn ich bin auf
die Tür aufmerksam geworden, als ich mich in dergleichen Situation wiedergefunden
habe. Da ich wusste, dass man die Tür nicht schieben sollte, und da ich schon häufi-
ger Drehtüren erlebt habe, die blockierten, weil jemand sie trotzdem geschoben hat, war
mein Impuls, den oder die mögliche/n Verursacher/in zu finden – auch ich habe mich
umgeschaut. Das hier aufgezeichnete Wahrnehmungshandeln (ein Schulterblick ohne eigenständiges Drücken der Tür) war in der knappen Stunde, in der ich die defekte Drehtür gefilmt habe, kurioserweise in dieser spezifischen Ausbildung nur bei jungen Män-

Abb. 2:   DB Fahrkartenautomat

nern zu beobachten. Aufgrund der nicht-systematischen Art meiner Datenerhebung will ich keine Statistik erstellen – sie würde eine unangemessene Art von Validität suggerieren. Trotzdem legt diese Beobachtung den Schluss nahe, dass die Angehörigen einer überdurchschnittlich technik-affinen sozialen Gruppe (junge Männer) erkennen, wie diese Tür funktionieren sollte, wissen, wodurch Störungen verursacht werden können und dementsprechend nach einer Ursache suchen. Dabei suchen sie zu vermeiden, dass sie selbst zu einer Verschlimmerung der beobachteten Störung beitragen. Ironischerweise führt die Technikvertrautheit hier in die sprichwörtliche Sackgasse. (Ein männlicher Jugendlicher hat die Drehtür sogar einfach wieder verlassen – er hat gar nicht erst versucht, die Tür selbst anzuschieben.) Die jungen Männer werden in der Regel durch andere ‚befreit‘, die die Tür für alle Beteiligten wieder in Gang setzen. Im folgenden Beispiel steht hingegen eher die mangelnde Vertrautheit mit dem Ding im Vordergrund.

Abb. 2 zeigt eine Interaktion mit einem Fahrkartenautomaten der Deutschen Bahn AG. Im ersten Standbild blickt die junge Frau mit ihrer Begleiterin in Richtung des Abschnitts, den sie gerade aus dem Ausgabefach des Automaten entnommen hat. Zum Zeitpunkt der Aufnahme waren die Automaten noch so programmiert, dass sie zuerst den Zahlungsbeleg und dann den Fahrschein ausgeworfen haben – der besagte Abschnitt ist in diesem Fall also zunächst der Zahlungsbeleg, denn der Fahrschein wird später ausgeworfen. Trotzdem wendet sich die junge Frau vom Automaten ab und beginnt in Richtung der Bahnsteige zu gehen (zweites Standbild) – ihre Begleiterin tut dies ebenfalls. Beim Weggehen wendet sich die junge Frau allerdings noch einmal um (drittes Standbild), stoppt die Bewegung (viertes Standbild), geht dann zurück, beugt sich herab und entnimmt den zweiten Abschnitt, also den Fahrschein (fünftes Standbild). Ihre Begleiterin ist nun ebenfalls wieder zurückgekommen, beide blicken zusammen auf den neu entnommenen zweiten Abschnitt und bewegen sich dabei in Richtung der Bahnsteige (letztes Standbild).

Auch in diesem Fall wird eine bereits eingenommene Orientierung aufgegeben, und es findet eine Umwendung statt. Die Betroffene ist in diesem Fall nicht allein unterwegs, und der Sog der anfänglichen Orientierung ist in diesem Fall noch größer – die Umwendung ist zögerlicher, findet gegen die weiterhin ausgeführte körperliche Bewegung statt und bezieht schließlich auch die Begleiterin mit ein. Die Irritation im Ablauf ist auch hier einer unerwarteten – wenn auch nicht unüblichen – Interaktion mit einem Ding geschuldet. Der Automat hat nicht das ausgeworfen, was eigentlich angefordert wurde: einen Fahrschein. Die längere Betrachtung des ersten Abschnitts durch die Protagonistin dieser Sequenz deutet allerdings schon darauf hin, dass diese verunsichert ist. Die Rückwendung der Aufmerksamkeit begegnet einer fortgesetzten Aktivität aufseiten des Automaten, dieser gibt beim Ausdruck Geräusche von sich und zeigt auch durch eine Beleuchtung des Auswurffachs an, dass dort etwas passiert.

Beide Sequenzen lassen sich als Irritationen kennzeichnen, weil die beteiligten Personen in ihrem Wahrnehmungshandeln anzeigen, dass sie ihre Orientierungen wechseln und einen Ablauf unterbrechen. Im Fall der Drehtür ist eine Routine unterbrochen worden, und es tritt ein Konflikt zwischen dem eigentlich geforderten Abstand zur Tür und der Notwendigkeit des manuellen Eingriffs auf. Im Fall des Automaten hingegen führt die nicht am technischen Ablauf orientierte Erwartung zu einem Problem, denn der Automat folgt einem Programm, das eigenen Regeln gehorcht – Regeln, die die Benutzerin in dieser Situation irritieren.[9] Beiden Sequenzen ist also gemeinsam, dass sich die Dinge in ihnen sperrig zeigen – sie erfüllen Erwartungen nicht und fordern auf diese Weise Wahrnehmungshandlungen heraus. Die Dinge treten in Interaktion mit den Menschen. Sie fordern diese heraus, geben der Interaktion einen anderen Impuls, ändern deren Orientierung und sind im zeitlichen Ablauf der Sequenz Teil eines komplexen Wechselspiels von Entitäten, die sich materiell-leiblich in Relation zueinander bewegen.

Die untersuchten Automaten sind nicht bloß Gegenstand einer reinen Mensch-Maschine-Interaktion. Wie sich in beiden Sequenzen zeigt, nehmen andere Anwesende ebenfalls an der Entfaltung des Geschehens Teil. Die Blickwendung des jungen Mannes in der Drehtür, der stecken zu bleiben droht, zeigt an, dass es eben nicht nur um die Tür geht. Das Zögern der Protagonistin am Fahrkartenautomaten wird von ihrer Begleiterin ebenfalls aufgenommen und wird so Teil des Wahrnehmungshandelns von beiden. Eine genaue Untersuchung der beteiligten Dinge und Menschen sowie des zeitlichen Ablaufs ihrer Interaktionen macht so deutlich, dass soziale Interaktionen nicht nur abstrakt zu lokalisieren sind – Dinge und Menschen haben vielmehr kontinuierlich teil an einer ihnen gemeinsamen leiblich-materiellen Anordnung, in der jedes Element der Anordnung Kräfte ausüben und das Geschehen beeinflussen kann.

Von der Sprache zur Begegnung

Der Umgang mit den Dingen ist mehr als ein bloßes Bedienen der Dinge. Die bloßen Objekte, diese vermeintlichen Diener, haben eine eigene Wirkmacht. Im konkreten zeitlichen Ablauf zeigt sich, dass die Annahme eines denkend-rational handelnden Subjekts, welches einer von ihm getrennten empirischen Welt gegenübersteht und diese seinen Ideen, Absichten und Vorstellungen anpasst, dem Geschehen nicht angemessen ist. Denn der konkrete Umgang mit den Dingen ist voller Kontingenzen – so wie die Interaktion mit einem *alter ego* es auch wäre. Doch was ist die Sprache dieses anderen *ego*, das doch bloß ein Ding und kein selbstreflexiver Mensch ist?

Im hier verwendeten erkenntnistheoretischen Rahmen macht es wenig Sinn, nach der Sprache der Dinge zu fragen. Wie soll ich die ihnen eigene Sprache verstehen, wenn ich doch selbst kein Ding bin? Wieso sollten sie überhaupt eine eigene Sprache haben? Ich kann aber nach etwas anderem fragen. Ich kann untersuchen, wie ich mit den Dingen und also auch wie die Dinge mit mir sprechen. Ich untersuche dann nicht die Sprache als solche, sondern das gemeinsame Sprechen. Ich gehe von der Substanz zum Ablauf. Das Gespräch zwischen Dingen und Menschen kann ich untersuchen, und in dieser Untersuchung kann ich Methoden verwenden, die bereits in der ethnomethodologisch orientierten Konversationsanalyse etabliert wurden.[10] Wenn ich das detaillierte Wechselspiel zwischen Dingen und Menschen untersuche, stellt sich heraus, dass die Dinge in gewisser Weise nicht stumm sind. Wir sprechen mit ihnen – aber ohne Worte. Im Ablauf eines Geschehens zeigen Dinge und Menschen sich, wie sie zueinander stehen, worauf sie eingehen, was sie annehmen und was sie ignorieren. Die ethnomethodologische Konversationsanalyse im Allgemeinen beschäftigt sich nicht mit einzelnen Worten oder mit der Grammatik der Sprache als solcher. Es geht ihr vielmehr um den indexikalischen Charakter des Sprechens, um das Zeigen.[11] Dieses Zeigen findet sich auch in der Begegnung mit den Dingen.

Von einer Interaktion zur nächsten gehend, entfaltet sich der Zusammenhang zwischen Mensch und Welt. Die Übergänge sind oft nicht klar. Es gibt Überlappungen, Abbrüche, verspätete Wiederaufnahmen, sehr langsam sich entwickelnde genauso wie plötzlich eintretende, abrupt endende Interaktionen. Im Aufeinandertreffen von jungem Mann und defekter Drehtür entfaltet sich deren Beziehung zueinander, zeigen sich beide in ihrem jeweils konkreten und spezifischen Zusammenhang. Hierbei spielt die Materialität eine entscheidende Rolle. So wie die Menschen nicht nur einen Körper haben, sondern notwendigerweise auch Körper – oder phänomenologisch gesagt: Leib – sind, so sind die Dinge für uns nicht etwas absolut von uns Getrenntes. Wir teilen beide eine gemeinsame Welt, eine gemeinsame Materialität. So wie wir nicht als denkendes Ich von der Welt getrennt sind, so gibt es auch keine unüberbrückbare Distanz zu den Dingen. In unserem Wahrnehmungshandeln sind wir immer leiblich auf die Dinge bezogen, die sich uns kontinuierlich zeigen, sich eröffnen und sich entfernen, um sich wieder für uns zu verschließen.

Vor diesem Horizont wird deutlich, dass in der Interaktion mit den Dingen nicht nur die Absichten und Ziele der Menschen eine Rolle spielen. In der Begegnung mit den Dingen, die sich als offenes Geschehen und mit etwas Einbildungskraft auch als offenes Gespräch fassen lässt, kann auch von den Dingen eine Art Impuls ausgehen, der den Verlauf der Interaktion verändert. Bernhard Waldenfels diskutiert in seiner „Phänomenologie der Aufmerksamkeit" immer wieder das meist unscharfe Verhältnis von Auffallen und Aufmerken. Im Auffallen beansprucht etwas in der Welt die Aufmerksamkeit, während im Aufmerken die Intention der Wahrnehmenden im Vordergrund steht. Trotz dieser unterschiedlichen Gewichtung lässt sich beides nicht voneinander trennen – es gibt kein Aufmerken ohne ein Auffallen und umgekehrt.[12] Ähnlich gelagert, verstehe ich das Verhältnis von Intention und Initiative: Die Dinge können die Ausrichtung unseres Wahrnehmungshandelns ändern und beeinflussen – sie brauchen dafür aber auch unsere Gegenwart und unsere Bezugnahme auf sie. In der Wissenschafts- und Technikforschung hat Andrew Pickering diese gemeinsame Beziehung sehr schön als den *dance of agency* gefasst.[13] Es gibt also keine Sprache der Dinge ohne die Sprache der Menschen. Es gibt ein gemeinsames Sprechen, oder präziser gesagt, eine von beiden geteilte performative Beziehung. In der Entfaltung dieser Beziehung üben Dinge und Menschen Kräfte aufeinander aus, ziehen sich in eine Richtung und/ oder stoßen sich in eine andere Richtung. Ein menschliches Gegenüber kann Irritationen hervorrufen, ein Automat ebenso und in gewisser Weise auch ein plumper Stein. Ob die Begegnung mit dem jeweiligen Gegenüber irritierend ist, hängt von der Situation ab. Es kann keine Irritation ohne eine – wenn auch noch so schwache – Erwartung geben. Diese Erwartung wird von uns gehegt. Sie ist in unserem ‚zur Welt Sein' relevant, und sie wandelt sich im Einklang und in Auseinandersetzung mit den Dingen.

Anmerkungen

1   Vgl. Wittgenstein. 1953. Philosophische Untersuchungen.
2   Vgl. dazu den herausragenden Sammelband Costall / Dreier. 2006. Doing Things with Things.
3   Vgl. Merleau-Ponty. 1974. Phänomenologie der Wahrnehmung, S. 7-10.
4   Vgl. Frers. 2007. Einhüllende Materialitäten, S. 50-54.
5   Vgl. zur Phänomenologie Merleau-Ponty / Wiesing. 2003. Das Primat der Wahrnehmung; Crossley. 2001. The Phenomenological Habitus. Vgl. zur Ethnomethodologie Garfinkel. (Hg.) 1967. Studies in Ethnomethodology; Sacks. 1984. Notes on Methodology.
6   Also nicht im engeren Sinne von Austin. 1962. How to Do Things with Words.
7   Horizont ist ein von Merleau-Ponty häufig verwendeter Begriff, der den jeweils konkreten und spezifischen Weltbezug eines wahrnehmenden Menschen aufruft.
8   Die Abbildungen sind Standbildserien aus Videosequenzen, die ich vor Ort und sichtbar für andere mit einer digitalen Handkamera aufgezeichnet habe. Mehr zur Methode in Frers. 2009. Video Research in the Open.
9   Parallel hierzu wurden in der Ethnomethodologie von Garfinkel so genannte Krisenexperimente genutzt, um die Produktion der Regeln des Alltagshandelns durch die Beteiligten selbst zu zeigen. Vgl. Garfinkel. 1984. Studies of the Routine Grounds.
10 Vgl. Atkinson / Heritage. (Hg.). 1984. Structures of Social Action.
11 Vgl. Garfinkel / Sacks. 1986. On Formal Structures.
12 Vgl. Waldenfels. 2004. Phänomenologie der Aufmerksamkeit.
13 Vgl. Pickering. 1995. The Mangle of Practice.

Bibliografie

Atkinson, J. Maxwell / Heritage, John (Hg.). 1984. Structures of Social Action: Studies in Conversation Analysis. (Studies in emotion and social interaction). Cambridge, UK: Cambridge University Press.

Austin, John L. 1962. How to Do Things with Words. Oxford: Clarendon Press.

Costall, Alan / Dreier, Ole (Hg.). 2006. Doing Things with Things: The Design and Use of Everyday Objects. (Ethnoscapes). Aldershot: Ashgate.

Crossley, Nick. 2001. The Phenomenological Habitus and Its Construction, in: Theory and Society. Bd. 30, Heft 1, S. 81-120.

Frers, Lars. 2007. Einhüllende Materialitäten: Eine Phänomenologie des Wahrnehmens und Handelns an Bahnhöfen und Fährterminals. (Materialitäten). Bielefeld: transcript.

Frers, Lars. 2009. Video Research in the Open: Encounters Involving the Researcher-camera, in: Tikvah Kissmann, Ulrike (Hg.). Video Interaction Analysis: Methods and Methodology. Frankfurt a. M.: Peter Lang. S. 155-177.

Garfinkel, Harold (Hg.). 1967. Studies in Ethnomethodology. Englewood Cliffs, NJ: Prentice-Hall.

Garfinkel, Harold. 1984. Studies of the Routine Grounds of Everyday Activities, in: Ders. (Hg.). Studies in Ethnomethodology. Malden, MA: Polity Press/Blackwell Publishing. S. 35-75. (1. Aufl. 1967).

Garfinkel, Harold / Sacks, Harvey. 1986. On Formal Structures of Practical Actions, in: Garfinkel, Harold (Hg.). Ethnomethodological Studies of Work. London: Routledge & Kegan Paul. S. 160-193. (1. Aufl. 1969).

Merleau-Ponty, Maurice. 1974. Phänomenologie der Wahrnehmung. Übersetzt von Rudolf Boehm. Berlin: Walter de Gruyter & Co. (1. Aufl. 1945).

Merleau-Ponty, Maurice / Wiesing, Lambert. 2003. Das Primat der Wahrnehmung. Übersetzt von Jürgen Schröder. Frankfurt a. M.: Suhrkamp. (1. Aufl. 1947).

Pickering, Andrew. 1995. The Mangle of Practice: Time, Agency & Science. Chicago: University of Chicago Press.

Sacks, Harvey. 1984. Notes on Methodology, in: Atkinson, J. Maxwell / Heritage, John (Hg.). Structures of Social Action: Studies in Conversation Analysis. Cambridge, UK: Cambridge University Press. S. 21-27.

Waldenfels, Bernhard. 2004. Phänomenologie der Aufmerksamkeit. Frankfurt a. M.: Suhrkamp.

Wittgenstein, Ludwig. 1953. Philosophische Untersuchungen. Oxford: Blackwell.

Hendrik Pletz

Die Materialisierung des Imaginären –
Die Neuen Medien der 1980er Jahre

Dass das Fernsehen die Welt verändert hat, ist ein Gemeinplatz. Ebenso ist es nicht sonderlich innovativ zu behaupten, dass unser Blick auf die Welt und unser Verständnis zu dieser elementar durch das Fernsehen geprägt wurde. In der historischen Forschung stehen hier zumeist die so genannten Fernsehereignisse im Mittelpunkt. Zusammengefasst werden damit gerne Sendungen, die gegenüber den alltäglichen televisuellen ‚Nichtigkeiten' so herausstechend waren, dass auch für eher traditionell geprägte Wissenschaften wie die Historiografie die Relevanzkriterien erfüllt zu sein scheinen. Im Mittelpunkt dieses Aufsatzes steht jedoch nicht das Fernsehprogramm, sondern der Wandel des technisch-materiellen Apparats in den 1980er Jahren. Es wird also nicht um den in der Ferne gesehenen Gegenstand gehen, sondern um die Bedingungen des Sehens selbst; nicht zum Beispiel um die Fernsehserie „Holocaust", welche als wohl ‚das' Medienereignis der späten 1970er Jahre gewertet werden muss, sondern um den lautlosen, da technischen Umbruch dieser Zeit. ‚Fernsehen' meint nämlich immer sowohl das Fernsehprogramm als auch die Apparatur – den Fernseher –, welche es ermöglicht, eben dieses Fernsehprogramm zu empfangen bzw. zu konsumieren. Der Topos des ‚Fensters zur Welt' verweist genau auf dieses Spannungsfeld: das Fenster als materielles Objekt und die Welt, die ich durch dieses Fenster beschaue. Das Sprechen von einem ‚Fenster zur Welt' ist zugleich aber auch eine diskursive Zuweisung. Es ist eine Aussage, die weit über das scheinbar unschuldige Wesen einer Metapher hinausweist. Hier artikuliert sich der gesellschaftliche Wunsch nach einem evidenten Medium, mit dem man die Welt durch ein Fenster beschauen kann. Folgt man Sybille Krämer, so ist hierin sogar ein allgemeines Kriterium für Medien zu erkennen: „Medien wirken wie Fensterscheiben. Sie werden ihrer Aufgabe umso besser gerecht, je durchsichtiger sie bleiben, je unauffälliger sie unterhalb der Schwelle unserer Aufmerksamkeit verharren."[1] Aus dieser Perspektive wäre weiter zu schließen, dass ein Medium nur so lange Glaubwürdigkeit besitzt, wie es unsichtbar, sprich eine Fensterscheibe bleibt. Mediale Evidenz steht und fällt demnach mit dem Gelingen einer entsprechenden Imagination. Die Tatsache, dass sich für das Medium Fernsehen sogar eine eigenständige Redewendung – nämlich das ‚Fenster zur Welt' – gebildet hat, weist somit darauf hin, dass das Fernsehen dem Kriterium eines Fensters besonders nahe zu kommen scheint bzw. es den Nutzer/inne/n ermöglicht, diesen Wunsch auf das Gerät projizieren zu können. Diese Projektionen gehen sowohl von der technischen Verfasstheit des Mediums aus, wobei die Mattscheibe und ihre materiell-assoziative Nähe zum Fenster zentral hervorstehen, werden aber immer auch von unterschiedlichen äußeren Strategien hergestellt bzw. stabilisiert. Es ist also von einer gegenseitigen Verschränkung auszugehen. Auf der einen Seite steht das im Medium festgeschriebene Potential, also die technische Fähigkeit des Fernsehapparats, eine Fensterscheibe zu suggerieren, und auf der anderen Seite die diskursiven respektive performativen Zuweisungen, die eben diese Suggestion im Alltag zu realisieren und verankern wissen.[2] Dieser Komplex wird im Folgenden mit dem Begriff des Imaginären beschrieben, besser gesagt, als Imaginations-Dispositiv untersucht werden.[3] „Fernsehen wäre dann weniger als ein Artefakt, denn als eine spezifische Bündelung vielfältiger Strategien zu betrachten. Seine Funktionsweise wäre nicht [ausschließlich] auf seine Identität und innere Logik zurückzuführen, sondern auf vielfältige, gerade auch konkurrierende Projekte, die das Medium fortlaufend verändern, um es als Instrument für die eine oder andere Rationalität zu optimieren.“[4] Die Rationalität der Imagination soll nun im Mittelpunkt stehen.

Bevor es um die 1980er Jahre gehen kann, muss ein kurzer und dadurch notwendig schematischer Einblick in das Fernsehen der vorausgehenden Jahre gegeben werden. Hierfür ist es sinnvoll, das Phänomen des in die Ferne Sehens auf drei Ebenen zu differenzieren.

Da wäre zuerst der Sendefluss. Die Tatsache, dass im Fernsehen immer etwas passiert, ob das Gerät angeschaltet ist oder auch nicht, machte es für die Nutzer/innen so interessant und wirkmächtig. Gerade in der Anfangs- und Boomphase des Mediums war dieses Kriterium entscheidend für den Erfolg. Man hatte immer Angst, etwas zu verpassen, sodass sich die ganze Familie pünktlich zum Sendebeginn vor dem Fernseher versammelte, um dem unwiederbringlichen Ereignis der Sendung beizuwohnen. Es ging dabei um die Suggestion der Live-Sendung. Ob das Dargebotene auch wirklich zur gleichen Zeit an einer anderen Stelle der Welt vor der Kamera inszeniert wurde, war dabei unerheblich. Die Live-Suggestion generierte sich aus dem strukturellen Prinzip des Sendeflusses.[5]

Zum Zweiten ist der Apparat selbst zu nennen. Wie eingangs beschrieben, ist es für das glaubwürdige Funktionieren des Mediums wichtig, weitestgehend unscheinbar den Inhalt zu präsentieren. Zu diesem Zweck wird im Kino beispielsweise Dunkelheit erzeugt und eine künstliche Aufmerksamkeit auf die Leinwand erzwungen. Die Alltagsbedingungen des Privaten lassen ein solches Vorgehen aber weder zu, noch wäre es sinnvoll. Fernsehen würde dadurch gerade den für dieses Medium so wichtigen Grad an Normalität einbüßen müssen.[6] Um eine solche Unsichtbarkeit aber dennoch zu erzeugen, wurde in der Geschichte des Wohnens mit allerlei Tricks gearbeitet. Mal wurde das Gerät in eine Schrankwand integriert, womit die Maschine verschwand und nur noch das Fenster übrig blieb, mal wurde durch ein schlichtes schwarzes Plastikgehäuse versucht, dem Gerät die technische Signifikanz zu entziehen, um den Blick nur auf das Bild und nicht auf sein Trägermedium zu lenken.[7]

Als Drittes ist schließlich die Unsichtbarkeit der Übertragung zu nennen, die die Imagination eines Fensters perfektionierte. Der klassische terrestrische Empfang war das Symbol hierfür. So wie das Überall der Welt in mein Wohnzimmer gelangte, sollte auch überall auf der Welt – jedenfalls ideell gesehen – mein Wohnzimmer sein, also Fernsehen geschaut werden können. Aus dem scheinbaren Nichts heraus zeigte der Zauberkasten seine Bilder.[8] Und so ist es wohl auch nicht zufällig, dass die Tagesschau schon 1956 damit begann, für ihr Titelbild das technisch materielle Symbol dieses audiovisuellen Dabeiseins zu nutzen: die Dachantenne. Wird in dem bis 1970 verwendeten Bild noch zentral das Unsichtbare und die Idee einer allgegenwärtigen Erreichbarkeit durch die konzentrisch verlaufenden Wellen symbolisch dar- bzw. diskursiv hergestellt, so wird

Abb. 1.:
Die Dachantenne als Symbol des
Dabeiseins in den Titelbildern der
Tagesschau von 1956-1973

dies darauffolgend ergänzt durch eine Weltkarte (*Abb. 1*).[9] Dieser fast schon imperiale Gestus globalen Sehens wird noch mehr unterstrichen, denkt man sich bei diesem Bild die noch dazugehörige Animation: pulsierende Kreise, die ihren Ursprung in Mitteleuropa nehmen und sich von dort über die gesamte Karte ausbreiten.

Das Imaginations-Dispositiv beruhte demnach auf dem Zusammenspiel von Fernsehprogramm[10], Programmstruktur, Sichtbarkeit bzw. Unsichtbarkeit des technisch-materiellen Apparats, seiner ihm eigentümlichen Logik und den diskursiven wie performativen Strategien von Inszenierung und Tarnung.

Diese Situation blieb im Laufe der Geschichte aber nicht unberührt. Ende der 1970er Jahre stand dieses Gefüge vor nicht unerheblichen Änderungen, was 1979 dem Sachregister der Fachzeitschrift „Media Perspektiven" auch ein neues Stichwort bescherte. Die Neuen Medien betraten den öffentlichen Raum.[11] Erst nur als zukunftsträchtige Innovationen auf der Internationalen Funkausstellung vorgestellt – wobei die IFA 1977 wohl den Markstein legte[12] – gelangten immer mehr neue Neue Medien auf den Markt. Hierbei interessiert weniger die Tatsache, dass einige dieser neuen Technologien schnell wie-

Farbfernsehgerät als zentrales Video-Terminal im Haushalt

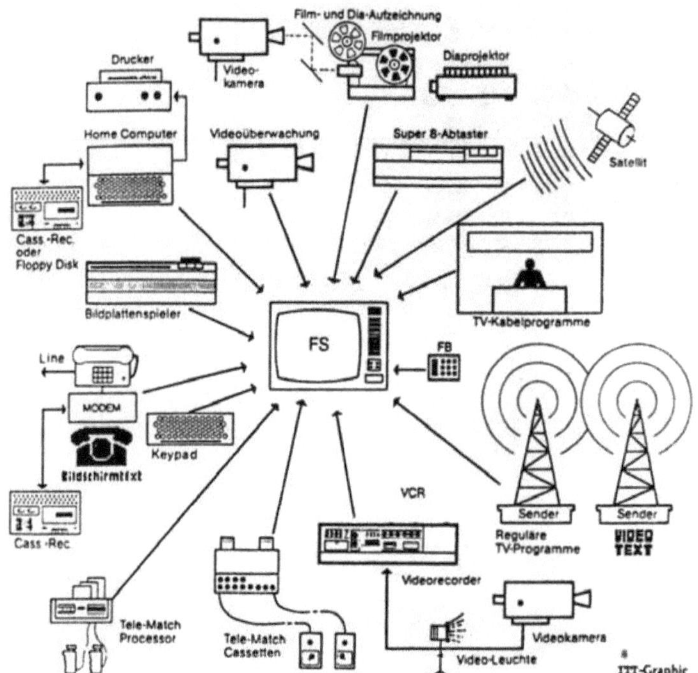

Abb. 2:
Die Objektivierung des Fernsehers zum Monitor

der vom Markt verschwanden bzw. nicht einmal die Marktreife erreichten. Das Entscheidende ist, das Gemeinsame dieser Innovationen zu erkennen und zu fragen, was also so neu an dem Neuen war. Folgen wir einer Definition von Günter Dix aus dem Jahre 1982, so sind Neue Medien „alles, was sich mit Hilfe eines Fernsehgerätes wiedergeben läßt"[13]. Wie sehr Dix Definition das zentrale Wesen dieser Technologien trifft, zeigen die häufig auftauchenden und dies visualisierenden Grafiken innerhalb mehrerer Publikationen (*Abb. 2*).[14] Die Pointe ist dabei immer die gleiche: der Fernseher als bildgebende Instanz.

War das Gerät zuvor ein eigenständiges, man könnte sagen monadisches Medium, welches in sich ruhend dem Zuschauer die Welt außerhalb der vier Wände zeigte, wurde es nun zu einem Monitor degradiert, besser gesagt, es wurde als Monitor objektiviert. Denn genau genommen war das Gerät immer schon ein Ensemble verschiedener Teile. Bildschirm, Empfänger, Programmspeicher und noch andere elektronische Einzelgeräte wären hier zu differenzieren. Doch, und hierauf kommt es an, wurde der Fernseher phänomenologisch immer als eine Einheit erkannt. Dies war von nun an nicht mehr möglich. Auch von Seiten des Diskurses wird dem technischen Umbruch Rechenschaft geleistet. Eher selten wird im Kontext der (populären) Fachpresse noch vom einfachen Fernseher gesprochen. Der Monitor hat auch auf der diskursiven Ebene das alte Einheitsmedium abgelöst.[15]

Zu den Anfangsausführungen zurückgehend, ist festzustellen, dass die drei zentralen Elemente, die die Imagination des Fernsehens erzeugt und stabilisiert hatten, ab diesem Zeitpunkt kaum noch erkennbar waren. So ermöglichte zum einen der Videorekorder dem Zuschauer eine Selbstregulierung des Programms: Durch die Option des Aufzeichnens und Abspielens war er nicht mehr genötigt, dem Diktat der Sendezeit, welches nicht selten einer praktischen Zensur gleichkam, zu gehorchen. Er kam des Weiteren in die Lage, durch den Gang zur Videothek ein Konkurrenzprogramm im heimischen Wohnzimmer zu konsumieren. Dadurch relativierte sich die Idee des Dabeiseins, indem der ewig während Sendefluss der Fernsehanstalten gestört wurde. Die Aufhebung der Live-Suggestion durch die Möglichkeit der Unterbrechung des Sendeflusses führte schließlich auch Vilém Flusser zu der pointierten Aussage: „Video beseitigt die Überraschung einer Direktsendung."[16] Und auch Sean Cubitt erkannte in der Videotechnik die Möglichkeit zur Kritik an der im Fernsehen allgegenwärtigen Ideologie der Präsenz.[17]

Zum anderen, und damit stoßen wir ins Herz der Neuen Medien vor, war die Bildquelle nicht mehr in einem unsichtbaren ‚Irgendwo-da-draußen' verortet, sondern in der konkreten technischen Verschaltung zwischen den Geräten. Dabei wurde ganz besonders das Kabel zum zentralen Protagonisten, was nicht notwendig zur Bedienungsfreundlichkeit führte. Mit dem Aufkommen der einzelnen Peripheriegeräte – wofür der Videorekorder nun exemplarisch untersucht wird – oblag es den einzelnen Herstellern, die entsprechende Verbindung zu garantieren. Allerdings waren diese zu Beginn stets darum bemüht, durch die Entwicklung eigener Steckersysteme die Konkurrenz fernzuhalten. Dies hieß konkret, dass ein Videorekorder der Marke A nicht zwangsläufig mit Geräten des Herstellers B verbunden werden konnte. Es entwickelte sich ein sehr undurchschaubarer Markt von Verbindungskabeln und Adaptern, mit denen wiederum versucht wurde, eine Kompatibilität zu gewährleisten. Der Systemkrieg zwischen den Videoformaten Video2000, VHS und Beta erweiterte sich damit noch auf die Ebene der Lizenznehmer, was dazu führte, dass Beta Recorder nicht notwendigerweise untereinander verbunden werden konnten,[18] wobei das Problem selbstverständlich auch für die Monitore galt (*Abb. 3*). Diese Situation änderte sich erst mit der Durchsetzung des Scart-Steckers bzw. Scart-Kabels.[19]

Darüber hinaus verschränkte sich im zeitgenössischen Diskurs das Kabel unmittelbar mit den Neuen Medien. Zwar ging es hier zumeist um den spezifischen Fall des Kabelfernsehens, was aber stets dazu führte, den Kontext auf das allgemeine Phänomen der Neuen Medien an sich zu erweitern. So schreibt im Kontext der linken Medienkritik Urs Kalbfuß in einer Sammelrezension: „Obwohl fleißig verkabelt wird, sind [...] die Neuen Medien bisher kein Thema breiter öffentlicher Diskussion."[20] Und auch auf der politischen Gegenseite stellt Lothar Späth, damals Ministerpräsident von Baden-Württemberg, den Zusammenhang von Kabel und Neuen Medien her: So trägt ein unter seinem Namen veröffentlichtes Buch den Titel: „Das Kabel – Anschluss an die Zukunft" und widmet sich darin explizit allen Varianten der Neuen Medien.[21] Diese diskursiv-semantische Synonymsetzung von Kabel und Neuen Medien ist, so eine vorsichtige These, aber keine beliebige Zuweisung innerhalb einer historisch formierten diskursiven Ordnung, sondern verweist auf etwas Grundsätzlicheres. Das Kabel müsste demnach als ein zentraler Teil einer Ontologie der Neuen Medien konzipiert werden. Lag die Botschaft des Fernsehens, das heißt die Live-Suggestion des Dabeiseins, in der Anordnung von Konsument,

Abb. 3:
Der „Universal-Monitor"
von Sony. Auf der
Rückseite der Versuch,
alle damals gängigen
Anschlusssysteme
unterzubringen.

TV-Gerät und unsichtbarer Übermittlung, so liegt sie nun in der konkreten Verschaltung zwischen den Geräten, wobei das Kabel zum Ort der materiellen Anordnung wird. Wenn also die zeitgenössischen Protagonisten die Neuen Medien über das Kabel definierten, so belegten sie damit, wenn auch vielleicht unbewusst, den Besitz eines grundlegenden Verständnisses von ihrem Gegenstand. Die Neuen Medien waren nichts ohne den Monitor – und umgekehrt. Und alles war nichts ohne das sie verbindende Kabel.

Das Kabelphänomen und seine diskursiven wie ökonomischen Implikationen führten somit zu einer doppelten Sichtbarkeit: sowohl im Wohnzimmer als auch im Sprechen. Das Medium verlor dadurch seine eigene konstitutive Naivität der Unmittelbarkeit und wurde auf sich selbst, das heißt seine Ding- und Warenhaftigkeit zurückgeworfen. Das im Kabeldiskurs hergestellte Wissen muss hier als Wissen verstanden werden, welches das Imaginations-Dispositiv in Frage stellte. Aus dem Fenster zur Welt wurde ein Fenster in der Welt, wobei das Fenster nicht mehr Fenster war, sondern nur noch materielles Ding.

Was heißt das aber für das Wesen bzw. die Ordnung des Imaginären? Oder anders: Wie sah das Wohnzimmer als zentraler Ort des Konsums unter den neuen Bedingungen aus? An zwei Beispielen wird im Folgenden gezeigt, wie versucht wurde, die Imagination der bewegten Bilder auch unter den neuen technischen Bedingungen ‚funktionieren' zu lassen. Funktionieren meint dann, um Krämer erneut anzuführen, wie die Neuen Medien es schafften, „unterhalb der Schwelle unserer Aufmerksamkeit zu verharren"[22]. Konnten für das klassische Fernsehen drei Ebenen benannt werden – nämlich Sendefluss, Tarnung des Geräts und die Unsichtbarkeit der Funkübertragung – blieb von diesen nur noch eine übrig. Da der Videorekorder den Sendefluss und die Kabel die Unsichtbarkeit der Übertragung verhinderten, war der Tarnung eine besondere Aufmerksamkeit zu widmen.

So brachte schon im Jahr 1980 die Möbelfirma Interlübke zusammen mit dem Elektronikhersteller Sony unter dem Namen „medium plus" eine neue Serie auf den Markt, die sich ganz der Integrierung der Neuen Medien im Wohnraum verschrieb. Schaut man sich den Aufbau der Möbel genauer an, so fällt auf, dass es dem Hersteller daran gelegen war, den Fernseher respektive den Monitor und auch den Videorekorder möglichst verschwinden zu lassen bzw. aus dem dreidimensionalen Körper eine zweidimensionale Oberfläche zu machen. Dies galt auch für die Verbindungskabel. Die Möbel waren so angelegt, dass der ‚Kabelsalat' nicht sichtbar war. Für eine problemlose rückwandige Verkabelung boten die Möbel neben einer abnehmbaren Abdeckplatte sowohl eine „aufklappbare Lisene" zur verdeckten Kabelführung, als auch einen „voll ausziehbare[n] Zugboden" für ein „schnelles und einfaches Anschließen"[23]. Aber nicht nur dafür: Die Zugböden boten gerade auch den Nutzer/inne/n der ersten Videorekordergeneration die Möglichkeit, ihre Geräte zu verstecken, ohne dadurch in der täglichen Nutzung gehemmt zu sein. Denn im Unterschied zu den darauffolgenden Modellen, welche man problemlos von der Vorderseite mit Kassetten füttern konnte, waren die ersten Geräte so genannte Toploader, welche, wie man dem Namen schon entnehmen kann, nur von oben beladen werden konnten. In dieser Perspektive ist der Wandel vom Top- zum Frontloader als Teil der Geschichte des Imaginations-Dispositives zu verstehen. Denn darum ging es ebenfalls hier: Der/die Konsument/in sollte auch unter der Bedingung der in Kassettenform materialisierten Bilder so weit wie möglich nicht daran erinnert werden, dass es sich hier um ein technisches Medium handelte, welches nur mittels Kathodenstrahl, Magnetband und Kupferkabeln ihn zu unterhalten in der Lage war.

Aber nicht nur die neuen Technologien wurden mit allen Mitteln ihrer Auffälligkeit beraubt.[24] Auch die Geschichte der Neutralisierung des Fernsehgeräts wurde in den 1980er Jahren weiter vorangetrieben. Die Fernbedienung wurde hier zur entscheidenden Innovation.[25] Sie war und ist nämlich nicht nur Prothese aufstehfauler *Couch-Potatoes*, sondern ganz besonders auch *Interface* des Bildmediums.[26] Die Fernbedienung ermöglichte sowohl den Zugang zum Videotext und seiner Bedienung wie auch – durch die Einführung der AV-Taste – ein problemloses und unscheinbares Umschalten von Fernsehen zu Video.[27] So heißt es dann auch in einer Bildunterschrift eines entsprechenden Fachbuches: „Mit Matchline zeigt Philips das Fernsehsystem der Zukunft. Das Fernsehgerät ist ein Monitor. Lautsprecher und Tuner sind eigene Baugruppen. Mit der speziellen Infrarot-Fernbedienung können alle Fernsehfunktionen und der Videorekorder gesteuert werden."[28]

Zuerst scheint diese Erkenntnis trivial. Doch zwei Dinge wurden dadurch erreicht. Erstens war von nun an keine motorische Unterscheidung mehr möglich. Der scheinbar identische Handgriff ließ unterschiedlichste Ergebnisse folgen. Zum Zweiten wurde das Gehäuse des TV-Geräts von jeglichen auf spezifische Funktionen hinweisenden Tasten bereinigt. War der Kasten zwar seit der Einführung der Neuen Medien seiner Bedeutung als ‚Fenster zur Welt' beraubt worden, konnte er nun mit dem weitestgehenden Verzicht auf Tasten eine andersartige Neutralität und damit auch Imagination erzeugen.[29]

Bemerkenswert ist hieran anschließend, dass die Fernbedienung nicht nur effektiv den Umgang mit dem Medium bzw. den Medien änderte, sondern dabei selbst im

Diskurs unscheinbar blieb. So verzichteten durchweg die einschlägigen Spezial-Lexika und Glossare der Fachpublikationen auf einen Eintrag ‚Fernbedienung‘.[30] Zwar schaffte diese es auf das *Cover* von Karl Schwarzers Videorekorder-Buch, und auch ein Gerät namens „Funktionswähler" kommt in einigen Grafiken vor, jedoch wird auch dieses einer näheren Definition vorenthalten.[31] Verursachte der Kabeldiskurs eine der Imagination entgegenstehende Sichtbarkeit, so wäre dann reziprok das Schweigen gegenüber der Fernbedienung zu interpretieren. Das diskursive Auslassen wäre so als sprachlich performativer Akt zu verstehen, der dem gesellschaftlichen Wunsch nach medialer Evidenz entspricht.[32] Zwar war die Unentrinnbarkeit der Zeitachse, welche bedingend für das televisuelle Erlebnis war, nun gebrochen und mit der Einschreibung auf einem Magnetband das Imaginäre von der Zeit in den Raum verschoben.[33] Dennoch sollte wenigstens aus dem Monitor wieder ein Fenster werden und der alte ehemalige Fernsehapparat wieder ein Teil seiner alten Glaubwürdigkeit zurückbekommen.

Die Welt der heimischen Audiovisionen der 1980er Jahre war also durch eine Doppelbewegung gekennzeichnet. Der Fernseher als eigenständiges Medium wurde durch die Verschaltung mit unterschiedlichsten Geräten seiner ihm eigentümlichen Suggestion des Live-Dabeiseins beraubt. Dieser technisch-materiellen Durchdringung wurde dabei aber durch eine weitergehende Neutralisierung des ehemaligen TV-Gerätes entgegengetreten. Nicht nur auf der formellen Ebene in der Objektivierung zum Monitor, auch auf der dinglich-funktionalen Oberfläche des Gerätes blieb nur noch Mattscheibe übrig. Die Fernbedienung wurde dabei zum Interface zwischen den Geräten und zum Garanten des Funktionierens einer materialisierten Imagination. Dabei blieben diesem Prozess die dem Dispositiv inhärenten Diskurse aber keinesfalls äußerlich, sondern waren konstitutives Element in dem konfliktreichen Verhältnis von Medien und Gesellschaft. Sie bildeten und bilden eine produktive Schnittstelle zwischen materieller und sozialer Welt, wobei das gegenseitige Bedingen eine Gemengelage hervorbringt, die kaum sinnvoll aufzulösen ist. So wenig wie die Dinge dem Diskurs äußerlich sind – und vice versa –, ist auch das Sprechen von einer ‚Sprache der Dinge‘ nicht nur eine verzweifelte Metapher, um das Stumme stimmhaft zu machen, sondern ein notwendiger Effekt eben jener Gemengelage.

Anmerkungen

1 Krämer. 1998. Medium als Spur, S. 74.
2 Der Diskurs- und Performanzbegriff umfasst dabei das Sprechen über Medien, die Selbstthematisierungen innerhalb dieser und auch das Einbetten der Medien in der alltäglichen Wohnpraxis; zum Letzteren vgl. Hörnig / Reuter. 2006. Doing Material Culture. Zum komplizierten und äußerst umstrittenen Verhältnis von Diskursanalyse und Mediengeschichte vgl. Stauff. 2005. Mediengeschichte; Winkler. 1999. Rolle der Technik.
3 Alternativ wäre es auch möglich, von den Bedingungen des mimetischen Vermögens der (Neuen) Medien zu sprechen, vgl. Winkler. 2002 b. Über das mimetische Vermögen.
4 Stauff. 2001. Medientechnologien, S. 91.
5 Vgl. Williams. 2001. Programmstruktur; Hickethier. 1993. Der Fernseher, S. 182-183.
6 Vgl. Klippel / Winkler. 1994. Gesund, S. 134. Endnote 3.
7 Vgl. Hickethier. 1993. Der Fernseher, S. 175-177; Hickethier behauptet das Gegenteil. Die Entwicklung vom Fernsehschrank zum Plastikgehäuse ist seiner Meinung nach auch eine Offenle-

gung des technischen Charakters. Zwar ist es mit Sicherheit richtig, dass die Plastikgehäuse zu eigenständigen Designobjekten wurden, dies widerspricht aber nicht dem Argument, dass dies als eine gewandelte Strategie der Neutralisierung gewertet werden kann. Wie sehr gerade Design in Bezug auf Medien eine Bedeutung besitzt, zeigt sehr gut Fickers. 2007. Design.

8   Dieses Phänomen aktualisiert sich momentan auf ganz andere Weise durch *Wireless-Lan*. Die offensichtlichen Unterschiede, aber auch ihre Gemeinsamkeiten können an dieser Stelle leider nicht weiter ausgeführt werden. Es ist allerdings mehr als unwahrscheinlich, das gesellschaftliche Unbehagen gegenüber Kabeln mit einem Hinweis auf Pragmatik befriedigend begründen zu können.

9   Zu den televisuellen Macht- bzw. Blickverhältnissen von Konsumort, präsentiertem Ort und Welt vgl. Engell. 2003. Tasten, S. 59-60.

10 Die Erwähnung des Fernsehprogramms findet nur der Vollständigkeit halber statt. Da dieser Aufsatz – wie auch der Sammelband – sich der materiellen Kultur widmet, wird die ästhetisch-inhaltliche Seite des Fernsehens und ihre Rolle für die medienspezifische Imagination nicht weiter herausgearbeitet.

11 Zu Beginn dieses Innovationsbooms war diese semantische Klarheit, welche hier suggeriert wird, noch nicht gegeben. So wurde der Terminus ‚Neue Medien' nicht selten synonym zu ‚Video' benutzt. Da sich aber im Laufe der Zeit der Begriff ‚Video' gewandelt hat und seitdem nur noch für das Speichern audiovisueller Informationen auf einem Magnetband benutzt wird, wird dieser Entwicklung Rechnung getragen und ‚Neue Medien' als Oberbegriff verwendet. Video ist dementsprechend nur ein spezifischer Teil der Neuen Medien, wenn auch ein sehr wichtiger.

12 Zur Videotechnik vgl. Zielinski. 1987. Heimvideomarkt im zehnten Jahr, S. 509; außerdem BTX und Videotext vgl. Wiesinger. 1994. Geschichte der Unterhaltungselektronik, S. 161.

13 Dix. 1982. Video Buch, S. 7.

14 Varianten zur hier gezeigten Abbildung finden sich zum Beispiel in: DVI. 1983. Videokursbuch, S. 6-7; Lanzendorf. 1983. Knapp Video Buch, S. 8; Späth.1981. S. 36; Dix. 1982. S. 6-7.

15 Vgl. Videoplay. 1983. Heft 4, S. 76; Dix. 1982. S. 138-139.

16 Flusser. 1991. Gesten, S. 246.

17 Vgl. Cubitt. 1991. Timeshift, S. 1.

18 Vgl. Schwarzer. 1982. Video-Recorder, S. 77-80; Lanzendorf. 1983. Knapp Video Buch, S.40-45. Einen schönen Überblick über die Kabelvarianten bietet Dix. 1982. Video Buch, S. 112-119.

19 Die Geschichte des Scart-Anschlusses, damals zumeist Euro-AV genannt, kann hier nicht weiter ausgeführt werden. Wichtig ist aber sicherlich festzustellen, dass synchron zur Normalisierung des Videorekorders als Alltagsgegenstand und der damit verbundenen Festigung eines gewandelten heimischen medialen Dispositivs Scart zur Standardverbindung avancierte.

20 Kalbfuß. 1983. Literatur, S. 139. In diesem Kontext wäre auch Udo Lindebergs Lied „Familie Kabeljau" zu nennen, welches 1984 auf dem Album „Götterdämmerung" erschien.

21 Späth. 1981. Das Kabel.

22 Krämer. 1998. Medium als Spur, S. 74.

23 Sony. 1981/1982. Profeel, S. 3. Im Jahr 1981 präsentierte Sony sogar auf seinem Stand der Internationalen Funkausstellung die gesamte Wohnzimmereinrichtung, vgl. ebd., S. 4.

24 Brepohl spricht an dieser Stelle auch gerne euphorisch vom Verschwinden der „häßlichen Antennenwälder" von den Häuserdächern (1982. Telematik, S. 178). Aus der Perspektive einer Phänomenologie der Stadt ist dies als eine paradoxale Strategie der Unsichtbarkeit zu interpretieren. Waren die Antennen ja gerade Objekt einer urbanen allgegenwärtigen imaginären Welterfahrung, ist das Verschwinden und besonders dessen Befürworten eine bemerkenswerte Umkehrung innerhalb des gleichen Dispositivs.

25 Es ist erstaunlich, wie die bisherige Forschung, jedenfalls die mir bekannte, diese Tatsache übersehen hat. Zumeist findet die Fernbedienung nur eine Erwähnung im Kontext des Zappings, sprich eines zwar flexibleren aber dennoch klassischen Fernsehkonsums. Vgl. z.B. Hickethier. 1995. Dispositiv Fernsehen, S. 75.

26 Zur Verwendung des Begriffs ‚Interface' für die Mediengeschichte vgl. Manovich. 2001. Interface. An anderer Stelle wird der Fernseher/Monitor als *Interface* der Neuen Medien der 1980er beschrieben, vgl. hierzu Bartz / Otto / Schneider. 2004. Einleitung, S. 17. Wie sehr hier eine Kapitulation gegenüber dem Untersuchungsgegenstand oder ein Mangel an Drittmitteln für das Ausbleiben des Bandes „Medienkultur der 80er Jahre" verantwortlich sind, mag ich nicht zu beurteilen.

27 Ein interessantes Beispiel beschreibt Winkler in seinem Zapping-Buch. Hier erwähnt ein von ihm interviewter ‚Zapper', dass er auch während des Videokonsums gerne mal umschaltet. Anstatt die

für ihn langweilig wirkenden Szenen im Film zu überspulen, nutzt er die Fernbedienung, um zwischen den Fernseh- und Videoprogrammen hin und her zuspringen (1991. Switching, S. 23).

28 Lanzendorf. 1983. Knapp Video Buch, S.76.

29 Gleiches gilt auch für die Entwicklung anderer technischer Geräte. In einem Reader zu einem Marktseminar der IFA 1981 beschwert sich Klaus Hattemer darüber, dass die Rundfunk- und Fernsehfachgeschäfte ihn an „Raumschiff Enterprise mit dem sinn- und seelenlosen Exhibitionismus von Knöpfen und Schaltern, Scalen und Digitalanzeigen" erinnern würden (1981. Schallplatten, S. 78).

30 Vgl. Brepohl. 1980. Lexikon, 2. Aufl. Gleiches gilt auch für die überarbeitete 4. Aufl. (1985). Brepohl. 1982. Telematik; Schwarzer. 1982. Video-Recorder, S.113-117; Müller-Neuhof. 1981/1982. Heim-Video, S. 85-122. Das fast 700 Seiten starke „Handbuch der Neuen Medien" von Dietrich Ratzke kommt im Register immerhin auf drei Nennungen. Diese verweisen aber nicht zu einer eigenständigen Erklärung in Sachen Fernbedienung, sondern nutzen den Begriff nur innerhalb thematisch differenter Absätze. Vgl. Ratzke. 1982. Handbuch.

31 Vgl. Brepohl. 1980. Lexikon, S. 32; Späth. 1981. Das Kabel, S. 29; Brepohl. 1982. Telematik, S.160.

32 Zum Begriff des Wunsches bzw. der Wunschkonstellation vgl. Winkler. 2002 a. Docuverse, bes. S. 16-17. Winkler entwickelt diesen Begriff im Kontext einer für die 1980er Jahre postulierten Bilderkrise und dem gesellschaftlichen Wunsch nach evidenten Medien. Wie sehr diese Krise aber auch mit dem Umbau des heimischen medialen Dispositivs zusammenhängt, erwähnt er leider nicht.

33 Die These von der Verräumlichung der Zeit durch Medien geht zentral auf Friedrich Kittler zurück, vgl. Krämer. 2004. Friedrich Kittler.

Bibliografie

Brepohl, Klaus. 1980. Lexikon der Neuen Medien. Köln: Deutscher Instituts-Verlag (2. erw., aktual. Aufl.).

Brepohl, Klaus. 1982. Telematik. Die Grundlage der Zukunft. Bergisch Gladbach: Bastei Lübbe.

Cubitt, Sean. 1991. Timeshift. On Video Culture. London, New York: Routledge.

Dix, Günter. 1982. Das Video Buch von Philips. Mehr Spaß durch mehr Wissen in Theorie und Praxis. Lengerich: Kleins.

DVI. 1983. Videokursbuch. Hamburg: VideoPartner.

Engell, Lorenz. 2003. Tasten, Wählen, Denken. Genese und Funktion einer philosophischen Apparatur, in: Münker, Stefan / Roesler, Alexander / Sandbothe, Mike (Hg.). Medienphilosophie. Beiträge zur Klärung eines Begriffes. Frankfurt a. M.: Fischer. S. 53-77.

Fickers, Andreas. 2007. Design als ‚mediating interface'. Zur Zeugen- und Zeichenhaftigkeit des Radioapparats, in: Berichte zur Wissenschaftsgeschichte. Bd. 30, Heft 3, S. 199-213.

Flusser, Vilém. 1991. Gesten. Versuch einer Phänomenologie. Düsseldorf, Bensheim: Bollmann.

Hattemer, Klaus. 1981. Kleinformatige Schallplatten – Schwieriger zu vermarkten? Radio- und Fernsehfachhändler mit vielen Chance, in: Phono+Video. Protokolle, Ergebnisse. Internationales Musik-Markt-Seminar, Berlin 1981. Hamburg. VideoPartner. S. 73-82.

Hickethier, Knut. 1993. Der Fernseher. Zwischen Teilhabe und Medienkonsum, in: Ruppert, Wolfgang (Hg.). Fahrrad, Auto, Fernsehschrank. Zur Kulturgeschichte der Alltagsdinge. Frankfurt a. M.: Fischer. S. 162-187.

Hickethier, Knut. 1995. Dispositiv Fernsehen. Skizze eines Modells, in: montage/av. Bd. 4, Heft 1, S. 63-83.

Hörnig, Karl H. / Reuter, Julia. 2006. Doing Material Culture. Soziale Praxis als Ausgangspunkt einer ‚realistischen' Kulturanalyse, in: Hepp, Andreas (Hg.). Kultur – Medien – Macht. Cultural Studies und Medienanalyse. Wiesbaden: VS (3. überarb. Aufl.). S. 109-123

Kalbfuß, Urs. 1983. Literatur über alte und neue Medien, in: Zielinski, Siegfried (Hg.). Televisionen – Medienzeiten. Beiträge zur Diskussion um die Zukunft der Kommunikation. Berlin: EXpress Edition. S. 135-139.

Klippel, Heike / Winkler, Hartmut. 1994. ‚Gesund ist, was sich wiederholt'. Zur Rolle der Redundanz im Fernsehen, in: Hickethier, Knut (Hg.). Aspekte der Fernsehanalyse. Methoden und Modelle. Münster: Lit. S. 121-136.

Krämer, Sybille. 1998. Das Medium als Spur und als Apparat, in: Dies. (Hg.). Medien Computer Realität. Wirklichkeitsvorstellungen und Neue Medien. Frankfurt a. M.: Suhrkamp. S. 73-94.

Krämer, Sybille. 2004. Friedrich Kittler – Kulturtechniken der Zeitachsenmanipulation, in: Lagaay, Alice / Lauer, David (Hg.). Medientheorien. Eine philosophische Einführung. Frankfurt a. M.: Campus. S. 201-224.

Lanzendorf. 1983. Das Knapp Video Buch. Alles Wissenswerte über Geräte, Technik, Cassetten, Videothek. Düsseldorf: Wilhelm Knapp.

Manovich, Lev. 2001. Das Interface als Kategorie der Mediengeschichte, in: Engell, Lorenz / Vogl, Joseph (Hg.). Mediale Historiographien. Weimar: Bauhaus Universität. S. 161-170.

Müller-Neuhof, Klaus. 1981/1982. Heim-Video von A-Z. Berlin: VDE.

Ratzke, Dietrich. 1982. Handbuch der Neuen Medien. Stuttgart: Deutsche Verlags-Anstalt.

Schwarzer, Karl. 1982. Video-Recorder. Tips für die Kaufentscheidung Geräte-Zubehör. München: Karamanolis (2. völlig überarb., erw. Aufl.).

Sony. 1981/1982. Sony ‚Profeel‘ im Einrichtungskonzept von interlübke. Händlerprospekt.

Späth, Lothar. 1981. Das Kabel. Anschluss an die Zukunft. Stuttgart: Bonn aktuell.

Stauff, Markus. 2001. Medientechnologien in Auflösung. Dispositive und diskursive Mechanismen von Fernsehen, in: Lösch, Andreas u.a. (Hg.). Technologien als Diskurse. Konstruktionen von Wissen, Medien und Körpern. Heidelberg: Synchron. S. 81-100.

Stauff, Markus. 2005. Mediengeschichte und Diskursanalyse. Methodologische Variationen und Konfliktlinien, in: Österreichische Zeitschrift für Geschichtswissenschaften. Bd. 16, Heft 4, S. 126-135.

Videoplay. 1983. Heft 4.

Wiesinger, Jochen. 1994. Die Geschichte der Unterhaltungselektronik. Daten, Bilder, Trends. Frankfurt a. M.: IMK.

Williams, Raymond. 2001. Programmstruktur als Sequenz und flow, in: Adelmann, Ralf u.a. (Hg.). Grundlagentexte zur Fernsehwissenschaft. Konstanz: UVK-Verlagsgenossenschaft. S. 33-43.

Winkler, Hartmut. 1991. Switching-Zapping. Ein Text zum Thema und ein parallellaufendes Unterhaltungsprogramm. Darmstadt: Jürgen Häusser.

Winkler, Hartmut. 1999. Die prekäre Rolle der Technik. Technikzentrierte versus ‚anthropologische‘ Mediengeschichtsschreibung, in: Pias, Claus (Hg.). [medien]. dreizehn vortraege zur medienkultur. Weimar: Verlag und Datenbank für Geisteswissenschaft. S. 221-238.

Winkler, Hartmut. 2002 a. Docuverse. Zur Medientheorie der Computer. München: Boer.

Winkler, Hartmut. 2002 b. Über das mimetische Vermögen, seine Zukunft und seine Maschinen, in: SYNEMA (Hg.). Kinoschriften. Bd. 5. Wien: Synema. S. 227-239.

Zielinski, Siegfried. 1987. Der Heimvideomarkt im zehnten Jahr, in: Media Perspektiven. Bd. 8, S. 507-516.

Abbildungsnachweis und Copyright

Hans Ottomeyer
Abb. 1-3, S. 25, 26 und 29, © Deutsches Historisches Museum

Friederike Felcht
Abb. 1, S. 47, aus: Ducuing, François (Hg.). 1867. L'Exposition Universelle de 1867 Illustrée. Bd. 2. Paris: [o. V.], S. 205.
Abb. 2, S. 48, © bpk

Günther Schörner
Abb. 1 und 3, S. 54 und 59, © Günther Schörner
Abb. 2, S. 58, nach: Ettlinger, Elisabeth 1990. Conspectus Formarum Terrae Sigillatae Italico modo facto. Bonn: Habelt (Nachdruck 2002), Beilage 2

Anna-Lisa Müller
Abb. 1, S. 70, © Temple Bar Cultural Trust, Dublin, 1984, und Anna-Lisa Müller, 2008
Abb. 2 und 3, S. 72 und 73, © Anna-Lisa Müller

Stefanie Samida
Abb. 1, S. 91, © Stefanie Samida

Maria Gaida
Abb. 1, S 110, © Staatliche Museen zu Berlin, Ethnologisches Museum (Foto: Claudia Obrocki)
Abb. 2, S 114, © Museo Nacional de Antropología, Mexiko (Foto: Francisco Ruiz del Prado, MNA, INAH, CONACULTA)

Andrea Blumtritt
Abb. 1-3, S. 124, 125 und 126, © Andrea Blumtritt

Paola Ivanov
Abb. 1, S. 139, © Paola Ivanov,
Abb. 2, S. 141, © Klaus Raab
Abb. 3, S. 144, © Paola Ivanov und Klaus Raab (Foto: Klaus Raab)

Gudrun Grauenson
Abb. 1, S. 150, aus: Afolayan, Michael O. / Wass, Betty. 1995. Yoruba Headties, in: Arnoldi, Mary J. / Kreamer, Christine M. (Hg.). Crownings Achievements – African Arts of Dressing the Head. Los Angeles: Fowler Museum of Cultural History. S. 139 (Foto: Henry John Drewal)
Abb. 2, S. 157, aus: Drewal, Henry J. 1974. Gelede Masquerade: Imagery and Motif, in: African Arts. Bd. 7, Heft 4, S. 12

Abb. 3, S. 158, Text und Foto aus: Ilsemargret Luttmann. 2005. Mode in Afrika. Mode als Mittel der Selbstinszenierung und Ausdruck der Moderne. Hamburg: Museum für Völkerkunde. S. 9

Jane Redlin
Abb. 1, S. 165, © bpk
Abb. 2, S. 168, © Erika Hoffmann
Abb. 3, S. 170, © Museum für Thüringer Volkskunde Erfurt

Charlotte Giese
Abb. 1 und 2, S. 178 und 181, © Charlotte Giese

Lars Frers
Abb. 1 und 2, S. 197, 198, © Lars Frers, Creative Commons by-nc-sa 3.0

Hendrik Pletz
Abb. 1, S. 205, © ARD
Abb. 2, S. 206, © ITT
Abb. 3, S. 208, © Sony

Autorinnen und Autoren

Blumtritt, Andrea (Berlin)
Zentrale Frauenbeauftragte der Technischen Universität Berlin
Arbeits-/Forschungsschwerpunkte: Migration, Geschlechterverhältnisse, Transkulturalität
Regionale Spezialisierung: Andenraum, insbesondere Bolivien
Dissertation im Fach Ethnologie: „Die Pluralisierung der Wege des Paares: Geschlechtsspezifische Dimensionen von Modernisierungsprozessen im translokalen Raum der Anden"

Felcht, Friederike (Mannheim)
Stipendiatin des Promotionskollegs „Formations of the Global: Globalisierung aus kulturwissenschaftlicher Perspektive" an der Universität Mannheim
Arbeits-/Forschungsschwerpunkte: Skandinavische Literatur des 19. Jahrhunderts, Theorien der Dinglichkeit, Globalisierung
Magisterarbeit im Fach Kulturwissenschaft: „Über das Verhältnis von Ästhetik und Politik bei Theodor Mundt"

Frers, Lars (Oslo)
Forscher im Projekt „Routes, Roads, and Landscapes: Aesthetic Practices en route 1750-2015" an der Hochschule für Architektur und Design Oslo und der Universität Oslo
Arbeits-/Forschungsschwerpunkte: Materialität, Wahrnehmung, soziale Kontrolle
Dissertation im Fach Soziologie: „Einhüllende Materialitäten. Eine Phänomenologie des Wahrnehmens und Handelns an Bahnhöfen und Fährterminals"

Gaida, Maria (Berlin)
Leiterin der Abteilung Sammlungen und der Sammlung „Mesoamerika" am Ethnologischen Museum – Staatliche Museen zu Berlin
Arbeits-/Forschungsschwerpunkte: Maya-Kultur (Kunst, Schrift, Objektbiographien)
Dissertation im Fach Altamerikanische Sprachen und Kulturen: „Die Inschriften von Naranjo, Petén, Guatemala"

Giese, Charlotte (Berlin)
Mitarbeiterin des Forschungsprojekts „Trachten in der Lüneburger Heide und im Wendland. Kleidungsverhalten bäuerlicher Schichten und Formen seiner Repräsentation seit Ende des 18. Jahrhunderts" an der Carl-von Ossietzky-Universität Oldenburg
Arbeits-/Forschungsschwerpunkte: Kleidung, Gender und Mobilität
Dissertation im Fach Kulturwissenschaften: „Corporate Fashion – eine Untersuchung des strategischen Einsatzes von Kleidung in Unternehmen"

Gößwald, Udo (Berlin)
Leiter des Museums Neukölln (Berlin)
Arbeits-/Forschungsschwerpunkte: regionale Sozial- und Kulturgeschichte, Migration und Stadtkultur im europäischen Vergleich
Dissertation im Fach Europäische Ethnologie: „Die Erbschaft der Dinge. Eine Studie zur subjektiven Bedeutung von Dingen der materiellen Kultur"

Grauenson, Gudrun (Köln)
Freie Wissenschaftlerin, Köln
Arbeitsschwerpunkte: Materielle Kultur, Gender, Transkulturation
Magisterarbeit im Fach Ethnologie: "Das *Gèlè* – ein einfaches Tuch? Kleidung und Gesellschaft bei den Yoruba in Nigeria unter besonderer Berücksichtigung des Kopftuchs *Gèlè* der Yoruba-Frauen"

Hahn, Hans Peter (Frankfurt a. M.)
Professor für Ethnologie an der Goethe-Universität, Frankfurt a. M.
Arbeits-/Forschungsschwerpunkte: Materielle Kultur, Mobilität und Migration in Afrika, Globalisierung und Konsumwandel
Regionale Spezialisierung: Togo, Ghana, Burkina Faso
Habilitation im Fach Ethnologie: „Die Dinge des Alltags und materielle Kultur in Kollo (Kasena, Burkina Faso)"

Hirschberger, Claudia (Berlin)
Multimedia-Produktion und Textkonzeption
Arbeits-/Forschungsschwerpunkte: Zivilgesellschaft und Kultur
Magisterarbeit im Fach Europäische Ethnologie: „Zur kulturellen Kodierung von Gesellschaftsentwürfen. Repräsentationen einer ‚neuen' Migrationspolitik in Berlin"

Hoffmann, Beatrix (Berlin)
Wissenschaftliche Mitarbeiterin an der Universität Potsdam, Arbeitsstelle Kleine Fächer
Arbeits-/Forschungsschwerpunkte: Wissenschaftsgeschichte, materielle Kultur in archäologischen und musealen Kontexten
Regionale Spezialisierung: Peru, Kolumbien, Chile
Dissertation im Fach Altamerikanistik: „Das Museumsobjekt als Tausch- und Handelsgegenstand: Zum Bedeutungswandel musealer Objekte im Kontext der Veräußerungen aus dem Sammlungsbestand des Museums für Völkerkunde Berlin 1873-1973"

Ivanov, Paola (Bayreuth)
Wissenschaftliche Mitarbeiterin am Lehrstuhl für Ethnologie der Universität Bayreuth
Arbeits-/Forschungsschwerpunkte: Historiographie Afrikas, globale Interkonnektivität; Kunst, Ästhetik, materielle Kultur und Konsum in Afrika
Dissertation im Fach Völkerkunde und Afrikanistik: „Vorkoloniale Geschichte und Expansion der Avungara-Azande. Eine quellenkritische Untersuchung"

Kuni, Verena (Frankfurt a. M.)
Professorin für Visuelle Kultur am Institut für Kunstpädagogik der Goethe-Universität, Frankfurt a. M.
Arbeits-/Forschungsschwerpunkte: Transfers zwischen materialen und medialen Kulturen, Medien der Imagination und Technologien der Transformation, DIY-Kulturen
Dissertation im Fach Kunstgeschichte: „Der Künstler als ‚Magier' und ‚Alchemist' im Spannungsfeld von Produktion und Rezeption"

Müller, Anna-Lisa (Konstanz)
Wissenschaftliche Mitarbeiterin im Exzellenzcluster 16 „Kulturelle Grundlagen von Integration" der Universität Konstanz
Arbeits-/Forschungsschwerpunkte: Stadtsoziologie, Kultursoziologie
Dissertation im Fach Soziologie: „*Creative Cities*. Zur politischen Planung der kreativen Stadt"

Noack, Karoline (Berlin, Bonn)
Professorin für Altamerikanistik und Ethnologie an der Universität Bonn
Arbeits-/Forschungsschwerpunkte: Transkulturationsprozesse Lateinamerikas, visuelle Anthropologie, Geschlechterforschung
Habilitation im Fach Kulturanthropologie / Altamerikanistik: „Textilien und die Produktion von kolonialer Differenz in der Kontaktzone: Trujillo in der nördlichen *audiencia* Lima (Peru) im 16. und frühen 17. Jahrhundert"

Ottomeyer, Hans (Berlin)
Präsident der Stiftung Deutsches Historisches Museum, Berlin, und Honorarprofessor an der Humboldt-Universität zu Berlin
Arbeits-/Forschungsschwerpunkte: Politische Ikonographie, Architektur- und Stilgeschichte 1750-1930, Geschichte der Raumgestaltung und des europäischen Zeremoniells
Dissertation im Fach Kunstgeschichte: „Das frühe OEuvre Charles Percier (1782-1800). Zu den Anfängen des Historismus in Frankreich"

Pletz, Hendrik (Köln)
Freier Wissenschaftler
Arbeits-/Forschungsschwerpunkte: Geschichte und Film, Mediengeschichte, Körpergeschichte
Dissertation im Fach Neueste Geschichte: „Bilder – Technik – Körper. Der Videorekorder als Schnittstelle kulturhistorischer Umbrüche in den 1980er Jahren" (Arbeitstitel)

Redlin, Jane (Berlin)
Kustodin am Museum Europäischer Kulturen – Staatliche Museen zu Berlin
Arbeits-/Forschungsschwerpunkte: Religion und Ritual, aktuelle Forschung zu Mobilitätsstrategien mit Kindern und Lebenswelten mit Comics
Dissertation im Fach Europäische Ethnologie: „Säkulare Totenrituale. Totenehrung, Staatsbegräbnis und private Bestattung in der DDR"

Samida, Stefanie (Tübingen)
Forschungsstipendiatin der Gerda-Henkel-Stiftung
Arbeits-/Forschungsschwerpunkte: Archäologie und Gesellschaft/Medien, Wissenschaftspopularisierung, Bildtheorie
Dissertation im Fachbereich Medienwissenschaft-Medienpraxis: „Wissenschaftskommunikation im Internet. Neue Medien in der Archäologie"

Schörner, Günther (Erlangen)
Professor für Klassische Archäologie an der Universität Erlangen
Arbeits-/Forschungsschwerpunkte: Archäologie römischer Kulte, Romanisierung – Romanisation, Material Culture Studies
Habilitation im Fach Klassische Archäologie: „Votive im römischen Griechenland. Untersuchungen zur späthellenistischen und kaiserzeitlichen Kunst- und Religionsgeschichte"

Schweibenz, Werner (Konstanz)
Kommissarischer Leiter des Teams Museumsinformationssystem (MusIS) des Bibliotheksservice-Zentrums Konstanz
Arbeits-/Forschungsschwerpunkte: Museumsdokumentation, Erstellung und Weiterentwicklung von Regelwerken, Langzeitarchivierung digitaler Museumsinformation
Dissertation im Fach Informationswissenschaft: „Vom traditionellen zum virtuellen Museum. Die Erweiterung des Museums in den digitalen Raum des Internets"

Tietmeyer, Elisabeth (Berlin)
Stellvertretende Direktorin des Museums Europäischer Kulturen – Staatliche Museen zu Berlin
Arbeits-/Forschungsschwerpunkte: Mobilität/Migration, ethnische Minderheiten, materielle Kultur
Regionale Spezialisierung: Nord- und Osteuropa, Ostafrika
Dissertation im Fach Ethnologie: „Gynaegamie [Frauen/Frauen-Heirat] im Wandel. Die Agikúyú in Kenia zwischen Anpassung und Tradition"